웹프로그래밍 HTML5 CSS3 자바스크립트 JQuery
with 한국.net 이름포털 사례기반

김영복 著

21세기사

이 도서의 국립중앙도서관 출판예정도서목록(CIP)은 서지정보유통지원시스템 홈페이지(http://seoji.nl.go.kr)와 국가자료공동목록시스템(http://www.nl.go.kr/kolisnet)에서 이용하실 수 있습니다.(CIP제어번호: CIP2017021515)

PREFACE

본 교재는 HTML5, CSS3, 자바스크립트 및 jQuery의 기본개념을 설명하는 교재이며, http://한국.net (ㄱ.com ㄴ.com .. ㅎ.com ㅏ.com 김.net 이.net ... 황.net 등) 시범 포털의 실제 응용사례를 소개하여, 이론과 실습을 병행하는 교재이다. 서버용 스크립트 예로서 ASP도 간략히 설명하였으며, 소셜네트워크 서비스 (Social Network Service), 즉 페이스북과 트위터에 웹페이지를 연동하는 예와 구글 애드센스 (Google Adsense) 광고와 연동하는 내용도 소개하였다. 또한, 참고용으로, 웹서버와 클라이언트사이의 HTML, CSS, 자바스크립트를 포함한 콘텐츠의 전송 패킷들을 인터넷상에서 실제 볼 수 있도록 와이어샤크 (Wireshark) 패킷분석의 핵심내용을 추가하였다.

구성은 웹사이트(한국.net)의 콘텐츠 응용 예(Top)를 먼저 보여주고, 해당되는 기본내용(down)들을 참고용 사이트를 이용하여 단계적으로 설명한 Top-down 강의용 교재이다. 전체 내용을 학교에서의 학기단위의 강의로 구성하였다. 1학기 강의에 적합한 주별 강의와 연습문제, QUIZ문제 들을 예시하였으며, 중간고사, 기말고사 기간 등을 고려하였다.

대학교 저학년에서 기초부터 쉽게 이해할 수 있도록, Chapter들을 1학기 강의하는데 필요한 주별 강의 Chapter들로 순서를 정리하였다. 16주 강의(매주 75분씩 2번 또는 150분씩 1번)시에 8주째는 중간고사, 16주째는 기말고사기간으로 고려하여 총 14주 강의를 기준으로 강의순서를 정하였다.

각 장의 내용은 비교적 이해하기 쉬운 http://한국.net 소셜 이름포털의 응용 예를 먼저 설명하고, 해당되는 기본 핵심내용 들을 Top-down 방식으로 쉽게 이해할 수 있게 작성하였으며, 시작단계에 질문을 하여 미리 생각해보고 학습해보는, 진행순서가 뒤바뀐 학습방식을(flipped learning, 역진행 수업방식) 고려하여, 종래의 교재와는 약간 다른 스타일의 창의성 배양을 위한 교재이다. 더 상세한 내용은 참고용 웹사이트를 참고하여 관련 Chapter들의 예제들과 연습문제들을 학습 및 실습을 하면 이해도를 올리는 데 도움이 될 것이다.

저자

CHAPTER 1　HTML5 튜토리얼　001

1.1　HTML 및 한국.net 시범사이트 소개　002
　　1.1.1　HTML 튜토리얼　002
　　1.1.2　기초내용 설명　023
1.2　HTML 요소 및 속성　026
　　1.2.1　HTML 요소　026
　　1.2.2　HTML 속성　026
　　1.2.3　HTML 제목　027
　　1.2.4　HTML 문단　028
　　1.2.5　HTML 스타일들　028
　　1.2.6　HTML 텍스트 양식(formatting)　028
　　1.2.7　HTML 인용 요소들　029
　　1.2.8　HTML 컴퓨터코드 요소　029
■ 연습문제 (1주)　031
1.3　HTML 스타일 및 CSS　035
　　1.3.1　HTML 스타일-CSS　036
1.4　HTML 링크 및 클래스　038
　　1.4.1　HTML 링크　039
　　1.4.2　HTML 이미지들　039
　　1.4.3　HTML 테이블　040

1.4.4	응용 예 http://한국.net	041
1.4.5	HTML 리스트들	042
1.4.6	HTML 리스트 태그들	044
1.4.7	HTML 블록과 인라인 요소들	044
1.4.8	HTML 클래스 속성	045
1.4.9	HTML i프레임들	045

■ 연습문제 (2주)   046

1.5 HTML 자바스크립트   052

1.5.1	HTML 자바스크립트	054
1.5.2	HTML 〈head〉 요소	054
1.5.3	HTML 레이아웃	055

1.6 HTML 반응형 및 폼   057

1.6.1	HTML 반응형 웹 디자인	057
1.6.2	HTML 특별 문자들 표현	058
1.6.3	HTML 인코딩 문자세트	058
1.6.4	HTML URLs	059
1.6.5	HTML과 XHTML	059
1.6.6	HTML 폼(양식)	060
1.6.7	기초내용 설명	063

■ 연습문제 (3주)   070

■ HTML QUIZ 문제   074

1.7 HTML5 소개 및 요소들   077

1.7.1	HTML5 소개	077
1.7.2	기초내용 설명	077

1.8 HTML5 비디오 및 오디오   085

1.8.1	HTML5 미디어	085

■ 연습문제 (4주)   090

CHAPTER 2 CSS3 튜토리얼 093

- 2.1 CSS 소개 및 한국.net 응용 예 094
  - 2.1.1 한국.net에서 CSS 사용 예 094
  - 2.1.2 CSS 튜토리얼 095
  - 2.1.3 CSS 소개 095
  - 2.1.4 CSS 구문과 선택자들 096
- 2.2 CSS 박스모델 및 링크 105
  - 2.2.1 CSS 박스모델 105
  - 2.2.2 CSS 아웃트라인 106
  - 2.2.3 CSS 텍스트(text) 속성들 107
  - 2.2.4 CSS 폰트(fonts) 108
  - 2.2.5 CSS 링크 109
  - 2.2.6 CSS 리스트 속성들 111
  - 2.2.7 CSS 테이블 111
  - 2.2.8 CSS 레이아웃-보여주기(display) 속성 113
  - 2.2.9 CSS 레이아웃-폭(width)과 최대폭(max-width) 115
- ■ 연습문제 (5주) 116
- 2.3 CSS 위치 및 가상 클래스 122
  - 2.3.1 한국.net 에서 CSS 위치 속성 예 122
  - 2.3.2 CSS 레이아웃-위치 속성 123
  - 2.3.3 CSS 레이아웃-오버플로우(overflow) 124
  - 2.3.4 CSS 레이아웃-뜨기(float)와 치우기(clear) 124
  - 2.3.5 CSS 인라인-블럭 (inline-block) 125
  - 2.3.6 CSS 레이아웃-수평 및 수직 정렬 126
  - 2.3.7 CSS 결합자(Combinators) 127
  - 2.3.8 CSS 가상-클래스 127
  - 2.3.9 CSS 가상-요소 129
  - 2.3.10 CSS 불투명도/투명도 130
  - 2.3.11 CSS 네비게이션 바 130

2.3.12 CSS 드롭다운 ... 131
2.3.13 CSS 속성 선택자 ... 132
2.3.14 CSS 양식들(forms) ... 132
2.3.15 CSS 카운터 ... 133

2.4 CSS3 소개 및 둥근 모서리 ... 133
2.4.1 이름포털 한국.net 웹서비스 사용 예 ... 133
2.4.2 기초내용 설명 ... 134

- 연습문제 (6주) ... 138

- CSS QUIZ 문제 ... 144

2.5 CSS3 이동 및 애니메이션 ... 147
2.5.1 한국.net 사이트에서의 애니메이션 응용 ... 147
2.5.2 기초내용 설명 ... 149

2.6 RWD 반응형 웹 디자인 ... 162
2.6.1 이름포털 한국.net 웹서비스 사용 예 ... 162
2.6.2 기초내용 설명 ... 163

- 연습문제 (7주) ... 175

- HTML5 및 CSS3 : 중간고사 (8주)

CHAPTER 3 JS 홈 및 소개 ... 179

3.1 JS 홈 및 소개 ... 180
3.1.1 자바스크립트 튜토리얼 ... 180
3.1.2 기초내용 설명 ... 183

3.2 JS 변수 및 연산자 ... 187

- 연습문제 (9주) ... 194

3.3 JS 이벤트 및 문자열 ... 198

3.4 JS 날짜 및 배열 201
- 연습문제 (10주) 205

3.5 JS 조건 및 반복문 209

3.6 JS 에러 및 디버깅 215
- 연습문제 (11주) 222
- JavaScript QUIZ 문제 228

3.7 JS 양식 및 함수 230

3.8 JS HTML DOM 235
- 연습문제 (12주) 244

3.9 JS 브라우저 BOM 249

3.10 HTML5 캔버스 및 지도위치 APIs 253
- 연습문제 (13주) 260

CHAPTER 4 jQuery 튜토리얼 267

4.1 jQuery 튜토리얼 268
    4.1.1 jQuery 튜토리얼   URL: http://w3schools.com/jQuery 268

4.2 jQuery 효과 277
- 연습문제 (14주) 282

4.3 jQuery HTML 289

4.4 jQuery 이동 및 AJAX 296
- 연습문제 (15주) 306
- jQuery QUIZ 문제 314

CHAPTER 5 　서버스크립트(ASP) 응용　317

　　5.1　ASP 및 한국.net 시범사이트 소개　318
　　5.2　ASP 객체 및 응용 프로그램　325

CHAPTER 6 　소셜네트워크 서비스 및 광고 연동　355

　　6.1　페이스북 및 트위터의 한국.net 연동　356
　　6.2　구글 애드센스 광고의 한국.net 연동　357

CHAPTER 7 　HTTP 및 와이어샤크(Wireshark) 보기　361

　　7.1　HTTP 및 Web Service(한국.net) 소개　362
　　7.2　와이어샤크(Wireshark) 보기　363

APPENDIX 　웹서비스의 실시간 통계분석 자료　381

　　INDEX　385

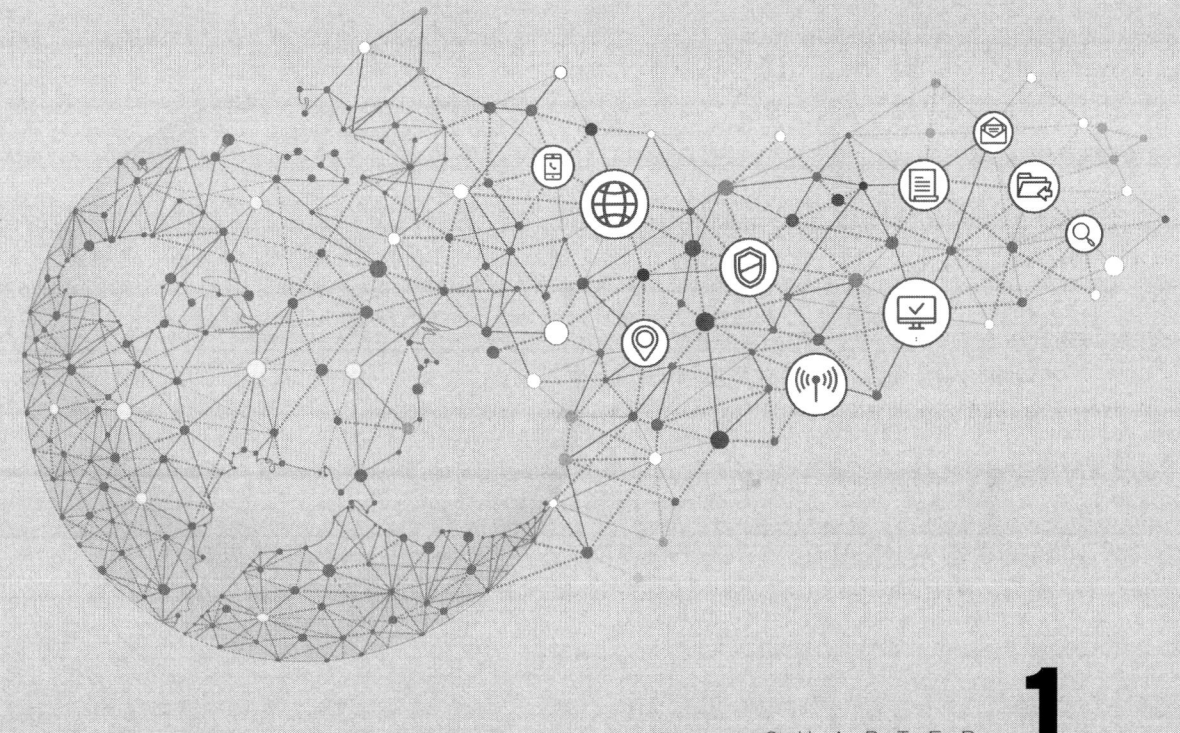

CHAPTER 1

HTML5 튜토리얼

1.1 HTML 및 한국.net 시범사이트 소개

1.2 HTML 요소 및 속성

1.3 HTML 스타일 및 CSS

1.4 HTML 링크 및 클래스

1.5 HTML 자바스크립트

1.6 HTML 반응형 및 폼

1.7 HTML5 소개 및 요소들

1.8 HTML5 비디오 및 오디오

1.1 HTML 및 한국.net 시범사이트 소개

1.1.1 HTML 튜토리얼
URL: http://한국.net

HTML을 사용하여 자신의 웹사이트를 만들 수 있다. 본 튜토리얼은 HTML에 관한 모든 것을 설명한다. HTML은 쉽게 배울 수 있으며, 먼저 이해를 쉽게 하기 위해서, 소셜 이름포털 시범 사이트인 http://한국.net을 이용한 실제 응용사례를 설명한다. 아래 이미지들은 스마트폰 화면과 iPad화면을 위한 디자인을 고려한 HTML5, CSS3 및 자바스크립트를 응용한 웹서비스 화면이며, 실제응용 사례로 소개 및 설명된다.

참고로, 많은 한글도메인 (예: ㄱ.com ㄴ.com .. ㅎ.com 김.net 이.net 박.net ... 황.net 등)들을 이용해서도, 스마트 폰이나 PC를 이용해서 쉽게 본 참조용 이름포털을 이용할 수 있다.

이미지 속의 광고이미지는 구글의 애드센스 광고로서, 자바스크립트의 상용서비스 사용 예로서 추후 소개할 예정이다.

스마트폰 화면 예 (소셜 이름포털 http://한국.net)

iPad 화면 예 (소셜 이름포털 http://한국.net)

위 이미지들은 이름포털에 등록된 내용을 보는 리스트 화면과 구글의 광고등이 추가된 화면의 예이다. HTML, CSS, 자바스크립트를 이용해서, 이름 및 해당 내용등을 서버측의 DB에 기록하고(쓰고) 추후 읽어볼 수 있는 이름포털 웹서비스이다. 이름을 이름포털에 등록할 때 필요한 쓰기용(write.asp 서버측의 서버스크립트 프로그램 이용)의 화면과 소스코드를 보면 다음과 같다. 화면의 우측 소스코드는 웹브라우저를 이용해서 본 화면에서 마우스의 오른쪽 버튼을 누르면 여러 선택메뉴들이 보이는데, 그중 소스보기를 선택하면 볼 수 있다. 또한, 소스코드를 자세히 볼 수 있도록 소스코드를 기술하여서, HTML5, CSS, 자바스크립트로 구성된 소스코드(Source Code) 내용을 볼 수 있는데, 앞으로 자세히 배울 내용이므로, 지금단계에서는 상세한 설명보다는 개괄적인 전체적인 구성을 소개한다. 시작단계에서, 전체의 큰 그림을 이해하고, 큰 숲을 이해한 후, 각각의 세세한 부분을 공부하는 Top-down 방식으로 설명하며, 약간 순서가 뒤바뀐 학습(Flipped Learning-역진행 수업방식) 교재이다.

004 웹프로그래밍 – HTML5 CSS3 자바스크립트 jQuery

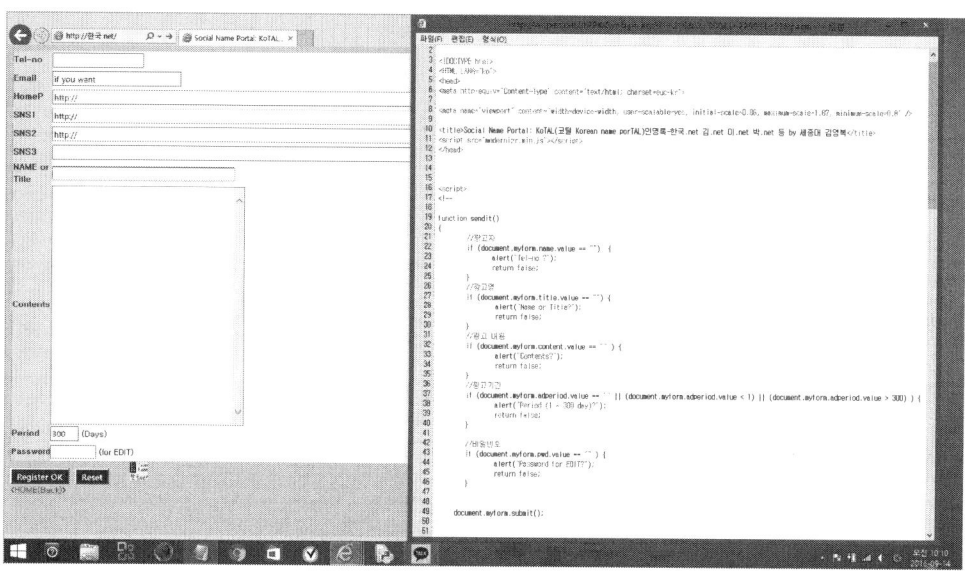

이름포털에서 이름등록 화면 예 (http://한국.net)

❀ 이름포털에서 이름등록 화면을 위한 소스코드 예

(**질문 및 토의** : 위화면을 보여주는 아래의 HTML, CSS, JavaScript를 간단히 설명해보세요.)

```
<!DOCTYPE html>
<HTML LANG="ko">
<head>
//(질문 및 토의) 아래의 코드는 화면상의 어떤 부분의 소스코드일까요?
<title>Social Name Portal: KoTAL(Korean name porTAL)인명록-한국.net 김.net 이.net 박.net 등 </title>
</head>

<script>
<!-- 자바스크립트 사용 예
function sendit()
{
//전화번호
if (document.myform.name.value == "")  {
alert("Tel-no ?");
return false;
```

```
}
//이름 또는 제목
if (document.myform.title.value == "") {
alert("Name or Title?");
return false;
}
//소개내용 또는 콘텐츠
if (document.myform.content.value == "" ) {
alert("Contents?");
return false;
}
//소개기간
if (document.myform.adperiod.value == "" || (document.myform.adperiod.value < 1) || (document.
myform.adperiod.value > 300) ) {
alert("Period (1 ~ 300 day)?");
return false;
}


//비밀번호
if (document.myform.pwd.value == "" ) {
alert("Password for EDIT?");
return false;
}


document.myform.submit();
}
//-->
</script>
```

//(질문 및 토의) 아래의 코드는 화면상의 어떤 부분의 소스코드일까요?
```
<body bgcolor="#ffccff">
<table border="0" cellpadding="0" cellspacing="0" width="450">
<tr>
<td><form name="myform" method="POST" action="write_program.asp">
<div align="left"><center><table border="0" cellspacing="0" width="420" cellpadding="0"
style="border: 1px dashed rgb(192,192,192)"></td></tr>
<tr>
```

```html
<td width="40" height="030" align="left" bgcolor="#DDEEFF"><font face="굴림" size="2" color="#004080"><strong>Tel-no</strong></font></td>
<td width="300" height="030" align="left" style="padding-left: 0; padding-right: 1" bgcolor="#FFFFdd"><input type="text" name="name" size="20" style="border: 1 dashed">
</td></tr>
<tr>
<td width="40" height="030" align="left" bgcolor="#DDEEFF"><font face="굴림" size="2" color="#004080"><strong>Email</strong></font></td>
<td width="300" height="030" align="left" style="padding-left: 0; padding-right: 1" bgcolor="#FFFFdd"><input type="text" name="email" value="if you want" size="30" style="border: 1 dashed"></td></tr>
<tr>
<td width="40" height="030" align="left" bgcolor="#DDEEFF"><font face="굴림" size="2" color="#004080"><strong>HomeP</strong></font></td>
<td width="300" height="030" align="left" style="padding-left: 0; padding-right: 1" bgcolor="#FFFFdd"><input type="text" name="homepage" value="http://" size="120" style="border: 1 dashed" ></td></tr>
<tr>
<td width="40" height="030" align="left" bgcolor="#DDEEFF"><font face="굴림" size="2" color="#004080"><strong>SNS1</strong></font></td>
<td width="300" height="030" align="left" style="padding-left: 0; padding-right: 1" bgcolor="#FFFFdd"><input type="text" name="sns1" value="http://" size="120" style="border: 1 dashed" ></td></tr>
<tr>
<td width="40" height="030" align="left" bgcolor="#DDEEFF"><font face="굴림" size="2" color="#004080"><strong>SNS2</strong></font></td>
<td width="300" height="030" align="left" style="padding-left: 0; padding-right: 1" bgcolor="#FFFFdd"><input type="text" name="sns2" value="http://" size="120" style="border: 1 dashed" ></td></tr>
<tr>
<td width="40" height="030" align="left" bgcolor="#DDEEFF"><font face="굴림" size="2" color="#004080"><strong>SNS3</strong></font></td>
<td width="300" height="030" align="left" style="padding-left: 0; padding-right: 1" bgcolor="#FFFFdd"><input type="text" name="sns3" value=" " size="120" style="border: 1 dashed" ></td></tr>
<tr>
<td width="40" height="030" align="left" bgcolor="#DDEEFF"><font face="굴림" size="2" color="#004080"><strong>NAME or Title</strong></font></td>
```

```
<td width="300" height="030" align="left" style="padding-left: 0; padding-right: 1" bgcolor="#FFFFdd"><input type="text" name="title" size="45" style="border-left: 1px dashed; border-right: 1 dashed; border-top: 1 dashed; border-bottom: 1 dashed"></td></tr>
```

//(질문 및 토의) 아래의 코드는 화면상의 어떤 부분의 소스코드일까요?
```
<tr>
<td width="40" align="left" bgcolor="#DDEEFF"><font face="굴림" size="2" color="#004080"><strong>Contents</strong></font></td>
<td width="300" align="left" style="padding-left: 0;  padding-top: 0; padding-bottom: 1" bgcolor="#FFFFdd"><textarea rows="25" name="content" cols="45" style="border: 1 dashed"></textarea></td></tr>
<tr>
<td width="40" height="030" align="left" bgcolor="#DDEEFF"><font face="굴림" size="2" color="#004080"><strong>Period</strong></font></td>
<td width="300" height="030" align="left" style="padding-left: 0; padding-right: 1" bgcolor="#FFFFdd"><input type="text" name="adperiod" value="300" size="3" style="border: 1 dashed"> <font face="굴림" size="2"> (Days)</font></td></tr>
<tr>
<td width="40" height="030" align="left" bgcolor="#DDEEFF"><font face="돋움" size="2" color="#004080"><strong>Password</strong></font></td>
<td width="300" height="030" align="left" style="padding-left: 0 padding-right: 1" bgcolor="#FFFFdd"><input type="password" name="pwd" value="" size="8" style="border: 1 dashed"> <font face="굴림" size="2">(for EDIT)</font></td></tr>
</table>
</center></div><div align="left"><left><input type="button" value="Register OK" name="write" OnClick="sendit()" style="background-color: rgb(0,57,115); color: rgb(255,255,255); font-weight: bolder"> 
<input type="reset" value="Reset" name="reset" style="background-color: rgb(0,54,108); color: rgb(255,255,255); font-weight: bolder"> 
    
```

//(질문 및 토의) 아래의 코드는 화면상의 어떤 부분의 소스코드일까요?
```
<a href="http://wopen.net"><img src="img/korea6-1.jpg" height="30" width="30" border="0"></a>

<br>
<font face="굴림" size="2">&lt;
<a href="http://wopen.net/list.asp?page=">HOME(Back)</a>&gt;</font>
</left></div>
```

```
</form></td></tr></table>
</body>
</html>
```

여러 이름 리스트화면에서 원하는 이름이나 제목을 클릭하면, 해당 이름이나 제목의 자세한 내용(콘텐츠)을 볼 수 있는데, 다음의 화면에서 왼쪽 부분이 내용을 보여주고, 마우스 우측번튼을 클릭하여 소스보기를 해서 화면의 오른쪽 소스를 볼 수 있다.

다음에는 〈table〉 관련 태그들, 〈img〉, 〈a〉 태그등을 포함하는 소스코드를 자세히 보여준다.

이름포털에서 이름등록 화면을 위한 소스코드 예

(**질문 및 토의** : 아래화면을 보여주는 HTML, CSS 소스코드를 간단히 설명해보세요.)

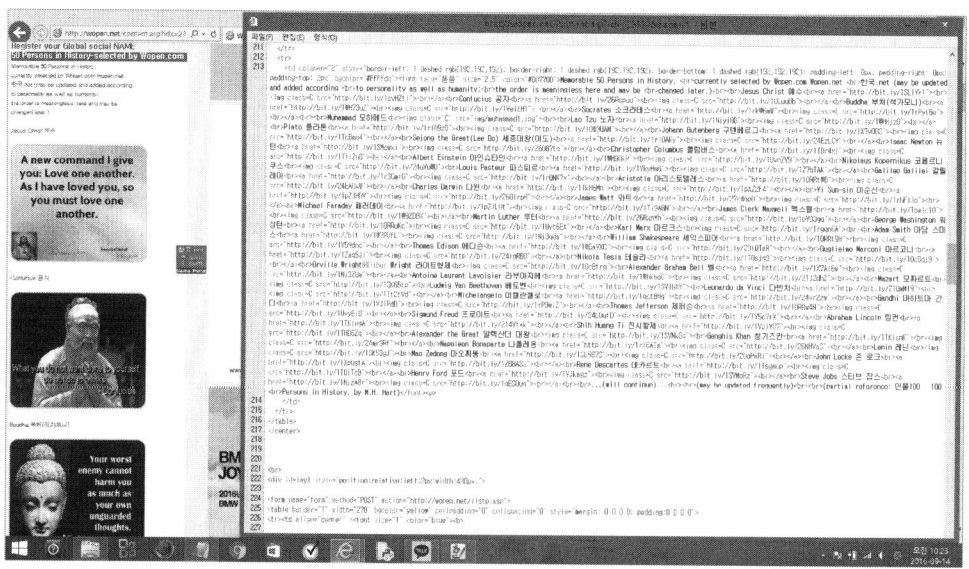

이름포털 내용 콘텐츠 화면과 소스코드

```
<table border="0" cellspacing="0" width="390" style="BORDER-BOTTOM: medium none; BORDER-
LEFT: medium none; BORDER-RIGHT: medium none; BORDER-TOP: medium none" cellpadding="0"
bordercolor="#C0C0C0" bordercolorlight="#C0C0C0" bordercolordark="#C0C0C0">
<tr>
<td align="left" width="50" height="10" bgcolor="#555588" style="PADDING-BOTTOM: 3px; PADDING-
TOP: 2px"><font face="돋움" size="2" olor="#ffff80"><strong>Phone</strong></font></td>
<td colspan=2 align="left" width="340" height="10" style="border-top: 1 dashed
rgb(192,192,192); padding-top: 2px; padding-bottom: 3px" bgcolor="#FFffdd"><font face="돋움"
size="2"><a href="tel:Persons in History">Persons in History</a>     <a
href="sms:Persons in History"><b>SMS문자-송신</b></a></font></td>
</tr><tr>
<td align="left" width="50" height="10" bgcolor="#555588" style="PADDING-BOTTOM: 3px; PADDING-
TOP: 2px"><font face="돋움" size="2" color="#ffff80"><strong>Edit</strong></font></td>
<td colspan=2 align="left" width="340" height="10" style="border-right: 1 dashed
rgb(192,192,192); border-top: 1 dashed rgb(192,192,192); padding-top: 3px; padding-bottom: 3px"
bgcolor="#FFFFdd"><font face="돋움" size="2">2016-09-13 오후 7:31:15</font></td>
</tr>
```

//(질문 및 토의) 아래의 코드를 화면을 보며 설명해 보세요.

```
<tr>
<td align="left" width="50" height="10" bgcolor="#555588" style="PADDING-BOTTOM: 3px; PADDING-
TOP: 2px"><strong><font face="돋움" size="2" color="#ffff80">Email</font></strong></td>
<td colspan=2 align="left" width="340" height="10" style="border-top: 1 dashed
rgb(192,192,192); border-bottom: 1 dashed rgb(192,192,192); padding-top: 2px; padding-bottom:
2px" bgcolor="#FFFFdd"><font face="돋움" size="2"><a href="mailto:if you want"><strong>if you
want</strong></a></font></td></tr>
<tr>
<td align="left" width="50" height="10" bgcolor="#555588" style="PADDING-BOTTOM: 2px; PADDING-
TOP: 2px"><strong><font face="돋움" size="2" color="#ffff80">Home</font></strong></td>
<td colspan=2 align="left" width="340" height="10" style="border-right: 1 dashed
rgb(192,192,192); border-top: 1 dashed rgb(192,192,192); border-bottom: 1 dashed
rgb(192,192,192);padding-top: 2px; padding-bottom: 2px" bgcolor="#FFFFdd"><font face="돋움"
size="2"><a href="http://Wopen.com" target='_self'>http://Wopen.com</a></font></td></tr>
<tr>
<td align="left" width="50" height="10" bgcolor="#555588" style="PADDING-BOTTOM: 3px; PADDING-
TOP: 2px"><strong><font face="돋움" size="2" color="#ffff80">SNS1</font></strong></td>
```

```
<td colspan=2 align="left" width="340" height="10" style="border-right: 1 dashed
rgb(192,192,192); border-top: 1 dashed rgb(192,192,192); border-bottom: 1 dashed
rgb(192,192,192); padding-top: 2px; padding-bottom: 2px" bgcolor="#FFFFdd"><font face="돋움"
size="2"><a href="http://한국.net" target='_self'>http://한국.net</a></font></td></tr>
<tr>
<td align="left" width="50" height="10" bgcolor="#555588" style="PADDING-BOTTOM: 3px; PADDING-
TOP: 2px"><strong><font face="돋움" size="2" color="#ffff80">SNS2</font></strong></td>
<td colspan=2 align="left" width="340" height="10" style="border-right: 1 dashed
rgb(192,192,192); border-top: 1 dashed rgb(192,192,192); border-bottom: 1 dashed
rgb(192,192,192); padding-top: 2px; padding-bottom: 2px" bgcolor="#FFFFdd"><font face="돋움"
size="2"><a href="http://wopen.net/contentp.asp?idx=4523" target='_self'>http://wopen.net/
contentp.asp?idx=4523</a></font></td></tr>
<tr>
<td align="left" width="50" height="10" bgcolor="#555588" style="PADDING-BOTTOM: 3px; PADDING-
TOP: 2px"><strong><font face="돋움" size="2" color="#ffff80">SNS3</font></strong></td>
<td colspan=2 align="left" width="340" height="10" style="border-right: 1 dashed
rgb(192,192,192); border-top: 1 dashed rgb(192,192,192); border-bottom: 1 dashed
rgb(192,192,192); padding-top: 2px; padding-bottom: 2px" bgcolor="#FFFFdd"><font face="돋움"
size="2"><a href="http://wopen.net/contentp.asp?idx=22692" target='_self'>http://wopen.net/
contentp.asp?idx=22692</a></font></td></tr>
<tr>
<td align="left">
<font color="#0000ff" face="돋움" size=2><strong></strong></font><font color="#000080" size="1"
face="돋움"> related</font></td>
<td align="left">
<font face="돋움" size="2">&lt;
<a href="http://wopen.net/listp.asp?cd=&ok=&kind=&page=1&passwd=">HOME</a>
&gt; &lt;
<a href="editp.asp?idx=23591&cd=&ok=">EDIT</a>&gt; </font>
<font face="돋움" size="1" color="#004080">Click: 45527</font></td></tr>
<tr><td colspan="2">
<div class="fb-share-button" data-layout="button"></div>
   
```

//(질문 및 토의) 아래의 코드를 화면을 보며 설명해 보세요.
<a href="http://twitter.com/share" class="twitter-share-button" data-text="50 Persons in History-selected by Wopen.com: in 이름포털 Social Name Portal: Wopen.net 한국.net" data-count="none" data-via="">Tweet</a>

<script type="text/javascript" src="http://platform.twitter.com/widgets.js"></script>

<!-- 공유 버튼을(를) 표시하고 싶은 위치에 이 태그를 배치 -->
<div class="g-plus" data-action="share" data-annotation="none"></div>
</td></tr>
<tr><td colspan="2">
<a href="ttPPKKwritepa.asp?l1=21&l2=3&l3=225&l4=83&page=" >
<font size=3 color="green"><b>Register your Global social NAME</b></a>
</td></tr>

//(질문 및 토의) 아래의 코드는 화면상의 어떤 부분의 소스코드일까요?
<tr>
<td colspan="2" style="PADDING-BOTTOM: 0px; PADDING-TOP: 0px" bgcolor="#5a69a7" height="10"><strong><font size="3" color="#ffffff">50 Persons in History-selected by Wopen.com</font></strong></td></tr>
<tr>
<td colspan="2" style="border-left: 1 dashed rgb(192,192,192); border-right: 1 dashed rgb(192,192,192); border-bottom: 1 dashed rgb(192,192,192); padding-left: 0px; padding-right: 0px; padding-top: 2px" bgcolor="#FFFFdd"><font face="돋움" size="2.5" color="#007700">Memorable 50 Persons in History,
currently selected by Wopen.com Wopen.net
한국.net (may be updated and added according
to personality as well as humanity;
the order is meaningless here and may be
changed later.)

Jesus Christ 예수
<a href="http://bit.ly/1SL1Yk1">

//(질문 및 토의) 아래의 코드를 화면을 보며 설명해 보세요.
<img class="C" src="http://bit.ly/1svHZf1">
</a>
Confucius 공자

<a href="http://bit.ly/26Rspuu">
<img class="C" src="http://bit.ly/1ULuuUb">
</a>
Buddha 부처(석가모니)
<a href="http://bit.ly/1WH73uZ">
<img class="C" src="http://bit.ly/1VeitH1">
</a>
Socrates 소크라테스
<a href="http://bit.ly/1rkW6mW">
<img class="C" src="http://bit.ly/1rPyt6o">
</a>
Muhammad 모하메드
<img class="C" src="img/muhammad1.jpg">

Lao Tzu 노자
<a href="http://bit.ly/1NjyjOD">
<img

```
class="C" src="http://bit.ly/1WH8jzG"><br></a><br>Plato 플라톤<br><a href="http://bit.
ly/1rl09zO"><br><img class="C" src="http://bit.ly/1QW3UAM"><br></a><br>Johann Gutenberg 구텐베
르그<br><a href="http://bit.ly/1X7y002"></a><br>...(중간 생략)....(will continue)...<br>(may be
updated frequently)<br></font><p></td></tr>
</table>
```

추후, 등록된 이름이나 제목의 수정(edit)이 필요하면, 다음과 같은 수정(edit.asp) 프로그램이 보여주는 화면으로 수정 및 저장을 할 수 있으며, 소스코드를 다음에서 참고로 볼 수 있다. 이름포털에 등록된 내용의 수정(edit) 화면과 소스코드(마우스 우측버튼-소스보기 클릭)의 예는 다음과 같다.

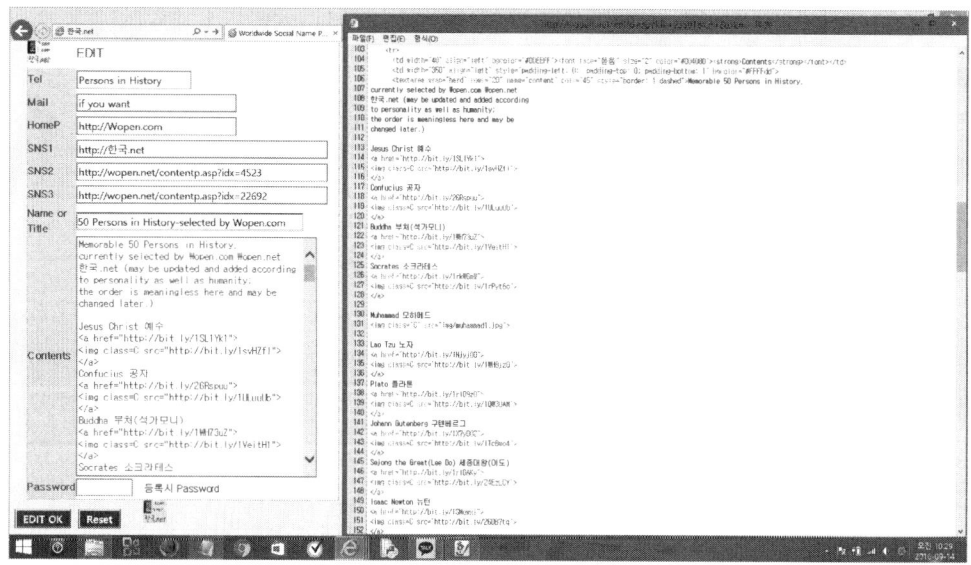

내용의 수정(edit) 화면과 소스코드

이름포털에서 등록된 이름의 수정(edit) 화면을 위한 소스코드 예

(질문 및 토의 : 위화면을 보여주는 아래의 HTML, CSS, JavaScript를 간단히 설명해보세요.)

```html
<!DOCTYPE html>
<html LANG="ko">
<head>
<meta http-equiv="Content-Type" content="text/html; charset=euc-kr" />
<meta name="viewport" content="width=device-width, user-scalable=yes, initial-scale=0.90, maximum-scale=1.87, minimum-scale=0.8" />
<meta name="keywords" content="스마트폰, 스마트TV, 소셜웹, 지식정보, 이름포털, 한국.net, 모바일웹, 명함,Mobile-Web Service, Name Card, Smart Phone, Smart TV, Social Web" />

<title>Worldwide Social Name PorTAL-Wopen.net, 한국.net, 김.net 이.net ㄱ.com ㅏ.com </title>

<script src="modernizr.min.js"></script>
</head>
<script>
<!--
function sendit()
{
//이름
if (document.myform.name.value == "") {
alert("Tel no.?");
return false;
}
//제목
if (document.myform.title.value == "") {
alert("Name or Title?");
return false;
}
//글 내용
if (document.myform.content.value == "" ) {
alert("Name-card Contents?");
return false;
}

//비밀번호
if (document.myform.pwd.value == "" ) {
```

```
alert("Password?");
return false;
}
                document.myform.submit();
}

//-->
</script>
<body bgcolor="#ddffff">
<table border="0" cellpadding="0" cellspacing="0" width="450">
<tr><td><form name="myform" method="POST" action="edit_okp.asp">
<div align="left"><center><table border="0" cellspacing="0" width="420" cellpadding="0" style="border: 1px dashed rgb(192,192,192)"></td></tr>
<tr>
<td width="40" height="30" align="left" bgcolor="#ffffdd"><a href="http://wopen.net"><img src="img/korea6-1.jpg" height="30" width="30" border="0"></a></td>
<td width="350" height="30" align="left" style="padding-left: 0; padding-right: 1" bgcolor="#FFFFdd">
<font face="돋움" size="3" color="#004080"><strong>EDIT</strong></font>
</td></tr>
<tr>
<td width="40" height="030" align="left" bgcolor="#DDEEFF"><font face="돋움" size="2" color="#004080"><strong>Tel</strong></font></td>
<td width="350" height="030" align="left" style="padding-left: 0; padding-right: 1" bgcolor="#FFFFdd">
<input type="hidden" name="idx" value="23591">
<input type="text" name="name" size="20" style="border: 1 dashed" value="Persons in History">
</td></tr>
<tr>
<td width="40" height="030" align="left" bgcolor="#DDEEFF"><font face="돋움" size="2" color="#004080"><strong>Mail</strong></font></td>
<td width="350" height="030" align="left" style="padding-left: 0; padding-right: 1" bgcolor="#FFFFdd">
<input type="text" name="email" size="30" style="border: 1 dashed" value="if you want"></td>
</tr>
```

```
<!-- (질문 및 토의) 아래의 코드를 화면을 보며 설명해 보세요. -->
<tr>
<td width="40" height="030" align="left" bgcolor="#DDEEFF"><font face="돋움" size="2" color="#004080"><strong>HomeP</strong></font></td>
<td width="350" height="030" align="left" style="padding-left: 0; padding-right: 1" bgcolor="#FFFFdd">
<input type="text" name="homepage" size="30" style="border: 1 dashed" value="http://Wopen.com"></td></tr>
<tr>
<td width="40" height="030" align="left" bgcolor="#DDEEFF"><font face="돋움" size="2" color="#004080"><strong>SNS1</strong></font></td>
<td width="350" height="030" align="left" style="padding-left: 0; padding-right: 0" bgcolor="#FFFFdd">
<input type="text" name="sns1" size="50" style="border: 1 dashed" value="http://한국.net"></td></tr>
<tr>
<td width="40" height="030" align="left" bgcolor="#DDEEFF"><font face="돋움" size="2" color="#004080"><strong>SNS2</strong></font></td>
<td width="350" height="030" align="left" style="padding-left: 0; padding-right: 0" bgcolor="#FFFFdd">
<input type="text" name="sns2" size="50" style="border: 1 dashed" value="http://wopen.net/contentp.asp?idx=4523"></td></tr>
<tr>
<td width="40" height="030" align="left" bgcolor="#DDEEFF"><font face="돋움" size="2" color="#004080"><strong>SNS3</strong></font></td>
<td width="350" height="030" align="left" style="padding-left: 0; padding-right: 0" bgcolor="#FFFFdd">
<input type="text" name="sns3" size="50" style="border: 1 dashed" value="http://wopen.net/contentp.asp?idx=22692"></td></tr>

<!-- (질문 및 토의) 아래의 코드를 화면을 보며 설명해 보세요. -->
<tr>
<td width="40" height="030" align="left" bgcolor="#DDEEFF"><font face="돋움" size="2" color="#004080"><strong>Name or Title</strong></font></td>
<td width="350" height="030" align="left" style="padding-left: 0; padding-right: 1" bgcolor="#FFFFdd">
```

```html
<input type="text" name="title" size="45" style="border-left: 1px dashed; border-right: 1
dashed; border-top: 1 dashed; border-bottom: 1 dashed" value="50 Persons in History-selected
by Wopen.com"></td></tr>


<tr>
<td width="40" align="left" bgcolor="#DDEEFF"><font face="돋움" size="2" color="#004080"><strong>Contents</strong></font></td>
<td width="350" align="left" style="padding-left: 0;  padding-top: 0; padding-bottom: 1"
bgcolor="#FFFFdd">
<textarea wrap="hard" rows="20" name="content" cols="45" style="border: 1 dashed">Memorable 50
Persons in History,
currently selected by Wopen.com Wopen.net
한국.net (may be updated and added according
to personality as well as humanity;
the order is meaningless here and may be
changed later.)

Jesus Christ 예수
<a href="http://bit.ly/1SL1Yk1">
<img class=C src="http://bit.ly/1svHZfl">
</a>

<!-- (질문 및 토의) 아래의 코드를 화면을 보며 설명해 보세요. -->
Confucius 공자
<a href="http://bit.ly/26Rspuu">
<img class=C src="http://bit.ly/1ULuuUb">
</a>


Buddha 부처(석가모니)
<a href="http://bit.ly/1WH73uZ">
<img class=C src="http://bit.ly/1VeitH1">
</a>
Socrates 소크라테스
<a href="http://bit.ly/1rkW6mW">
<img class=C src="http://bit.ly/1rPyt6o">
</a>
```

```
Muhammad 모하메드
<img class='C' src="img/muhammad1.jpg">
Lao Tzu 노자
<a href="http://bit.ly/1NjyjOD">
<img class=C src="http://bit.ly/1WH8jzG">
</a>
Plato 플라톤
<a href="http://bit.ly/1rl09z0">
<img class=C src="http://bit.ly/1QW3UAM">
</a>
Johann Gutenberg 구텐베르그
<a href="http://bit.ly/1X7y002">
<img class=C src="http://bit.ly/1TcBmo4">
</a>
...(중간 생략)....
...(will continue)...

(may be updated frequently)
</textarea></td></tr>
<tr>
<td width="40" height="030" align="left" bgcolor="#DDEEFF"><font face="돋움" size="2" color="#004080"><strong>Password</strong></font></td>
<td width="350" height="030" align="left" style="padding-left: 0; padding-right: 1" bgcolor="#FFFFdd"><input type="password" name="pwd" size="8" style="border: 1 dashed">
 <font face="돋움" size="2">등록시 Password</font></td></tr>
</table>
<div align=left>
<input type="button" value="EDIT OK" name="write" OnClick="sendit()" style="background-color: rgb(0,57,115); color: rgb(255,255,255); font-weight: bolder"> 

<!-- (질문 및 토의) 아래의 코드를 화면을 보며 설명해 보세요. -->
<input type="reset" value="Reset" name="reset" OnClick="history.back();" style="background-color: rgb(0,54,108); color: rgb(255,255,255); font-weight: bolder">
    

<a href="http://wopen.net"><img src="img/korea6-2.jpg" height="30" width="30" border="0"></a>
```

```
</div>
</form>
</body>
</html>
```

등록된 이름을 검색해 볼 수 있는데, 이름포털에서 등록된 이름검색 화면 (검색어 입력 부분)과 소스코드는 다음과 같다.

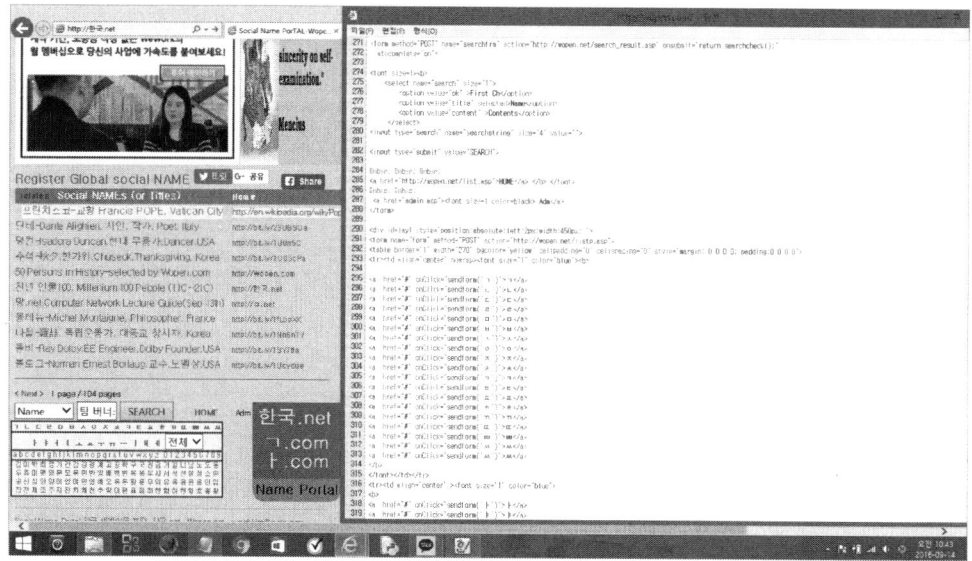

이름검색 화면 (검색어 입력부분)과 소스코드

이름포털에서 이름검색 화면을 위한 소스코드 예

(질문 및 토의 : 위화면을 보여주는 아래의 HTML, CSS, JavaScript를 간단히 설명해보세요.)

```html
<form method="POST" name="searchfrm" action="http://wopen.net/search_result.asp"
onsubmit="return searchcheck();"
atocomplete="on">
<font size=1><b>
<select name="search" size="1">
<option value="ok" >First Ch</option>
          <option value="title" selected>Name</option>
<option value="content" >Contents</option>
</select>

<!-- (질문 및 토의) 아래의 코드를 화면을 보며 설명해 보세요. -->
<input type="search" name="searchstring" size="4" value="">
<input type="submit" value="SEARCH">
     


<a href="http://wopen.net/list.asp">HOME</a> </b> </font>
   
<a href="admin.asp"><font size=1 color=black> Adm</a>
</form>

<div id=lay1 style="position:absolute;left:2px;width:450px; ">
<form name="form" method="POST" action="http://wopen.net/listp.asp">
<table border="1" width="270" bgcolor="yellow" cellpadding="0" cellspacing="0" style="margin: 0 0 0 0; padding:0 0 0 0">

<!-- (질문 및 토의) 아래의 코드를 화면을 보며 설명해 보세요. -->
<tr><td align="center" nowrap><font size="1" color="blue"><b>
<a href="#" onClick="sendform('ㄱ')">ㄱ</a>
<a href="#" onClick="sendform('ㄴ')">ㄴ</a>
<a href="#" onClick="sendform('ㄷ')">ㄷ</a>
<a href="#" onClick="sendform('ㄹ')">ㄹ</a>
<a href="#" onClick="sendform('ㅁ')">ㅁ</a>
<a href="#" onClick="sendform('ㅂ')">ㅂ</a>
<a href="#" onClick="sendform('ㅅ')">ㅅ</a>
```

```html
<a href="#" onClick="sendform('ㅇ')">ㅇ</a>
<a href="#" onClick="sendform('ㅈ')">ㅈ</a>
<a href="#" onClick="sendform('ㅊ')">ㅊ</a>
<a href="#" onClick="sendform('ㅋ')">ㅋ</a>
<a href="#" onClick="sendform('ㅌ')">ㅌ</a>
<a href="#" onClick="sendform('ㅍ')">ㅍ</a>
<a href="#" onClick="sendform('ㅎ')">ㅎ</a>
<a href="#" onClick="sendform('ㄲ')">ㄲ</a>
<a href="#" onClick="sendform('ㄸ')">ㄸ</a>
<a href="#" onClick="sendform('ㅃ')">ㅃ</a>
<a href="#" onClick="sendform('ㅆ')">ㅆ</a>
<a href="#" onClick="sendform('ㅉ')">ㅉ</a>
</b>
</font></td></tr>


<tr><td align="center" ><font size="1" color="blue">
<b>
<a href="#" onClick="sendform('ㅏ')">ㅏ</a>
<a href="#" onClick="sendform('ㅑ')">ㅑ</a>
<a href="#" onClick="sendform('ㅓ')">ㅓ</a>
<a href="#" onClick="sendform('ㅕ')">ㅕ</a>
<a href="#" onClick="sendform('ㅗ')">ㅗ</a>
<a href="#" onClick="sendform('ㅛ')">ㅛ</a>
<a href="#" onClick="sendform('ㅜ')">ㅜ</a>
<a href="#" onClick="sendform('ㅠ')">ㅠ</a>
<a href="#" onClick="sendform('ㅡ')">ㅡ</a>
<a href="#" onClick="sendform('ㅣ')">ㅣ</a>
<a href="#" onClick="sendform('ㅐ')">ㅐ</a>
<a href="#" onClick="sendform('ㅔ')">ㅔ</a>
</b>
<select name="kind" size="1" >
<option value="all" selected>전체</option>
<option value="my" >My</option>
<option value="nation" >나라</option>
<option value="city" >도시</option>
<option value="local" >부근</option>
</select>
```

```
</font></td></tr>
<tr><td nowrap align="center" style="margin: 0 0 0 0; padding:0 0 0 0;font-size:7.0pt;">
<font size=1 color="blue" style="margin: 0 0 0 0; padding:0 0 0 0; font-size:7.0pt;">
<a  href="#" onClick="sendform('a')">a</a>
<a  href="#" onClick="sendform('b')">b</a>
<a  href="#" onClick="sendform('c')">c</a>
<a  href="#" onClick="sendform('d')">d</a>
<a  href="javascript:" onClick="sendform('e')">e</a>
<a  href="javascript:" onClick="sendform('f')">f</a>
<a  href="javascript:" onClick="sendform('g')">g</a>
<a  href="javascript:" onClick="sendform('h')">h</a>
<a  href="javascript:" onClick="sendform('i')">i</a>
<a  href="javascript:" onClick="sendform('j')">j</a>
<a  href="javascript:" onClick="sendform('k')">k</a>
<a  href="javascript:" onClick="sendform('l')">l</a>
<a  href="javascript:" onClick="sendform('m')">m</a>
<a  href="javascript:" onClick="sendform('n')">n</a>
<a  href="javascript:" onClick="sendform('o')">o</a>
<a  href="javascript:" onClick="sendform('p')">p</a>
<a  href="javascript:" onClick="sendform('q')">q</a>
<a  href="javascript:" onClick="sendform('r')">r</a>
<a  href="javascript:" onClick="sendform('s')">s</a>
<a  href="javascript:" onClick="sendform('t')">t</a>
<a  href="javascript:" onClick="sendform('u')">u</a>
<a  href="javascript:" onClick="sendform('v')">v</a>
<a  href="javascript:" onClick="sendform('w')">w</a>
<a  href="javascript:" onClick="sendform('x')">x</a>
<a  href="javascript:" onClick="sendform('y')">y</a>
<a  href="javascript:" onClick="sendform('z')">z</a> 
<a  href="javascript:" onClick="sendform('0')">0</a>
<a  href="javascript:" onClick="sendform('1')">1</a>
<a  href="javascript:" onClick="sendform('2')">2</a>
<a  href="javascript:" onClick="sendform('3')">3</a>
<a  href="javascript:" onClick="sendform('4')">4</a>
<a  href="javascript:" onClick="sendform('5')">5</a>
<a  href="javascript:" onClick="sendform('6')">6</a>
<a  href="javascript:" onClick="sendform('7')">7</a>
<a  href="javascript:" onClick="sendform('8')">8</a>
```

```html
<a href="javascript:" onClick="sendform('9')">9</a>
</font></td></tr>
<tr><td align="center">
<table align="center" border="0" width="273" bgcolor="yellow" cellpadding="0" cellspacing="0" style="margin: 0 0 0 0; padding:0 0 0 0; font-size:6.5pt; ">

<!-- (질문 및 토의) 아래의 코드를 화면을 보며 설명해 보세요. -->
<tr>
<td align="center" nowrap>
<font style="font-size:6.5pt;letter-spacing:0em;line-height:1.3em">
<a href="javascript:" onClick="sendform('김')">김</a>
<a href="javascript:" onClick="sendform('이')">이</a>
<a href="javascript:" onClick="sendform('박')">박</a>
<a href="javascript:" onClick="sendform('최')">최</a>
<a href="javascript:" onClick="sendform('정')">정</a>
<a href="javascript:" onClick="sendform('가')">가</a>
<a href="javascript:" onClick="sendform('간')">간</a>
<a href="javascript:" onClick="sendform('감')">감</a>
<a href="javascript:" onClick="sendform('강')">강</a>
<a href="javascript:" onClick="sendform('경')">경</a>
<a href="javascript:" onClick="sendform('계')">계</a>
<a href="javascript:" onClick="sendform('고')">고</a>
<a href="javascript:" onClick="sendform('공')">공</a>
<a href="javascript:" onClick="sendform('곽')">곽</a>
<a href="javascript:" onClick="sendform('구')">구</a>
<a href="javascript:" onClick="sendform('국')">국</a>
<a href="javascript:" onClick="sendform('권')">권</a>
<a href="javascript:" onClick="sendform('금')">금</a>
<a href="javascript:" onClick="sendform('기')">기</a>
<a href="javascript:" onClick="sendform('길')">길</a>
<a href="javascript:" onClick="sendform('나')">나</a>
<a href="javascript:" onClick="sendform('남')">남</a>
<a href="javascript:" onClick="sendform('노')">노</a>
<a href="javascript:" onClick="sendform('도')">도</a>
<a href="javascript:" onClick="sendform('동')">동</a>
</font></td></tr>
```

1.1.2 기초내용 설명

❋ 각 장의 예제

본 교재에서 추천하는 참고용 웹사이트(W3Schools.com)에 소개된 HTML 튜토리얼에는 많은 HTML예제가 있다. 간단한 노트패드 등의 HTML편집기를 이용해서, HTML문을 작성 및 수정해서 파일 확장자명을 htm이나 html로 저장하여, 버튼을 클릭해서 브라우저(IE, 사파리, 파이어폭스, 크롬, 오페라 등)를 이용하여 바로 그 결과를 볼 수 있다.

예

```html
<!DOCTYPE html>
<html>
<head>
<title>페이지 제목</title>
</head>
<body>
<h1>헤딩이다.</h1>
<p>문단이다.</p>
</body>
</html>
```

❋ HTML 예제

참고용으로, 참고용 사이트(W3Schools.com)의 HTML 튜토리얼에서, 다양한 예제들을 볼 수 있다. 노트패드등의 편집기를 사용하여, 각 예제를 직접 수정하여 실행시켜 결과를 바로 볼 수 있다.

❋ HTML 퀴즈시험

HTML 이해도를 테스트해볼 수 있는 퀴즈시험(Quiz)이 소개되어 있다.

❈ HTML 참고자료

참고용 사이트인 W3Schools.com 웹사이트에서, 태그, 속성, 이벤트, 색상명, 요소, 문자세트, URL 인코딩, 언어 코드, HTTP 메시지 등의 참고자료를 볼 수 있다.

❈ HTML 소개

HTML이란?

HTML은 웹문서(웹페이지)를 기술하는 마크업 언어이다.

- HTML은 Hyper Text Markup Language의 약어이다.
- 마크업 언어는 마크업 태그들의 집합이다.
- HTML 문서는 HTML 태그들로 기술된다.
- 각 HTML 태그는 다른 문서내용을 기술한다.

❈ HTML 문서 예

```
<!DOCTYPE html>
<html>
<head>
<title>페이지 제목</title>
</head>
<body>
<h1>나의 첫 번째 헤딩</h1>
<p>나의 첫 번째 문단</p>
</body>
</html>
```

❈ 예제 설명

- `<!DOCTYPE html>` 선언문은 본 문서가 HTML5 문서라는 것을 정의한다.
- `<html>` 과 `</html>` 사이에 있는 텍스트로 HTML문서를 기술한다.
- `<head>` 과 `</head>` 사이의 텍스트로 본 문서에 대한 정보를 제공한다.
- `<title>` 과 `</title>` 사이의 텍스트로 본 문서의 제목을 기술한다.
- `<body>` 과 `</body>` 사이의 텍스트로 보이는 페이지 내용을 기술한다.

- `<h1>` 과 `</h1>` 사이의 텍스트로 헤딩을 기술한다.
- `<p>` 와 `</p>` 사이의 텍스트로 문단을 기술한다.

HTML 페이지 구조

```
<html>
<head>
<title>페이지 제목</title>
</head>
<body>
<h1>제목</h1>
<p>문장</p>
<p>또다른 문장</p>
</body> </html>
```

웹이 처음 소개된 이래, 아래처럼 여러 버전이 지금까지 소개되어 왔다.

버전	년도
HTML	1991
HTML 2.0	1995
HTML 3.2	1997
HTML 4.01	1999
XHTML	2000
HTML5	2014

HTML 편집기

웹 페이지들은 전문적인 HTML 편집기를 사용해서 만들거나 수정 할 수 있는데, HTML을 배우기에는 노트패드(Notepad)같은 간단한 텍스트 편집기를 추천한다.

HTML문서를 만들고 저장시에 파일확장자 이름을 `htm` 이나 `html` 로 저장하면, 이 파일을 더블 클릭시에 인터넷 브라우저로 결과를 바로 볼 수 있다.

※ HTML 기초 예제들

```
<!DOCTYPE html>
<html>
<body>
<h1>나의 첫 번째 헤딩</h1>
<p>나의 첫 번째 문단</p>
</body>
</html>

<a>태그 사용 예제:
<a href="http://한국.net"> 이것은 소셜 이름포털 링크이다.</a>

<img>태그 사용 예제:
<img src="korea.jpg" alt="한국.net" width="104" height="142">
```

1.2 HTML 요소 및 속성

1.2.1 HTML 요소

HTML 요소는 시작 태그와 끝 태그로 되며, 그 사이에 내용이 들어간다.
HTML 태그들은 대문자나 소문자 상관이 없이 사용 할 수 있다.

```
<p>내용이 여기에 들어감</p>
```

1.2.2 HTML 속성

속성들은 HTML요소들에 관해서 추가적인 정보를 제공하며, 모든 HTML요소들은 속성들을 가질 수 있다. 속성들은 항시 시작 태그에 명시되고, 대개 이름/값 (이름="값") 쌍으로 표현된다.

```
<p title="나는 타이틀이다.">
이것은 문장이다.
</p>
<a href="http://한국.net">소셜 이름포털 링크입니다.</a>
```

속성	설명
alt	이미지가 안보일 때, 대신 보여지는 대체 텍스트를 명시
disabled	입력 요소가 비활성임을 명시
href	연결을 위한 URL(웹 주소)를 명시
id	요소를 위한 유일한 id를 명시
src	이미지를 위한 URL (웹 주소)를 명시
style	요소를 위한 인라인 CSS스타일을 명시
title	요소에 관한 추가적인 정보를 명시

1.2.3 HTML 제목

제목들은 HTML문서에서 중요하며, 크기가 큰 순으로 〈h1〉부터 〈h6〉가지 6가지가 있다.

```
<h1>헤딩(헤드라인) 1</h1>
<h2>헤딩(헤드라인) 2</h2>
<h3>헤딩(헤드라인) 3</h3>
<h4>헤딩(헤드라인) 4</h4>
<h5>헤딩(헤드라인) 5</h5>
<h6>헤딩(헤드라인) 6</h6>
```

결과 화면은 다음과 같다.

헤딩(헤드라인) 1
헤딩(헤드라인) 2
헤딩(헤드라인) 3
헤딩(헤드라인) 4
헤딩(헤드라인) 5
헤딩(헤드라인) 6

1.2.4 HTML 문단

HTML <p> 요소는 문단을 정의한다. 종료 태그를 빠뜨려도 대부분의 브라우저들은 결과를 제대로 보여주더라도, 종료 태그를 다음처럼 넣어주는 것이 원칙이다.

```
<p>문단이다.</p>
<p>다른 문단이다.</p>
```

1.2.5 HTML 스타일들

HTML 요소의 스타일을 설정하기 위해서, 스타일 속성이 다음처럼 사용된다.

```
<body style="background-color:yellow;">
<h1 style="color:blue;">헤딩(헤드라인)이다.</h1>
<p style="color:red;">문단이다.</p>
<h1 style="font-size:300%;">다른 헤딩이다.</h1>
<p style="font-size:160%;">다른 문단이다.</p>
```

1.2.6 HTML 텍스트 양식(formatting)

양식 요소들이 문자(text)의 특별한 타입을 보여주기 위해서 아래처럼 디자인되었다.

- ⟨b⟩ : 진한 문자
- ⟨strong⟩ : 중요한 문자
- ⟨i⟩ : 이탤릭 문자
- ⟨em⟩ : 강조된 문자
- ⟨mark⟩ : 마크표시된(형광표시) 문자
- ⟨small⟩ : 작은 문자
- ⟨del⟩ : 삭제된 문자
- ⟨ins⟩ : 삽입된 문자
- ⟨sub⟩ : 아래 첨자 문자
- ⟨sup⟩ : 위 첨자 문자

1.2.7 HTML 인용 요소들

태그	설명
⟨abbr⟩	축약어나 약어 정의
⟨address⟩	저저의 연락 정보 정의
⟨bdo⟩	문자 방향 정의
⟨blockquote⟩	다른 원소스로부터 인용된 부분 정의
⟨cite⟩	일의 제목 정의
⟨q⟩	짧은 인라인 인용 정의

1.2.8 HTML 컴퓨터코드 요소

HTML ⟨code⟩요소는 프로그래밍 코드의 일부를 정의한다.

```
<code>
var x = 5;
var y = 6;
document.getElementById("demo").innerHTML = x + y;
</code>
```

■ 결과

```
var x = 5; var y = 6; document.getElementById("demo").innerHTML = x + y;
```

HTML 코멘트(설명문)

```
<!-- 이부분은 코멘트(설명) 문장입니다. -->
<p>여기는 HTML 정상적인 문장입니다.</p>
<!-- 여기도 코멘트 문장입니다. -->
```

■ 조건 설명문

인터넷 익스플로러 버전8인 경우를 테스트하여 해당되면 해당 HTML문을 실행한다.

```
<!--[if IE 8]>
    .... 해당 HTML 문은 여기에 ....
<![endif]-->
```

HTML 색

HTML에서, 색은 색상 이름이나 RGB 값 또는 16진수 값으로 명시된다.

- 색상 이름 예: Red, Orange, Yellow, Cyan, Blue

- RGB 값 예: rgb(red, green, blue)
  rgb(255,0,0), rgb(255,255,0), rgb(0,255,0), rgb(0,255,255), rgb(0,0,255)

- 16진수 값 예: #RRGGBB   (RR:빨간색, GG:푸른색, BB:파란색)
  #FF0000 #FFFF00 #00FF00 #00FFFF #0000FF

연습문제(1주)

1.1 아래의 문서내의 문단 앞에 텍스트 "서울"을 가진 헤딩을 추가해라.

```
<!DOCTYPE html>
<html>
<body>
<p>서울은 한국의 수도이다. 약 1300만명이 살고 있는 대도시이다...</p>
</body>
</html>
```

1.2 아래의 문서에 텍스트 "여보세요"를 가지며 크기가 모두 다른 6개의 헤딩을 추가하라.

```
<!DOCTYPE html>
<html>
<body>
</body>
</html>
```

1.3 아래의 문서에서 적당한 종료 태그들을 넣어라.

```
<!DOCTYPE html>
<html>
<body>
<h1>이것은 헤딩
<p>이것은 문단이다.
<p>이것은 문단이다.
<p>이것은 문단이다.
</body>
</html>
```

1.4 아래의 시를 <pre> 태그를 이용하여 시처럼 화면에 표현하라.

```
<!DOCTYPE html>
<html>
<body>
<p>
    My Bonnie lies over the ocean.
    My Bonnie lies over the sea.
    My Bonnie lies over the ocean.
    Oh, bring back my Bonnie to me.
</p>
</body>
</html>
```

1.5 아래의 문단의 폰트를 "courier"로 변경하라.

```
<!DOCTYPE html>
<html>
<body>
<p>이것은 문단이다.</p>
</body>
</html>
```

1.6 아래 문단의 텍스트 크기를 50px로 변경하라.

```
<!DOCTYPE html>
<html>
<body>
<p>이것은 문단이다.</p>
</body>
</html>
```

1.7 아래의 문서에서 모든 콘텐트를 가운데로 정렬하라.

```
<!DOCTYPE html>
<html>
<body>
<h1>이것은 헤딩</h1>
<h2>이것도 헤딩</h2>
<p>이것은 문단이다.</p>
<p>이것도 문단이다.</p>
</body>
</html>
```

1.8 cool 단어의 앞뒤에 HTML 요소를 사용하여, 인용부호를 넣은 "cool"로 화면에 보이도록 하라.

```
<!DOCTYPE html>
<html>
<body>
<p>나는 cool 하다.</p>
</body>
</html>
```

1.9 아래의 문서에서, HTML 요소를 사용하여, 프로그래밍 코드로 "var person"을 정의하라.

```
<!DOCTYPE html>
<html>
<body>
<p>코드 예: var person;</p>
</body>
</html>
```

1.10 아래의 문서에서, "본 텍스트는 브라우저에서 보이지 않게 하라." 텍스트 주위에 주석 태그를 추가하라.

```
<!DOCTYPE html>
<html>
<body>
<p>이것은 문단이다.</p>
본 텍스트는 브라우저에서 보이지 않게 하라.
<p>이것은 다른 문단이다.</p>
</body>
</html>
```

1.3 HTML 스타일 및 CSS

❁ 한국.net list.asp HTML 문서에서 CSS 스타일 사용예

(질문 및 토의: 아래의 CSS 스타일을 간단히 설명해보세요.)

```
<style>
 A            {text-decoration: none; color:"#5555ff"}
 A:hover      {text-decoration: none; font-size: 11pt; font-weight:900; color:blue}

img#lay41:hover {position: relative; width: 400px; height: 500px; z-index:5;}

div#lay8 {
    border-radius: 15px;
    height: 130px; width: 118px;
    font-size: 20px; align: auto;
    background-color: purple;
    position: relative;
    z-index: 10;
    animation: example1 20s linear 2s 10 alternate;
    -webkit-animation: example1 20s linear 2s 10 alternate;
}

@keyframes example1 {
    0%    {background-color:purple; left:320px; top:0px;}
    25%   {background-color:yellow; left:320x; top:-100px;}
    50%   {background-color:blue; left:320px; top:-300px;}
    75%   {background-color:green; left:320px; top:-500px;}
    100%  {background-color:red; left:320px; top:-727px;}
}

@-webkit-keyframes example1 {
    0%    {background-color:purple; left:320px; top:0px;}
    25%   {background-color:yellow; left:320x; top:-100px;}
    50%   {background-color:blue; left:320px; top:-300px;}
    75%   {background-color:green; left:320px; top:-500px;}
    100%  {background-color:red; left:320px; top:-727px;}
}
```

```
.topright {
    position: absolute;
    top: 105px;
    right: 4px;
    font-size: 18px;
    font-weight: bold;
}
</style>
```

1.3.1 HTML 스타일-CSS

CSS(Cascading Style Sheet)로 HTML에 스타일을 부여할 수 있는데, 다음의 3가지 방식이 있다.

■ 인라인 CSS:

인라인 CSS는 1개의 HTML 요소에 특별한 스타일을 부여할 때 사용된다.

```
<h1 style="color:blue;">이것은 파란 헤딩이다.</h1>
```

■ 내부 CSS:

내부 CSS는 1개의 HTML 페이지(파일)를 위한 스타일을 정의하는데 사용된다.

```
<!DOCTYPE html>
<html>
<head>
<style>
 body {background-color: yellow;}
 h1   {color: blue;}
 p    {color: red;}
</style>
</head>
<body>
```

```
<h1>헤딩이다.</h1>
<p>문단이다.</p>
</body>
</html>
```

- **외부 CSS:**

외부 CSS는 많은 HTML 페이지들(파일들)을 정의하는데 사용되며, 1개의 CSS 파일의 수정으로 전체 웹사이트의 모양을 바꿀 수 있다. 외부 CSS를 이용하기 위해서, HTML 페이지의 〈head〉 부분에서 그 외부 CSS파일로 연결을 해줘야한다.

```
<!DOCTYPE html>
<html>
<head>
    <link rel="stylesheet" href="style.css">
</head>
<body>
<h1>이 부분은 헤딩</h1>
<p>여기는 문단</p>
</body>
</html>
```

- **외부 CSS 파일: style.css**

```
body {
    background-color: powderblue;
}
h1 {
    color: blue;
}
p {
    color: red;
}
```

1.4 HTML 링크 및 클래스

❀ 한국.net에서 링크 및 클래스 사용 예 (이미지와 소스코드)

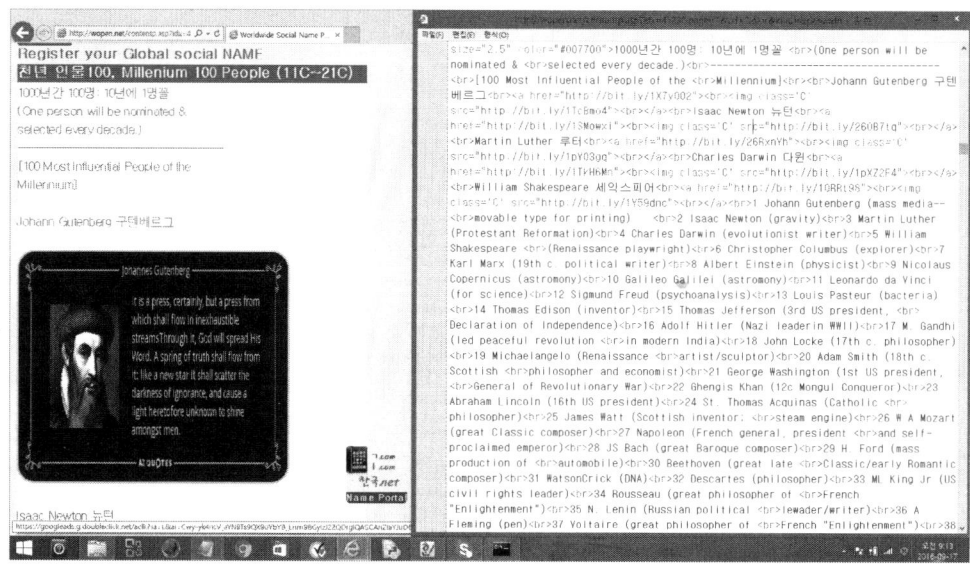

콘텐츠 화면과 소스코드 (마우스 우측버튼-소스보기 클릭)

(**질문 및 토의:** 위화면에서 사용되는 아래의 HTML, CSS 스타일을 간단히 설명해보세요.)

```
1000년간 100명: 10년에 1명꼴 <br>(One person will be nominated & <br>selected every decade.)
<br><br>
[100 Most Influential People of the <br>Millennium]<br><br>
Johann Gutenberg 구텐베르그<br>
<a href="http://bit.ly/1X7y002">
<img class="C" src="http://bit.ly/1TcBmo4"></a>


<style>
img.C {width:300px;height:250px; border-radius: 20px; border: 2px solid gold;}
</style>
```

1.4.1 HTML 링크

HTML 링크는 거의 모든 웹 페이지에서 사용되며, 사용자는 클릭만으로 웹 페이지에서 다른 웹 페이지로 하이퍼링크를 이용할 수 있다.

HTML 연결은 하이퍼링크 (초월 연결)이며, 링크를 클릭해서 다른 문서로 이동할 수 있다. 텍스트뿐만 아니라 이미지나 다른 HTML요소에도 링크를 걸어 둘 수 있다.

```
HTML 링크-구문:
<a href="http://한국.net" target='_self'> 한국.net 이름포털 (시범용 사이트) </a>

<a href="http://한국.net"> <img src="img/korea.jpg" title="Social Name Portal"
alt="한국.net" height="100px" width="118px" border="0"></a>
```

1.4.2 HTML 이미지들

HTML에서 이미지들은 **<img>**태그로 정의되며, **src** 속성은 그 이미지의 URL(웹주소)를 명시한다. **alt** 속성은 만약 이미지가 보여질 수 없을 때, 대체 텍스트를 제공한다.

```
<img src="wrongname.gif" alt="HTML5 Icon" style="width:128px;height:128px;">
```

웹 페이지 접근성측면에서, **alt** 속성은 사용되어야 유효하게 된다. 화면 리더기는 HTML 코드를 읽어 주는 프로그램인데, 텍스트들을 (예: **alt** 속성에 명시된 텍스트) 음성으로 변환하여 시각장애인들도 들을 수 있게 해준다.

style 속성이 이미지의 폭과 높이를 명시하는데 사용될 수 있으며, 그 값들은 픽셀값으로 (값뒤에 px사용시) 명시된다.

```
<a href="http://wopen.net/contentp.asp?idx=23707"> <img id=lay41 src="http://bit.ly/1Y59dnc"
title="지난천년간 인물중(5위): 극작가,시인,셰익스피어,William Shakespeare,England" alt="셰익
스피어 사진" height="250px" width="136px" border="0"> </a>
```

(**질문 및 토의:** 아래화면과 관련되는 위의 HTML, CSS, JavaScript를 간단히 설명해보세요.)

세익스피어 사진

1.4.3 HTML 테이블

HTML 테이블은 〈table〉 태그로 정의되며, 각 테이블 행은 〈tr〉태그로 정의되고, 각 테이블 데이터/셀은 〈td〉태그로 정의된다.

```
<!DOCTYPE html>
<html>
<body>
<table style="width:100%">
 <tr>
    <th>Firstname</th>
    <th>Lastname</th>
    <th>Age</th>
  </tr>
<tr>
    <td>질</td>
    <td>스미스</td>
    <td>50</td>
  </tr>
  <tr>
    <td>이브</td>
    <td>잭슨</td>
    <td>94</td>
```

```
    </tr>
    <tr>
      <td>존</td>
      <td>도</td>
      <td>80</td>
    </tr>
  </table>
</body>
</html>
```

1.4.4 응용 예 http://한국.net

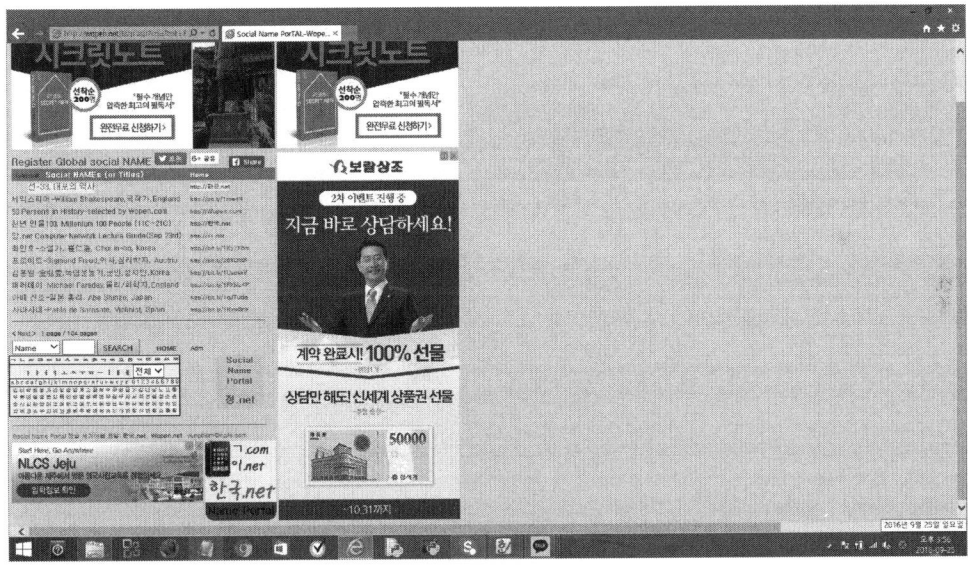

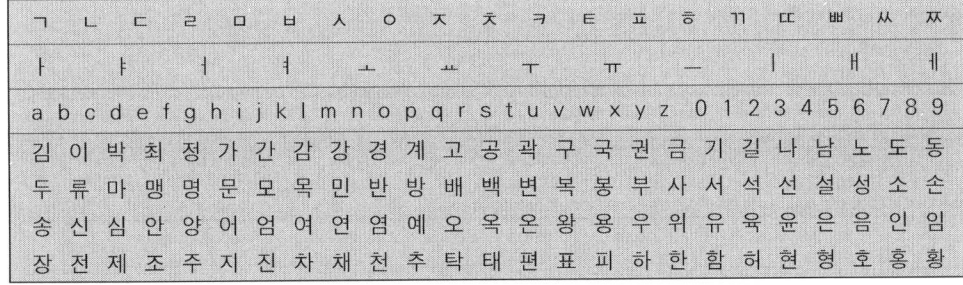

응용 예 (http://한국.net, 100개 성씨등)

(**질문 및 토의:** 위화면을 보여주는 아래의 HTML, CSS, JavaScript를 간단히 설명해보세요.)

```html
<table border="1" width="270" bgcolor="yellow">
<tr><td>
<a href="#" onClick="sendform('ㄱ')">ㄱ</a>
<a href="#" onClick="sendform('ㄴ')">ㄴ</a>
<a href="#" onClick="sendform('ㄷ')">ㄷ</a>
<a href="#" onClick="sendform('ㄹ')">ㄹ</a>
<a href="#" onClick="sendform('ㅁ')">ㅁ</a>
<a href="#" onClick="sendform('ㅂ')">ㅂ</a>
<a href="#" onClick="sendform('ㅅ')">ㅅ</a>
<a href="#" onClick="sendform('ㅇ')">ㅇ</a>
<a href="#" onClick="sendform('ㅈ')">ㅈ</a>
<a href="#" onClick="sendform('ㅊ')">ㅊ</a>
<a href="#" onClick="sendform('ㅋ')">ㅋ</a>
<a href="#" onClick="sendform('ㅌ')">ㅌ</a>
<a href="#" onClick="sendform('ㅍ')">ㅍ</a>
<a href="#" onClick="sendform('ㅎ')">ㅎ</a>
<a href="#" onClick="sendform('ㄲ')">ㄲ</a>
<a href="#" onClick="sendform('ㄸ')">ㄸ</a>
<a href="#" onClick="sendform('ㅃ')">ㅃ</a>
<a href="#" onClick="sendform('ㅆ')">ㅆ</a>
<a href="#" onClick="sendform('ㅉ')">ㅉ</a>
</td></tr></table>
```

1.4.5 HTML 리스트들

순서번호가 없는 리스트는 〈ul〉태그로 시작하며, 각 리스트 항목은 〈li〉 태그로 시작하는데, 리스트 항목들은 번호없이 작은 검은 원(bullet)으로 표시된다.

```html
<ul>
  <li>커피</li>
  <li>차</li>
  <li>우유</li>
</ul>
```

■ 결과 화면:

- 커피
- 차
- 우유

순서번호가 있는 리스트는 〈ol〉 태그로 시작하며, 각 리스트 항목은 〈li〉 태그로 시작한다.

```
<ol>
    <li>Coffee</li>
    <li>Tea</li>
    <li>Milk</li>
</ol>
```

■ 결과 화면:

1. Coffee
2. Tea
3. Milk

타입	설명
type="1"	리스트 항목들이 숫자로 순서대로 번호가 부여된다. (기본)
type="A"	리스트 항목들이 알파벳 대문자로 순서대로 번호가 부여된다.
type="a"	리스트 항목들이 알파벳 소문자로 순서대로 번호가 부여된다.
type="I"	리스트 항목들이 로마 대문자로 순서대로 번호가 부여된다.
type="i"	리스트 항목들이 로마 소문자로 순서대로 번호가 부여된다.

1.4.6 HTML 리스트 태그들

태그	설명
⟨ul⟩	순서번호 없는 리스트 정의
⟨ol⟩	순서번호 있는 리스트 정의
⟨li⟩	리스트 항목 정의
⟨dl⟩	설명 리스트 정의
⟨dt⟩	설명 리스내의 용어 정의
⟨dd⟩	설명 리스내의 설명 정의

1.4.7 HTML 블록과 인라인 요소들

모든 HTML 요소는 그 요소의 타입에 따라 기본 표시 값을 가지고 있다.

블록-레벨 요소는 항시 새 줄로 시작하며 가능한 전체 폭을 사용하며, 다음과 같은 블록-레벨 요소들이 있다.

- ⟨div⟩
- ⟨h1⟩ - ⟨h6⟩
- ⟨p⟩
- ⟨form⟩

인라인 요소는 새 줄에서 시작하지 않고 필요한 폭만큼만 사용하는데, 다음과 같은 인라인 요소들이 있다.

- ⟨span⟩
- ⟨a⟩
- ⟨img⟩

1.4.8 HTML 클래스 속성

HTML 속성은 같은 클래스 이름으로 똑 같은 스타일들을 정의하는 것이 가능하도록 해준다.

```html
<!DOCTYPE html>
<html>
<head>
<style>
span.note {
    font-size: 120%;
    color: red;
}
</style>
</head>
<body>
<h1>My <span class="note">중요한</span> 헤딩</h1>
<p>이것은 약간<span class="note">중요한</span> 텍스트이다.</p>
</body>
</html>
```

1.4.9 HTML i프레임들

i프레임은 웹 페이지내에서 웹 페이지를 보여주는 데 사용되는데, 구문 예는 다음과 같다.

```html
<iframe src="demo_iframe.htm" width="200" height="200"></iframe>
```

i프레임은 링크의 목표(target) 프레임으로 사용될 수 있는데, 그 링크의 목표(target)속성은 name 속성을 참조해야한다.

```html
<iframe src="demo_iframe.htm" name="iframe_a"></iframe>
<p><a href="http://한국.net" target="iframe_a">한국.net</a></p>
```

연습문제(2주)

2.1 모든 문단에 빨간 테두리선을 추가하라.

```
<!DOCTYPE html>
<html>
<head>
<style>
body {background-color:lightgrey}
h1   {color:blue}
p    {color:black}
</style>
</head>
<body>
<h1>이것은 헤딩</h1>
<p>이것은 문단이다.</p>
<p>이것은 문단이다.</p>
<p>이것은 문단이다.</p>
<p>이것은 문단이다.</p>
</body>
</html>
```

2.2 모든 <p>요소들에 "intro" 클래스를 추가하라.

```
<!DOCTYPE html>
<html>
<head>
<style>
p.intro {
    background-color:black;
    color:white;
    border:1px solid grey;
    padding:10px;
    margin:30px;
    font-size:150%;
}
```

```
</style>
</head>
<body>
<h1>이것은 헤딩</h1>
<p>이것은 문단이다.</p>
<p>이것은 문단이다.</p>
<p>이것은 문단이다.</p>
</body>
</html>
```

2.3 아래의 링크를 새로운 윈도우에서 열 수 있도록 변경하라.

```
<!DOCTYPE html>
<html>
<body>
<a href="html_images.asp">HTML 이미지들</a>
</body>
</html>
```

2.4 아래문서의 이미지에 링크를 추가하여, 이미지를 클릭시 http://ㄱ.com 으로 연결되도록 변경하라.

```
<body>
<img src="smiley.gif" alt="HTML 튜토리얼" style="width:42px;height:42px;border:0">
</body>
</html>
```

연습문제(2주)

2.5 아래문서에서 사정상 이미지를 구할 수 없을 때, 시각장애인용 화면 리더기를 이용해 대신 보여줄 텍스트 "소셜 이름포털: 한국.net"을 보여주기 위해 수정하라.

```
<!DOCTYPE html>
<html>
<body>
<img src="한국닷넷.jpg" width="135" height="50">
</body>
</html>
```

2.6 아래 테이블의 테두리 선들이 1선의 테두리 선이 되도록 만들어라.

```
<!DOCTYPE html>
<html>
<head>
<style>
table, th, td {
    border: 1px solid black;
}
th, td {
    padding: 5px;
    text-align: left;
}
</style>
</head>
<body>
<table style="width:100%">
  <tr>
    <th>이름</th>
    <th>성</th>
    <th>점수</th>
  </tr>
  <tr>
    <td>길동</td>
    <td>홍</td>
```

```
            <td>50</td>
        </tr>
        <tr>
            <td>순신</td>
            <td>이</td>
            <td>94</td>
        </tr>
    </table>
</body>
</html>
```

2.7 아래의 모든 테이블 행들(rows)이 검정색의 배경색과 흰 텍스트가 되도록 추가하라.

```
<!DOCTYPE html>
<html>
<head>
<style>
table, th, td {
    border: 1px solid black;
    text-align: left;
}
</style>
</head>
<body>
<table style="width:100%">
    <tr>
        <th>이름</th>
        <th>성</th>
        <th>점수</th>
    </tr>
    <tr>
        <td>도</td>
        <td>이</td>
        <td>50</td>
    </tr>
```

```
        <tr>
            <td>순신</td>
            <td>이</td>
            <td>94</td>
        </tr>
    </table>
</body>
</html>
```

2.8 아래의 리스트가 수평적으로 보이도록 수정하라.

```
<!DOCTYPE html>
<html>
<head>
<style>
ul#menu {
    list-style-type: none;
    margin: 0;
    padding: 0;
}

ul#menu li {
    float:left;
}
</style>
</head>
<body>
<ul id="menu">
    <li>사과</li>
    <li>바나나</li>
    <li>레몬</li>
    <li>오렌지</li>
</ul>
</body>
</html>
```

2.9 아래의 문서에서, 클래스 선택자 (이름) "special"을 만들고, "special"내에 "red"값을 갖는 색상(color) 속성을 추가하고, "special" 클래스를 <span>과 <p>에 추가하라.

```
<!DOCTYPE html>
<html>
<head>
<style>
</style>
</head>
<body>
<h1>나의 <span>중요한</span> 헤딩</h1>
<p>나의 중요한 문단이다.</p>
</body>
</html>
```

2.10 아래 i프레임의 경계선을 빨간색으로 변경하라.

```
<!DOCTYPE html>
<html>
<body>
<iframe src="http://한국.net" style="border:medium solid black"></iframe>
</body>
</html>
```

1.5 HTML 자바스크립트

⌘ 한국.net 에서 자바스크립트 사용 예

아래화면에서 중간부분에 있는 Name 옆의 입력란에 이름 등을 입력하고 SEARCH(검색)를 클릭하면 입력된 이름을 검색해주는데, 해당 자바스크립트와 HTML 〈form〉 〈input〉 태그들을 포함한 HTML 소스코드는 다음과 같다.

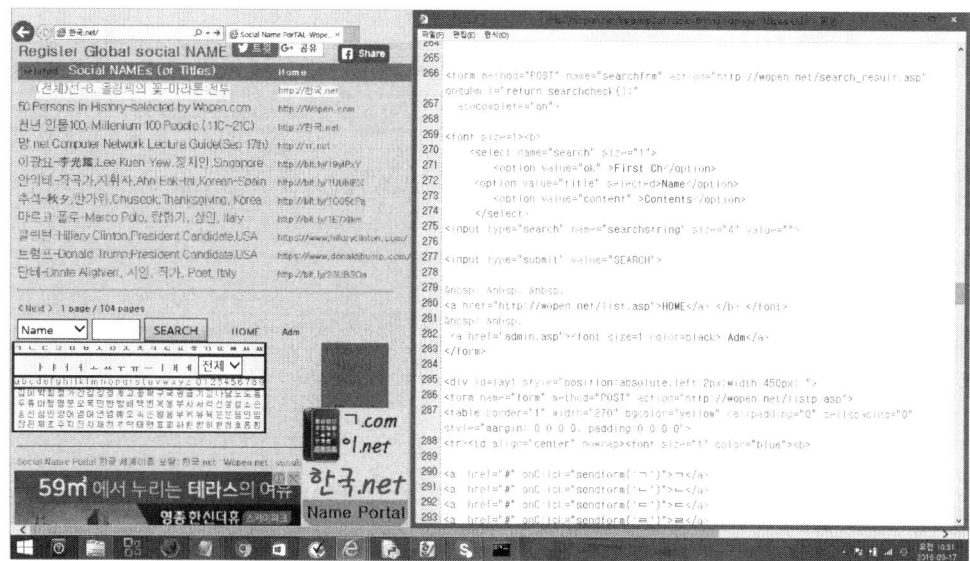

Name입력 SEARCH(검색)포함 화면과 해당 HTML 〈form〉 소스코드

(**질문 및 토의:** 위 화면을 보여주는 아래의 HTML 및 JavaScript를 간단히 설명해보세요.)

```
<script>
function searchcheck() {
  var temp=document.searchfrm.searchstring.value;
  if(!(temp)){
    alert("검색글자 입력하세요.");
    document.searchfrm.searchstring.value="";
    document.searchfrm.searchstring.focus( );
    return false;
  }
```

```
    return true;
}
</script>

<script>
 var passwd;
 function sendform(ch)
 {
      var kind; passwd="";
      kind=document.form.kind.value;
if (kind=="my") {
    passwd=prompt("Password ?", "");
    if (passwd != null) {
document.location.href="http://wopen.net/listp.asp?cd="+ch+"&ok="+ch+"&kind="+kind+"&passwd="+passwd;
    }
}
    else document.location.href="http://wopen.net/listp.asp?cd="+ch+"&ok="+ch+"&kind="+kind;
}
</script>
```

(**질문 및 토의:** 위화면에서 사용되는 아래의 HTML, CSS, JavaScript를 간단히 설명해보세요.)

```
<!-- 이 태그를 head 태그에 배치하거나 닫는 body 태그 바로 앞에 배치 -->
<script src="https://apis.google.com/js/platform.js" async defer></script>
<script async src="//pagead2.googlesyndication.com/pagead/js/adsbygoogle.js"></script>
<script>
  (adsbygoogle = window.adsbygoogle || []).push({
    google_ad_client: "ca-pub-448xxxxxxxxxx",
    enable_page_level_ads: true
  });
</script>
<form method="POST" name="searchfrm" action="http://wopen.net/search_result.asp" onsubmit="return searchcheck();"
 atocomplete="on">
```

```html
<!-- (질문 및 토의) 아래의 코드를 화면을 보며 설명해 보세요. -->
<font size=1><b>
    <select name="search" size="1">
        <option value="ok" >First Ch</option>
        <option value="title" selected>Name</option>
        <option value="content" >Contents</option>
    </select>
<input type="search" name="searchstring" size="4" value="">
<input type="submit" value="SEARCH">
```

1.5.1 HTML 자바스크립트

자바스크립트는 뒤의 자바스크립트 장에서 자세히 다룰 예정인데, 앞에서 소개된 한국.net 이름포털용 시범사이트에서 이미 본 것처럼, HTML 페이지들을 더 다이나믹(dynamic)하고 상호작용적(interactive)으로 만들어준다.

HTML 〈script〉 태그는 자바스크립트를 정의할 때 사용된다.

```
<script>
 document.getElementById("demo").innerHTML = "안녕 자바스크립트 !";
</script>
document.getElementById("demo").style.fontSize = "25px";
document.getElementById("image").src = "picture.gif";
```

1.5.2 HTML 〈head〉 요소

〈head〉요소는 메타데이터 (metadata: 데이터에 관한 데이터)를 위한 저장소이며, HTML 메타데이터는 HTML 문서에 관한 데이터이다. 메타데이터는 표시되지 않는다. 메타데이터는 대개 문서의 제목, 스타일들, 링크들, 스크립트들, 다른 메타 정보를 정의한다.

```
<meta name="keywords" content="HTML, CSS, XML, XHTML, JavaScript">
<meta name="description" content="HTML 와 CSS 관련 무료 웹 튜토리얼">
<meta charset="UTF-8">
<meta http-equiv="refresh" content="30">

HTML <script> 요소
<script>
function myFunction {
    document.getElementById("demo").innerHTML = "안녕 자바스크립트 !";
}
</script>
```

1.5.3 HTML 레이아웃

웹 사이트들은 종종 여러 칸으로 내용을 표시한다. HTML5는 웹페이지내의 서로 다른 부분을 정의하는 새로운 의미 요소들을 제공한다.

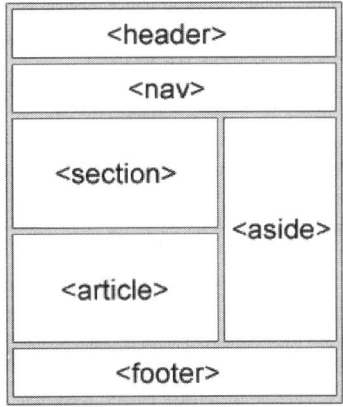

- 〈header〉: 문서나 영역의 헤더 정의
- 〈nav〉: 네비게이션 링크들의 저장소 정의
- 〈section〉: 문서내의 섹션 정의
- 〈article〉: 독립적 자체-포함 기사내용 정의
- 〈aside〉: 내용 옆의 내용 정의 (사이드 바)

- 〈footer〉: 문서나 섹션을 위한 바탕부분 정의
- 〈details〉: 추가 상세내용 정의
- 〈summary〉: 상세 내용을 위한 헤딩 정의

```
<body>
<header>
<h1>도시 갤러리</h1>
</header>
<nav>
서울<br>
파리<br>
런던
</nav>
<section>
<h1>서울</h1>
<p>서울은 현재 .... </p>
<p>서울은 과거 .....</p>
</section>
<footer>
저작권
</footer>
</body>
<style>
header {
    background-color:black;
     color:white;
    text-align:center;
     padding:5px;
}
nav {
    line-height:30px;
    background-color:#eeeeee;
     height:300px;
     width:100px;
   float:left;
     padding:5px;
}
```

```
section {
    width:350px;
    float:left;
    padding:10px;
}
footer {
    background-color:black;
    color:white;
    clear:both;
    text-align:center;
    padding:5px;
}
</style>
```

〈table〉 요소는 레이아웃 도구용으로 설계되지 않았으며, 단지 테이블형태의 데이터를 보여주기 위한 것이 목적이다.

1.6 HTML 반응형 및 폼

1.6.1 HTML 반응형 웹 디자인

웹페이지는 여러 종류의 장치에서도 잘 보여지고, 사용하기에 쉬워야하는데, 반응형 웹 디자인이 웹페이지를 모든 장치들(책상용 PC, 태블릿, 스마트 폰 등)에서 보기 좋게 보이도록 해준다. 반응형 웹 디자인은 CSS와 HTML을 이용해서 크기 재조정, 숨김, 축소, 확대, 내용 이동 등으로 어떤 스크린에서도 보기 좋게 보이도록 해준다. 뒤에 소개되는 별도의 RWD (반응형 웹디자인) 장에서 자세히 설명한다.

1.6.2 HTML 특별 문자들 표현

HTML에서 아래의 특별한 예약 문자들은 표의 HTML표현 방법처럼 특별한 문자들로 바꿔서 사용해야한다.

특별문자	설명	HTML에서 표현 방법	번호로 표현 방법
	빈칸		
<	미만	&lt;	&#60;
>	보다 큰	&gt;	&#62;
&	ampersand	&amp;	&#38;
¢	센트	&cent;	&#162;
£	파운드	&pound;	&#163;
¥	엔	&yen;	&#165;
€	유로	&euro;	&#8364;
©	저작권	&copy;	&#169;
®	등록 상표	&reg;	&#174;

1.6.3 HTML 인코딩 문자세트

HTML 페이지를 제대로 보여주기 위해서는, 웹브라우저는 사용을 위한 문자세트(문자 인코딩)을 알아야 한다.

■ HTML4용

```
<meta http-equiv="Content-Type" content="text/html;charset=ISO-8859-1">
```

■ HTML5용

```
<meta charset="UTF-8">
```

1.6.4 HTML URLs

URL(Uniform Resource Locator)은 웹 주소이며, 웹에서 문서(또는 데이터)의 위치를 찾는데 사용된다. URL들은 인터넷을 통해서 보내질 때 ASCII 문자세트만을 사용해야 하며, ASCII문자세트 범위 밖의 문자들은 URL 인코딩으로 변환되어야 한다. URL 인코딩은 ASCII가 아닌 문자들을 "%"와 16진수로 변경해야 한다. HTML5에서의 기본 문자 세트는 UTF-8이다.

문자	UTF-8 로 부터
€	%E2%82%AC
£	%C2%A3
©	%C2%A9
®	%C2%AE

1.6.5 HTML과 XHTML

XHTML은 XML로 쓴 HTML이다.

- XHTML은 EXtensible HyperText Markup Language (확장 하이퍼텍스트 마크업 언어)
- XHTML은 HTML과 거의 동일함
- XHTML은 HTML 보다 더 엄격함
- XHTML은 XML응용으로 정의된 HTML
- XHTML은 모든 주요 브라우저가 지원함

1.6.6 HTML 폼(양식)

이름포털인 한국.net 시범사이트에서 사용된 〈form〉 태그의 사용예를 쓰기(write.asp) 프로그램용 화면과 소스코드를 보면 다음과 같다.

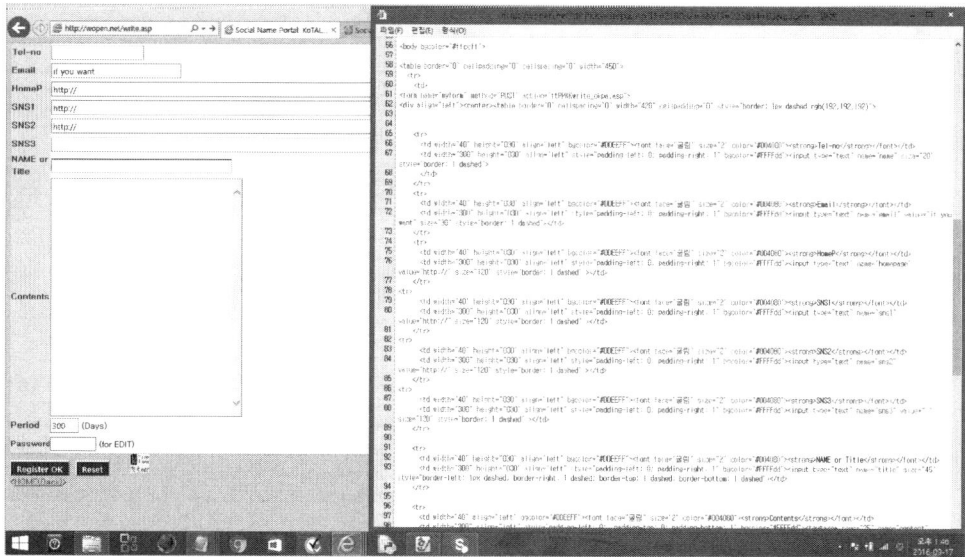

〈form〉 태그의 사용 예 (쓰기(write.asp) 프로그램용 화면과 소스코드)

(**질문 및 토의** : 위화면을 보여주는 아래의 HTML, 특히 〈form〉태그의 사용예를 간단히 설명해보세요.)

```
<body bgcolor="#ffccff">
<table border="0" cellpadding="0" cellspacing="0" width="450">
  <tr>
    <td>

<!-- (질문 및 토의) 아래의 코드를 화면을 보며 설명해 보세요. -->
<form name="myform" method="POST" action="write_okpa.asp">
<div align="left"><center><table border="0" cellspacing="0" width="420" cellpadding="0" style="border: 1px dashed rgb(192,192,192)">
    <tr>
        <td width="40" height="030" align="left" bgcolor="#DDEEFF"><font face="굴림" size="2" color="#004080"><strong>Tel-no</strong></font></td>
```

```html
            <td width="300" height="030" align="left" style="padding-left: 0; padding-right: 1" bgcolor="#FFFFdd"><input type="text" name="name" size="20" style="border: 1 dashed">
      </td>
   </tr>


   <tr>
         <td width="40" height="030" align="left" bgcolor="#DDEEFF"><font face="굴림" size="2" color="#004080"><strong>Email</strong></font></td>
         <td width="300" height="030" align="left" style="padding-left: 0; padding-right: 1" bgcolor="#FFFFdd"><input type="text" name="email" value="if you want" size="30" style="border: 1 dashed"></td>
   </tr>
   <tr>
         <td width="40" height="030" align="left" bgcolor="#DDEEFF"><font face="굴림" size="2" color="#004080"><strong>HomeP</strong></font></td>
         <td width="300" height="030" align="left" style="padding-left: 0; padding-right: 1" bgcolor="#FFFFdd"><input type="text" name="homepage" value="http://" size="120" style="border: 1 dashed" ></td>
   </tr>


<tr>
         <td width="40" height="030" align="left" bgcolor="#DDEEFF"><font face="굴림" size="2" color="#004080"><strong>SNS1</strong></font></td>
         <td width="300" height="030" align="left" style="padding-left: 0; padding-right: 1" bgcolor="#FFFFdd"><input type="text" name="sns1" value="http://" size="120" style="border: 1 dashed" ></td>
   </tr>
<tr>
         <td width="40" height="030" align="left" bgcolor="#DDEEFF"><font face="굴림" size="2" color="#004080"><strong>SNS2</strong></font></td>
         <td width="300" height="030" align="left" style="padding-left: 0; padding-right: 1" bgcolor="#FFFFdd"><input type="text" name="sns2" value="http://" size="120" style="border: 1 dashed" ></td>
   </tr>
<tr>
```

```
            <td width="40" height="030" align="left" bgcolor="#DDEEFF"><font face="굴림" size="2"
color="#004080"><strong>SNS3</strong></font></td>
            <td width="300" height="030" align="left" style="padding-left: 0; padding-right: 1"
bgcolor="#FFFFdd"><input type="text" name="sns3" value=" " size="120" style="border: 1 dashed"
></td></tr>

<!-- (질문 및 토의) 아래의 코드를 화면을 보며 설명해 보세요. -->
    <tr>
            <td width="40" height="030" align="left" bgcolor="#DDEEFF"><font face="굴림" size="2"
color="#004080"><strong>NAME or Title</strong></font></td>
            <td width="300" height="030" align="left" style="padding-left: 0; padding-right: 1"
bgcolor="#FFFFdd"><input type="text" name="title" size="45" style="border-left: 1px dashed;
border-right: 1 dashed; border-top: 1 dashed; border-bottom: 1 dashed"></td></tr>
    <tr>
        <td width="40" align="left" bgcolor="#DDEEFF"><font face="굴림" size="2" color="#004080"
><strong>Contents</strong></font></td>
            <td width="300" align="left" style="padding-left: 0;  padding-top: 0; padding-bottom:
1" bgcolor="#FFFFdd"><textarea rows="25" name="content" cols="45" style="border: 1 dashed"></
textarea></td> </tr>




    <tr>
            <td width="40" height="030" align="left" bgcolor="#DDEEFF"><font face="굴림" size="2"
color="#004080"><strong>Period</strong></font></td>
            <td width="300" height="030" align="left" style="padding-left: 0; padding-right: 1"
bgcolor="#FFFFdd"><input type="text" name="adperiod" value="300" size="3" style="border: 1
dashed">
      <font face="굴림" size="2"> (Days)</font></td></tr>
    <tr>
       <td width="40" height="030" align="left" bgcolor="#DDEEFF"><font face="돋움" size="2" co
lor="#004080"><strong>Password</strong></font></td>
            <td width="300" height="030" align="left" style="padding-left: 0 padding-right: 1"
bgcolor="#FFFFdd"><input type="password" name="pwd" value="" size="8" style="border: 1 dashed">
      <font face="굴림" size="2">(for EDIT)</font></td></tr>
  </table>
 </center></div>
```

(참고용) 쓰기(write.asp) 프로그램용 소스코드(서버측의 ASP 프로그램)
(설명: <% ..... %> 부분이 서버에서 실행되는 ASP코드 부분)

```
<!-- (질문 및 토의) 아래의 코드를 화면을 보며 설명해 보세요. -->
<div align="left"><left><input type="button" value="Register OK" name="write" OnClick="sendit()"
style="background-color: rgb(0,57,115); color: rgb(255,255,255); font-weight: bolder"> 
  <input type="reset" value="Reset" name="reset" style="background-color: rgb(0,54,108); color:
rgb(255,255,255); font-weight: bolder"> 
    
<a href="http://wopen.net"><img src="img/korea6-1.jpg" height="30" width="30" border="0"></a>
<br>
<font face="굴림" size="2">&lt;<a href="http://wopen.net/list.asp?page=<%=request("page")%>">HO
ME(Back)</a>&gt;</font>
  </left></div>

<!-- (질문 및 토의) 아래의 코드를 화면을 보며 설명해 보세요. -->
<input type="hidden" name="l1" value="<%=request("l1")%>" >
<input type="hidden" name="l2" value="<%=request("l2")%>" >
<input type="hidden" name="l3" value="<%=request("l3")%>" >
<input type="hidden" name="l4" value="<%=request("l4")%>" >
<input type="hidden" name="cd" value="<%=request("cd")%>" >
<input type="hidden" name="ok" value="<%=request("ok")%>" >

</form>
</td></tr></table>
</body>
```

1.6.7 기초내용 설명

⁂ <form> 요소

HTML 양식들(forms)은 사용자 입력을 모으는데 사용하며, <form>요소는 HTML 양식(form)을 정의한다. 양식(form) 요소들은 입력 요소들, 체크상자들, 라디오 버튼들, 제출 버튼들, 등의 다른 타입들이다.

```html
<form>
  First name:<br>
  <input type="text" name="firstname"><br>
  Last name:<br>
  <input type="text" name="lastname">
</form>
<form>
  <input type="radio" name="gender" value="male" checked> 남자<br>
  <input type="radio" name="gender" value="female"> 여자<br>
  <input type="radio" name="gender" value="other"> 다른(?)
</form>
<form action="action_page.php">
  First name:<br>
  <input type="text" name="firstname" value="미키"><br>
  성:<br>
  <input type="text" name="lastname" value="마우스"><br><br>
  <input type="submit" value="Submit">
</form>
<form action="action_page.php">
  <fieldset>
    <legend>개인 정보:</legend>
    이름:<br>
    <input type="text" name="firstname" value="미키"><br>
    성:<br>
    <input type="text" name="lastname" value="마우스"><br><br>
    <input type="submit" value="Submit">
  </fieldset>
</form>
```

속성	설명
accept-charset	제출된 양식(from)의 문자세트를 명시 (기본: 페이지 문자세트).
action	양식(form)을 제출할 주소(URL)를 명시 (기본: 제출 페이지).
autocomplete	브라우저가 양식(form)을 자동완성 여부를 명시 (기본: on).
enctype	제출된 데이터의 인코딩을 명시 (기본: url-인코딩).
method	양식(form)을 제출시 사용할 HTTP 방식 명시 (기본: GET).

속성	설명
name	양식(form)을 구분할 이름을 명시 (DOM 사용을 위해: document.forms.name).
novalidate	브라우저가 양식(form)의 유효성을 검사하지 않음을 명시
target	액션 속성에서의 처리결과를 보여 줄 목표창(target) (기본: _self).

HTML 폼 요소

앞에서 본 **<input>** 요소는 가장 중요한 양식(form) 요소이며, **type** 속성에 따라 다양하게 사용될 수 있다.

<select> 요소는 드롭다운 리스트를 정의한다.

```
<select name="cars">
   <option value="volvo">볼보</option>
   <option value="saab">사브</option>
   <option value="fiat">피아트</option>
   <option value="audi">아우디</option>
</select>
```

<textarea> 요소는 다중입력란(텍스트 영역)을 정의한다.

```
<textarea name="message" rows="10" cols="30">
고양이가 정원에서 놀고 있다.
</textarea>
<button type="button" onclick="alert('!')">나를 클릭!</button>
```

HTML5에 새로 추가된 양식(form) 요소들:

- <datalist>
- <keygen>
- <output>

HTML 양식(form) 요소들

(* HTML5에서 새로 추가됨)

태그	설명
⟨form⟩	사용자 입력용 HTML양식(form)을 정의
⟨input⟩	입력 제어를 정의
⟨textarea⟩	여러줄 입력 제어를 정의 (텍스트 영역)
⟨label⟩	입력 요소용 라벨을 정의
⟨fieldset⟩	양식(form)내의 연관된 요소들 그룹
⟨legend⟩	⟨fieldset⟩ 요소를 위한 제목(caption)을 정의
⟨select⟩	드롭다운 리스트를 정의
⟨optgroup⟩	드롭다운 리스트내의 관련된 선택항목들(options)의 그룹을 정의
⟨option⟩	드롭다운 리스트내의 선택항목을 정의
⟨button⟩	클릭할 수 있는 버튼을 정의
⟨datalist⟩*	입력제어를 위한 미리 정의된 선택항목들(options)의 리스트를 명시
⟨keygen⟩*	키-쌍 발생기 필드(양식 용)를 정의
⟨output⟩*	계산 결과의 출력을 정의

HTML 입력 타입들

⟨input⟩ 요소의 입력 타입들을 설명한다.

```
<form>
   이름:<br>
  <input type="text" name="firstname"><br>
   성:<br>
  <input type="text" name="lastname">
</form>

이름:
길동
```

```
성:
홍

<!DOCTYPE html>
<html>
<body>
<form action="">
사용자 ID:<br>
<input type="text" name="userid">
<br>
사용자 비밀번호:<br>
<input type="password" name="psw">
</form>
</body>
</html>
```
사용자 ID:

user-id

사용자 비밀번호:

****

HTML5 입력 타입들

HTML5는 다음과 같은 몇 개의 새로운 입력 타입들을 추가했다.

- color
- date
- datetime
- datetime-local
- email
- month
- number
- range
- search

- tel
- time
- url
- week

오래된 버전의 웹브라우저들이 지원을 못하는 입력 타입들은 입력 타입 텍스트처럼 동작한다.

입력 제한들

공통적인 입력제한들(몇 가지는 HTML5에서 처음 추가됨)

속성	설명
disabled	입력란이 사용불가임을 명시
max	입력란의 최대값을 명시
maxlength	입력란의 최대문자 수를 명시
min	입력란의 최대값을 명시
pattern	입력값 검사용 정규 표현
readonly	입력란이 읽기 전용임을 명시(변경 불가)
required	입력란이 반드시 채워져야 함을 명시
size	입력란의 폭(문자수로)을 명시
step	입력란의 입력 숫자 간격을 명시
value	입력란의 기본 값을 명시

HTML 입력 속성들

value 속성은 입력란의 초기 값을 명시한다.

```
<form action="">
  이름:<br>
<input type="text" name="firstname" value="길동" readonly>
<br>
  성:<br>
<input type="text" name="lastname">
</form>
```

HTML5 속성들

HTML5는 <input> 요소를 위한 다음의 속성들을 새로 추가했다. 필요한 요소들을 골라서 응용하면 된다.

- autocomplete
- autofocus
- form
- formaction
- formenctype
- formmethod
- formnovalidate
- formtarget
- height and width
- list
- min and max
- multiple
- pattern (regexp)
- placeholder
- required
- step

연습문제(3주)

3.1 자바스크립트를 이용하여, `<p>`요소의 텍스트 크기를 40 픽셀로 변경하라.

```
<!DOCTYPE html>
<html>
<body>
<p id="demo">헬로 월드 !</p>
<script>
// 여기에 코드 추가
</script>
</body>
</html>
```

3.2 자바스크립트를 사용해서 이미지를 (src속성) 새로운 이미지 ("flower.jpg")로 변경하라.

```
<!DOCTYPE html>
<html>
<body>
<img id="image" src="korea.gif" width="304" height="228">
<script>
// 여기에 코드 추가
</script>
</body>
</html>
```

3.3 아래의 폼(양식)에 2개의 라디오 버튼을 추가하라. 1개는 "남자"용, 1개는 "여자"용으로 하고 name="gender"로 하라.

```
<!DOCTYPE html>
<html>
<body>
<form>
</form>
</body>
</html>
```

3.4 아래의 폼(양식)이 "post"방식으로 제출되도록 명시하라.

```
<!DOCTYPE html>
<html>
<body>
<form action="demo_form_example.asp">
Name: <input type="text" name="name">
<input type="submit">
</form>
</body>
</html>
```

3.5 name="cars" 드롭 다운 리스트를 아래의 폼(양식)에 ("볼보", "포드", "피아트", "아우디" 선택사항들을 포함하여) 추가하라.

```
<!DOCTYPE html>
<html>
<body>
<form action="demo_form_example.asp">
   <input type="submit">
</form>
</body>
</html>
```

3.6 아래의 문서에서, 화면에 보이는 버튼 글씨가 "클릭!"되도록 설정하라.

```
<!DOCTYPE html>
<html>
<body>
<button type="button" onclick="alert( ' 안녕하세요 ' )">
</button>
</body>
</html>
```

3.7 제출(submit) 버튼을 만들어서 폼(양식)요소 내에 넣어라.

```
<!DOCTYPE html>
<html>
<body>
<form action="action_page.asp">
   이름: <input type="text" name="firstname">
</form>
</body>
</html>
```

3.8 (입력 타입을 사용하여) "클릭하세요" 버튼을 만들어서, 클릭시에는 "안녕하세요" 경고 창이 나타나도록 수정하라.

```
<!DOCTYPE html>
<html>
<body>
</body>
</html>
```

3.9 아래의 문서에서, 입력란을 비활성화(disable) 시켜라.

```
<!DOCTYPE html>
<html>
<body>
<form action="action_page.asp">
   성명: <input type="text" name="firstname" value="홍길동">
   <input type="submit">
</form>
</body>
</html>
```

3.10 사용자에게 입력란에 힌트(입력 예)로 "성명입력" 텍스트가 보이도록 〈input〉 요소에 속성과 속성 값을 추가하라.

```
<!DOCTYPE html>
<html>
<body>
<form action="action_page.asp">
   <input type="text" name="fname">
   <input type="submit">
</form>
</body>
</html>
```

HTML QUIZ 문제

1. 체크박스 입력을 위해 관련되는 것은? (선택)

    a. <check>

    b. <input type="checkbox">

    c. <checkbox>

    d. <input type="check">

    e. <input type="box">

2. drop-down list를 위해 관련되는 것은? (선택)

    a. <input type="list">

    b. <select>

    c. <list>

    d. <input type="dropdown">

    e. <input type="select">

3. (   )를 채우기   (이미지를 문장의 왼쪽에 보이기)

    ```
    <body>
    <p>
    <img src="smiley.gif" alt="Smiley face"
    style="(      ):left; width:42px; height:42px">
    A paragraph with an image. A paragraph with an image.
    A paragraph with an image. A paragraph with an image.
    A paragraph with an image. A paragraph with an image.
    </p> </body>
    ```

4. (   )를 채우기

    ```
    <head>
    <(        )>
    body {background-color:lightgrey}
    </(       )>
    </head>
    ```

5. 표에서 셀을 합치기 위해서 사용하는 속성에는 rowspan속성과 (　　)속성이 있다.

6. (　)를 채우기

```
<body>
<(         ) height="300px" width="100%" src="demo.htm" name="name_a"></(         )>
<p><a href="https://www.w3schools.com" target="name_a">W3Schools.com</a></p> </body>
```

7. 하이퍼링크를 작성할 때 연결된 문서를 새로운 창에서 열기위한 target의 속성값은?

    a. _blank
    b. _self
    c. _parent
    d. _new
    e. _newwindow

8. (　)를 채우기

```
<meta name="(         )" content="width=device-width, initial-scale=1.0">
```

9. (　)를 채우기 (slider에서 선택하도록)

```
<form action="/action_page.php" method="get">
  Points:
  <input type="(         )" name="points" min="0" max="100">
  <input type="submit"> </form>
```

10. (　)를 채우기

```
<form action="/action_page.php" method="get">
  First name: <input type="text" name="fname"><br>
  Last name: <input type="text" name="lname"><br>
  <input type="submit" value="Submit">
  <input type="submit" formmethod="post"  (          )="/action_page_post.php" value="Submit using POST">
</form>
```

1.7 HTML5 소개 및 요소들

1.7.1 HTML5 소개

URL: http://한국.net

❀ 이름포털 한국.net 에서 시범서비스 예

HTML5를 위한 DOCTYPE 선언, 〈HTML〉, 〈head〉, 〈meta〉 태그 등 일부 예를 보면 다음과 같다.

(**질문 및 토의:** 아래에서 사용되는 HTML 태그들을 간단히 설명해보세요.)

```
<!DOCTYPE html>
<HTML LANG="ko">
<head>
<meta charset="euc-kr" />
<meta name="viewport" content="width=device-width, user-scalable=yes, initial-scale=1, maximum-scale=3, minimum-scale=1" />
<meta name="keywords" content="스마트폰, 스마트TV, 소셜웹, 모바일웹, 이름포털, Mobile Web Service, Name Card, Smart Phone, Smart TV, Social Web" />
<title>Social Name PorTAL-Wopen.net, 한국.net, 김.net 이.net 박.net ㄱ.com ㅏ.com</title>
</head>
```

1.7.2 기초내용 설명

HTML5에서 새로운 것은?

- HTML5를 위한 DOCTYPE 선언은 매우 간단하다. 〈!DOCTYPE html〉
- 문자 인코딩(문자세트)선언 또한 매우 간단하다. 〈meta charset="UTF-8"〉

❀ HTML5 예

```
<!DOCTYPE html>
<html>
<head>
<meta charset="UTF-8">
<title>문서의 제목</title>
</head>
<body>
문서의 내용 ......
</body>
</html>
```

HTML5에서의 기본 문자 인코딩은 UTF-8이다.

새로운 HTML5 요소들

가장 흥미로운 새로운 요소들:

- 시맨틱 요소들: ⟨header⟩, ⟨footer⟩, ⟨article⟩, ⟨section⟩
- 새로운 폼 제어 속성들: number, date, time, calendar, range
- 새로운 그래픽 요소들: ⟨svg⟩와 ⟨canvas⟩
- 새로운 멀티미디어 요소들: ⟨audio⟩ 와 ⟨video⟩

새로운 HTML5 API들

가장 흥미로운 새로운 API들:

- HTML 지오로케이션
- HTML 끌기와 놓기
- HTML 로컬 저장 (강력한 쿠키 대체용)
- HTML 응용 캐쉬
- HTML 웹 워커
- HTML SSE

HTML5에서는 삭제된 요소들

아래의 HTML4 요소들은 HTML5에서는 삭제되어 사용을 안한다.

요소	대체 사용
⟨acronym⟩	⟨abbr⟩
⟨applet⟩	⟨object⟩
⟨basefont⟩	CSS
⟨big⟩	CSS
⟨center⟩	CSS
⟨dir⟩	⟨ul⟩
⟨font⟩	CSS
⟨frame⟩	
⟨frameset⟩	
⟨noframes⟩	
⟨strike⟩	CSS
⟨tt⟩	CSS

HTML 발전 역사

웹 초창기부터 HTML의 여러 버전들이 소개되었다.

버전	년도
Tim Berners-Lee www 발명	1989
Tim Berners-Lee HTML 발명	1991
Dave Raggett HTML+ 초안	1993
HTML 워킹그룹이 HTML 2.0 정의	1995
W3C 표준(추천): HTML 3.2	1997
W3C 표준(추천): HTML 4.01	1999
W3C 표준(추천): XHTML 1.0	2000
WHATWG HTML5 첫 번째 공용 초안	2008
WHATWG HTML5 표준	2012
W3C 표준(추천): HTML5	2014
W3C 후보 표준(추천): HTML 5.1	2016

HTML5 새로운 요소들

새로운 의미/구조 요소들

태그	설명
⟨article⟩	문서내의 기사(article) 정의
⟨aside⟩	페이지 내용으로부터의 옆 내용 정의
⟨bdi⟩	다른 텍스트로부터 다른 방향으로 형식화(format)될 수 있는 텍스트부분 정의
⟨details⟩	사용자가 보거나 숨길 수 있는 추가적 상세내용을 정의
⟨dialog⟩	대화상자나 창을 정의
⟨figcaption⟩	⟨figure⟩ 요소용 제목(caption)을 정의
⟨figure⟩	설명그림, 그림, 사진, 코드 리스팅 등을 정의
⟨footer⟩	문서나 섹션용의 아래 각주(footer) 정의
⟨header⟩	문서나 섹션용의 위 헤더(header) 정의
⟨main⟩	주요 내용이나 문서 정의
⟨mark⟩	표시나 (형광펜으로)강조 정의
⟨menuitem⟩	사용자가 팝업 메뉴로부터 실행시킬 수 있는 명령/메뉴 항목을 정의
⟨meter⟩	알 수 있는 범위(게이지)내에서 정량적 측정을 정의
⟨nav⟩	문서내에서의 이동(navigation) 연결들을 정의
⟨progress⟩	일의 진척도를 정의
⟨rp⟩	루비 주석을 지원하지 않는 브라우저들에서 보여줄 것을 정의
⟨rt⟩	문자의 설명/발음을 정의 (동아시아 인쇄술용)
⟨ruby⟩	루비 주석을 정의 (동아시아 인쇄술용)
⟨section⟩	문서내의 섹션 정의
⟨summary⟩	⟨details⟩ 요소를 위한 보이는 헤딩을 정의
⟨time⟩	날짜/시간을 정의
⟨wbr⟩	가능한 줄-넘기기(break)를 정의

■ 새로운 양식(form) 요소들

태그	설명
⟨datalist⟩	입력제어들을 위한 미리 정의된 선택사항들을 정의
⟨keygen⟩	키-쌍 발생기 란 (양식용)을 정의
⟨output⟩	계산 결과의 출력을 정의

■ 새로운 입력 타입들

새로운 입력 타입	새로운 입력 속성
• color • date • datetime • datetime-local • email • month • number • range • search • tel • time • url • week	• autocomplete • autofocus • form • formaction • formenctype • formmethod • formnovalidate • formtarget • height and width • list • min and max • multiple • pattern (regexp) • placeholder • required • step

■ HTML5 그래픽스

태그	설명
⟨canvas⟩	자바스크립트를 이용한 그래픽 그리기를 정의
⟨svg⟩	SVG를 이용한 그래픽 그리기를 정의

■ 새로운 미디어 요소들

태그	설명
⟨audio⟩	사운드나 음악 콘텐트를 정의
⟨embed⟩	외부 응용들(예: 플러그인 들)용 저장소를 정의
⟨source⟩	⟨video⟩와 ⟨audio⟩용 소스를 정의
⟨track⟩	⟨video⟩와 ⟨audio⟩용 트랙들을 정의
⟨video⟩	비디오나 영화 콘텐트를 정의

■ HTML5 의미(semantic) 요소들

의미(semantic) 요소들은 의미를 가진 요소들이며, 브라우저와 개발자 모두에게 의미를 명확히 설명한다. 반면에 의미가 없는 요소들의 예는 ⟨div⟩와 ⟨span⟩이 있는데 이 요소들은 내용에 대해서 아무런 설명도하지 않는다. 한편, 의미있는 요소들은 ⟨form⟩, ⟨table⟩, ⟨img⟩ 등이 있으며, 내용에 대해서 명확히 정의해준다.

HTML5는 웹페이지의 다른 부분을 정의해주는 다음과 같은 새로운 의미를 가진 요소들을 제공한다.

- ⟨article⟩
- ⟨aside⟩
- ⟨details⟩
- ⟨figcaption⟩
- ⟨figure⟩
- ⟨footer⟩
- ⟨header⟩
- ⟨main⟩
- ⟨mark⟩
- ⟨nav⟩
- ⟨section⟩
- ⟨summary⟩
- ⟨time⟩

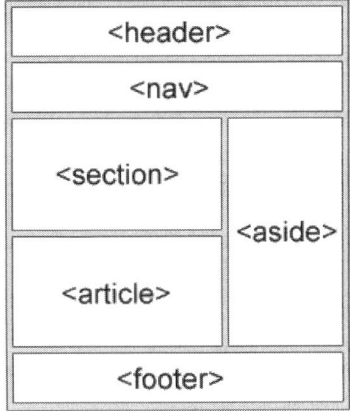

HTML5로 이동

■ HTML4에서 HTML5로 이동

HTML4	HTML5
⟨div id="header"⟩	⟨header⟩
⟨div id="menu"⟩	⟨nav⟩
⟨div id="content"⟩	⟨section⟩
⟨div id="post"⟩	⟨article⟩
⟨div id="footer"⟩	⟨footer⟩

HTML4 문서 타입을 HTML5 문서 타입으로

HTML4 문서 타입

```
<!DOCTYPE HTML PUBLIC "-//W3C//DTD HTML 4.01 Transitional//EN" "http://www.w3.org/TR/html4/loose.dtd">
```

■ HTML5 문서 타입:

```
<!DOCTYPE html>
```

- HTML4 정보 인코딩:

```
<meta http-equiv="Content-Type" content="text/html;charset=utf-8">
```

- HTML5 정보 인코딩:

```
<meta charset="utf-8">
```

1.8 HTML5 비디오 및 오디오

1.8.1 HTML5 미디어

HTML5 멀티미디어

멀티미디어 예로는 그림, 음악, 소리, 비디오, 영화, 애니메이션 등이며, 웹 페이지들은 종종 다른 타입들과 형식들(formats)을 가진 멀티미디어 요소들을 포함하고 있다.

■ 비디오 형식들:

형식	파일	설명
MPEG	.mpg .mpeg	MPEG 개발, HTML5에서 지원되지 않음.
AVI	.avi	Audio Video Interleave, 마이크로소프트 개발, 비디오 카메라/TV, 윈도우용, 웹브라우저용 아님.
WMV	.wmv	Windows Media Video, 마이크로소프트 개발, 비디오 카메라/TV, 윈도우용, 웹브라우저용 아님.
QuickTime	.mov	애플(사) 개발, Apple컴퓨터용, 비디오 카메라/TV, 웹 브라우저용은 아님.
RealVideo	.rm .ram	Real Media(사) 개발, 낮은 대역폭 비디오 스트리밍, 웹브라우저용은 아님.
Flash	.swf .flv	Macromedia(사) 개발, 웹브라우저에서 사용시 플러그인 필요.
Ogg	.ogg	Theora Ogg. Xiph.Org 개발, HTML5에서 지원.
WebM	.webm	Mozilla, Opera, Adobe 및 Google(사)가 개발. HTML5에서 지원.
MPEG-4 or MP4	.mp4	MP4, MPEG개발, QuickTime기반, 비디오 카메라/TV, 모든 HTML5 브라우저들이 지원, 유튜브에서 추천.

최근의 HTML5 표준에 의해서 MP4, WebM 및 Ogg 비디오가 지원된다.

■ 사운드 형식들:

형식	파일	설명
MIDI	.mid .midi	Musical Instrument Digital Interface. Synthesizer나 PC 사운드 카드. 웹브라우저용은 아님.
RealAudio	.rm .ram	Real Media(사) 개발, 낮은 대역폭 오디오 스트리밍, 웹브라우저용은 아님.
WMA	.wma	Windows Media Audio. 마이크로소프트 개발, 비디오 카메라/TV, 윈도우용, 웹브라우저용 아님.
AAC	.aac	Advanced Audio Coding, 애플(사)개발, iTunes 기본 형식, 웹브라우저용 아님.
WAV	.wav	IBM(사)과 Microsoft(사) 개발, 윈도우, Macintosh, 리눅스 OS, HTML5에서 지원.
Ogg	.ogg	Theora Ogg. Xiph.Org 개발, HTML5에서 지원.
MP3	.mp3	MPEG파일이 사운드부분, 대부분의 브라우저들이 지원.
MP4	.mp4	비디오 형식, 오디오용으로도 가능, 모든 브라우저들이 지원.

최근의 HTML5 표준에 의해서 MP3, WAV 및 Ogg 오디오가 지원된다.

■ HTML5 비디오

HTML5 〈video〉 요소가 웹 페이지에 비디오를 포함시키는 표준 방법을 명시한다.

```
<video width="320" height="240" controls>
    <source src="movie.mp4" type="video/mp4">
    <source src="movie.ogg" type="video/ogg">
 이 브라우저는 비디오 태그를 지원하지 않네요.
</video>
```
control 속성이 비디오 제어들(플레이, 멈춤, 볼륨 등)을 추가한다.
여러개의 〈source〉 요소들이 다른 비디오 파일들을 연결시켜서, 브라우저가 식별할 수 있는 첫번째 형식을 사용한다.

■ HTML5 비디오-브라우저들의 지원

Browser	MP4	WebM	Ogg
인터넷 익스플로러	YES	NO	NO
크롬	YES	YES	YES
파이어 폭스	YES	YES	YES
사파리	YES	NO	NO
오페라	YES (버전25부터)	YES	YES

■ HTML5 비디오-미디어 타입들

파일 형식	미디어 타입
MP4	video/mp4
WebM	video/webm
Ogg	video/ogg

■ HTML5 비디오 태그들

태그	설명
⟨video⟩	비디오나 영화를 정의
⟨source⟩	⟨video⟩와 ⟨audio⟩ 미디어 요소들을 위한 여러 미디어 자원들을 정의
⟨track⟩	미디어 플레이어들의 텍스트 트랙들 정의

■ HTML5 오디오

HTML5는 오디오 파일들을 플레이하기 위한 표준을 제공하는데, HTML5 ⟨audio⟩ 요소가 웹페이지에 오디오를 포함하는 표준 방법을 명시한다.

```
<audio controls>
  <source src="horse.ogg" type="audio/ogg">
  <source src="horse.mp3" type="audio/mpeg">
 이 브라우저는 오디오 요소를 지원하지 않습니다.
</audio>
```

■ HTML5 오디오-브라우저들의 지원

브라우저	MP3	Wav	Ogg
인터넷 익스플로러	YES	NO	NO
크롬	YES	YES	YES
파이어폭스	YES	YES	YES
사파리	YES	YES	NO
오페라	YES	YES	YES

■ HTML5 오디오-미디어 타입들

파일 형식	미디어 타입
MP3	audio/mpeg
Ogg	audio/ogg
Wav	audio/wav

■ HTML5 오디오 태그들

태그	설명
⟨audio⟩	사운드 내용 정의
⟨source⟩	⟨video⟩와 ⟨audio⟩ 미디어 요소들을 위한 여러 미디어 자원들을 정의

■ HTML5 플러그인

플러그인(plug-in)의 사용목적은 HTML 브라우저의 기능을 확장하기 위해서인데, 도우미 응용(Helper Application)이라고 할 수도 있다. 플러그인 들은 ⟨object⟩ 태그나 ⟨embed⟩ 태그로 웹 페이지들에 추가 될 수 있으며, 다양한 목적들을 (예: 지도 보여주기, 바이러스 스캔하기, 은행 ID 검사하기 등) 위해서 사용될 수 있다.

```
<object width="400" height="50" data="bookmark.swf"></object>
<object width="100%" height="500px" data="snippet.html"></object>
<object data="audi.jpeg"></object>
```

```
<embed width="400" height="50" src="bookmark.swf">
<embed width="100%" height="500px" src="snippet.html">
<embed src="audi.jpeg">
```

■ HTML 유튜브 비디오들

HTML에서 비디오를 플레이하기 위한 가장 쉬운 방법은 유튜브를 사용하는 것이다.

■ HTML에서 유튜브 비디오 플레이하기

- 유튜브에 비디오를 올린다.
- 비디오 ID를 적는다.
- 웹페이지내에 〈iframe〉 요소를 정의한다.
- 비디오 URL을 src 속성에 넣어준다.
- 비디오 플레이어의 크기를 명시하기 위한 폭과 높이 속성을 사용한다.
- 필요시 URL에 다른 변수들을 추가한다.

```
<iframe width="420" height="315"
src="https://www.youtube.com/embed/XGSy3_Czz8k?autoplay=1">
</iframe>
<embed width="420" height="315"
  src="http://www.youtube.com/embed/XGSy3_Czz8k">
```

■ http://한국.net 에서의 실제 응용 사례

```
iframe.C {width:320px height:230px border-radius: 20px border: 7px solid purple}

<iframe class="C" src="http://bit.ly/2uFjYVM"></iframe>
```

위에서 "http://bit.ly/2uFjYVM"는 원래의 URL인 "https://www.youtube.com/embed/GRxofEmo3HA"의 축약 URL이다.

위 〈iframe〉을 이용해서 유튜브 비디오를 보여주는 스마트폰에서의 화면은 다음과 같다.

〈iframe〉이용 유튜브 비디오 보여주기 (모바일 가로보기 화면과 세로보기 화면)

연습문제(4주)

4.1 HTML5에서는 더 이상 사용되지 않는 HTML4 요소들을 10개를 써보라.

4.2 HTML이 처음 소개되고, 이후 버전들이 소개된 년도를 (HTML 5.1이 소개된 년도까지) 적어보자.

4.3 HTML5의 새로운 요소들 중, 미디어 요소들 5개를 적어보자.

4.4 HTML5의 의미있는(semantic) 요소들 10개를 적어보자.

4.5 HTML5 표준에서 지원되는 비디오 파일확장자 3개를 적어라.

4.6 HTML5 표준에서 지원되는 오디오 파일확장자 3개를 적어라.

4.7 〈object〉요소와 〈embed〉요소의 차이점을 간략히 적어보자.

4.8 아래의 HTML5 요소들인 (A)와 (B)를 채워라.

```
<!DOCTYPE html>
<html>
<body>
<(A) width="320" height="240" controls>
   <(B) src="movie.mp4" type="video/mp4">
   <(B) src="movie.ogg" type="video/ogg">
   이 브라우저는 비디오 태그를 지원하지 않네요.
</(A)>
</body>
</html>
```

4.9 아래의 HTML5 요소들인 (A)와 (B)를 채워라.

```
<!DOCTYPE html>
<html>
<body>
<(A) controls>
   <(B) src="horse.ogg" type="audio/ogg">
   <(B) src="horse.mp3" type="audio/mpeg">
이 브라우저는 오디오 요소를 지원하지 않네요.
</(A)>
</body>
</html>
```

4.10 유튜브 동영상 관련하여, 요소 (A)와 속성 (B)를 채우라.

```
<!DOCTYPE html>
<html>
<body>
<(A) width="420" height="345"      (B)="https://www.youtube.com/embed/XGSy3_Czz8k?controls=0">
</(A)>
</body>
</html>
```

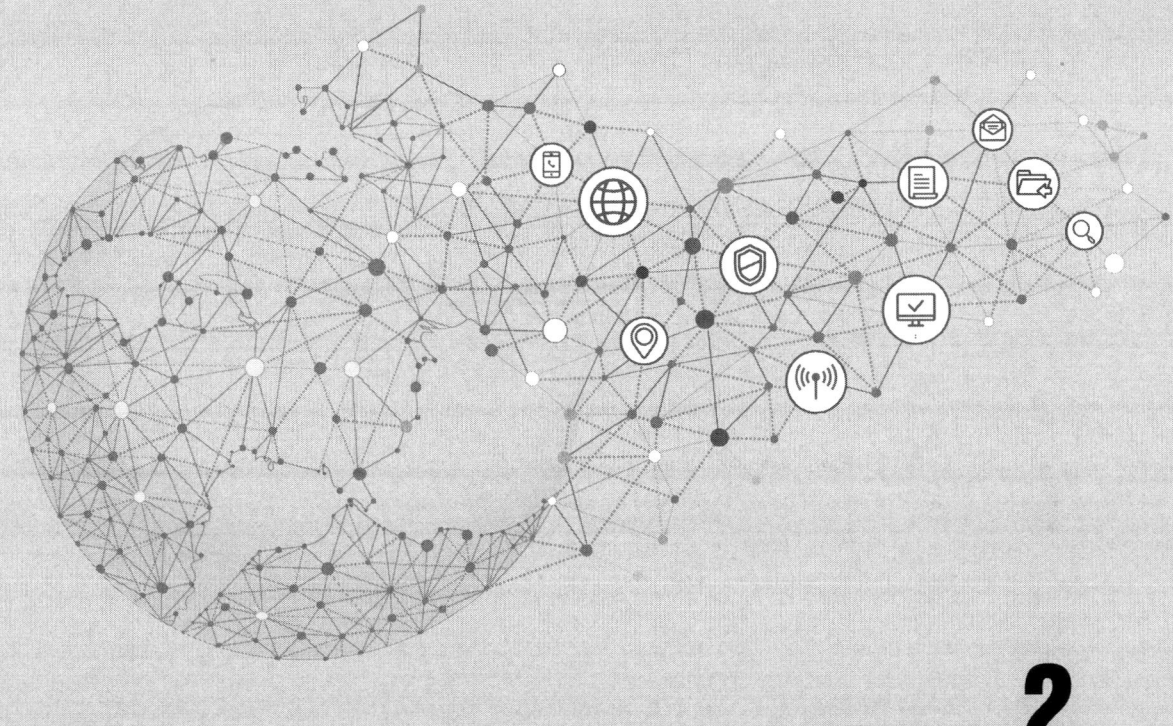

CHAPTER **2**

CSS3 튜토리얼

2.1 CSS 소개 및 한국.net 응용 예

2.2 CSS 박스모델 및 링크

2.3 CSS 위치 및 가상 클래스

2.4 CSS3 소개 및 둥근 모서리

2.5 CSS3 이동 및 애니메이션

2.6 RWD 반응형 웹 디자인

2.1 CSS 소개 및 한국.net 응용 예

2.1.1 한국.net에서 CSS 사용 예

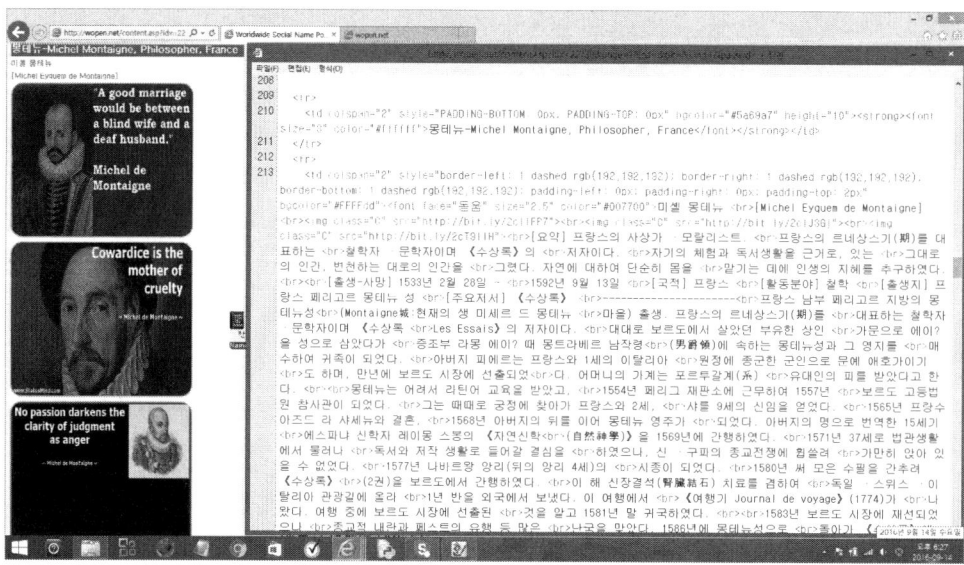

CSS 사용 예와 소스코드 예

(질문 및 토의: 위화면을 보여주는 아래의 HTML, 특히 CSS를 설명해보세요.)

```
<style>
img.C {width:300px;height:250px; border-radius: 20px; border: 2px solid gold;}
</style>


<tr>
<td colspan="2" style="PADDING-BOTTOM: 0px; PADDING-TOP: 0px" bgcolor="#5a69a7"
height="10"><strong><font size="3" color="#ffffff">몽테뉴-Michel Montaigne, Philosopher,
France</font></strong></td>
</tr>
<tr>
<td colspan="2" style="border-left: 1 dashed rgb(192,192,192); border-right: 1 dashed
rgb(192,192,192); border-bottom: 1 dashed rgb(192,192,192); padding-left: 0px; padding-right:
0px; padding-top: 2px" bgcolor="#FFFFdd"><font face="돋움" size="2.5" color="#007700">미셸 몽
테뉴 <br>[Michel Eyquem de Montaigne] <br>
```

```
<img class="C" src="http://bit.ly/2clIFP7"><br>
<img class="C" src="http://bit.ly/2clJSGj"><br>
<img class="C" src="http://bit.ly/2cT9lIH"><br>
```

2.1.2 CSS 튜토리얼

CSS (Cascading Style Sheet)는 HTML 문서의 표현을 설명하는 스타일 시트 언어이며, 요소들이 화면에, 종이에 또는 다른 매체에 써지는 방법을 설명한다.

❈ CSS 예

```css
body {
    background-color: lightblue;
}
h1 {
    color: white;
    text-align: center;
}
p {
    font-family: verdana;
    font-size: 20px;
}
```

2.1.3 CSS 소개

❈ CSS란?

CSS (Cascading Style Sheet)는 HTML 요소들이 화면에, 종이에 또는 다른 매체에 보여지는 방법을 기술한다. CSS는 많은 일을 경감시켜주며, 많은 웹페이지들의 레이아웃을 한번에 제어해주며, 외부 스타일시트들은 CSS 파일들로 저장된다.

CSS3는 CSS의 가장 최근의 표준이며, CSS3는 CSS 구버전과의 완전한 호환성을 가지고 있다. 먼저 CSS 기본을 학습하고, 뒷장의 CSS3 튜토리얼은 CSS3의 새로운 특징들에 대해 설명한다.

2.1.4 CSS 구문과 선택자들

CSS 구문은 선택자(selector)와 선언부(declaration)로 구성되어 있다.

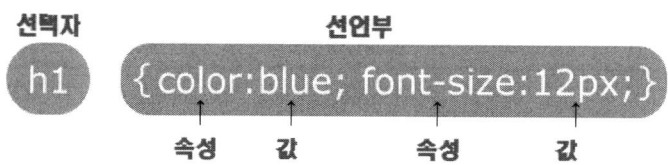

선택자(selector)는 스타일을 부여할 HTML요소를 가리키고, 선언부(declaration)는 ;(세미콜론)으로 분리된 1개 이상의 선언부를 포함하고 있다.

```
p {
    color: red;
    text-align: center;
}
```

CSS 선택자들은 요소의 이름, id, 속성 등을 바탕으로 HTML 요소들을 선택하는데 (찾는데) 사용된다.

※ 선택자: id="para1" 예

```
#para1 {
    text-align: center;
    color: red;
}
```

❀ 선택자: class="center" 예

```
.center {
    text-align: center;
    color: red;
}
```

그룹 선택자들은 ,로 각 선택자가 분리된다.

❀ 그룹 선택자 예:

```
h1, h2, p {
    text-align: center;
    color: red;
}
```

❀ CSS 설명문 (comments) 예

```
p {
    color: red;
    /* 이것은 1줄의 설명문 */
    text-align: center;
}
/* 이것은
여러 줄의
설명문이다. */
```

❀ CSS 사용방법

브라우저가 CSS 스타일 시트를 읽을 때, 스타일 시트에 있는 정보에 따라서 HTML문서를 형식화한다. CSS 스타일 시트를 삽입하는 방법으로 다음의 3가지 방법이 있다.

- 외부 (파일) 스타일 시트
- 내부 (파일) 스타일 시트
- 인라인(줄 속에) 스타일

■ 외부 스타일 예

```
<head>
<link rel="stylesheet" type="text/css" href="mystyle.css">
</head>
```

■ "myStyle.css" 외부파일 내용

```
body {
    background-color: lightblue;
}

h1 {
    color: navy;
    margin-left: 20px;
}
```

■ 내부 스타일 예

```
<head>
<style>
body {
    background-color: linen;
}

h1 {
    color: maroon;
    margin-left: 40px;
}
</style>
</head>
```

■ 인라인 스타일 예

```
<h1 style="color:blue;margin-left:30px;">이것은 헤딩입니다.</h1>
```

■ 우선순위

1. 인라인 스타일
2. 외부 스타일과 내부 스타일
3. 브라우저 기본

CSS 색상들

CSS내의 색상들은 다음과 같은 방법으로 명시된다.

- 색상명: "red"
- RGB 값: "rgb(255, 0, 0)"
- 16진수 값: "#ff0000"

CSS 배경

CSS 배경(background) 속성들은 요소들의 배경효과를 정의하기 위해 사용되며, CSS 배경 속성들의 예를 보면 다음과 같다.

- background-color
- background-image
- background-repeat
- background-attachment
- background-position

```
h1 {
    background-color: green;
}
```

```
div {
    background-color: lightblue;
}

p {
    background-color: yellow;
}

body {
    background-image: url("paper.gif");
}

body {
    background-image: url("img_tree.png");
    background-repeat: no-repeat;
    background-position: right top;
    background-attachment: fixed;
}
```

■ 배경-속기(shorthand) 속성

속기(shorthand) 속성으로 여러 배경 속성들을 함께 다음과 같이 단축하여 표현 할 수 있는데, 속성 값들의 속성 순서는 다음과 같다.

- background-color
- background-image
- background-repeat
- background-attachment
- background-position

```
body {
    background: #ffffff url("img_tree.png") no-repeat right top;
}
```

❈ CSS 테두리(Border)

CSS border 속성들은 요소의 테두리의 스타일, 폭 및 색상 등을 명시하도록 해준다.

```
p.dotted {border-style: dotted;}
p.dashed {border-style: dashed;}
p.solid {border-style: solid;}
p.double {border-style: double;}
p.groove {border-style: groove;}
p.ridge {border-style: ridge;}
p.inset {border-style: inset;}
p.outset {border-style: outset;}
p.none {border-style: none;}
p.hidden {border-style: hidden;}
p.mix {border-style: dotted dashed solid double;}
```

■ CSS 테두리 속성들

속 성
border
border-bottom
border-bottom-color
border-bottom-style
border-bottom-width
border-color
border-left
border-left-color
border-left-style
border-left-width
border-right
border-right-color
border-right-style

속성
border-right-width
border-style
border-top
border-top-color
border-top-style
border-top-width
border-width

❋ CSS 여백

CSS margin 속성들은 요소주변의 여유공간을 만들어 주기 위해 사용되며, margin 속성들은 테두리 밖의 빈 여유 공간의 크기를 설정한다. CSS는 요소의 각 옆의 여백을 명시하기 위한 다음과 같은 속성들을 가지고 있다.

- margin-top
- margin-right
- margin-bottom
- margin-left

```
p {  margin-top: 100px;
     margin-bottom: 100px;
     margin-right: 150px;
     margin-left: 80px; }
```

■ 여백-속기(shorthand) 속성

속기(shorthand)로 단축하여 표현할 때 순서는 다음과 같다.

- margin-top
- margin-right

- margin-bottom
- margin-left

```
p { margin: 100px 150px 100px 80px; }
```

■ CSS 여백 속성들

속성
margin
margin-bottom
margin-left
margin-right
margin-top

CSS 패딩

CSS padding 속성들은 내용주위로 여유 공간을 만들어주기 위해 사용되며, CSS는 요소의 사방 옆을 위한 패딩을 명시하기 위한 다음의 속성들을 가지고 있다.

- padding-top
- padding-right
- padding-bottom
- padding-left

```
p { padding-top: 50px;
    padding-right: 30px;
    padding-bottom: 50px;
    padding-left: 80px; }
```

■ 패딩-속기(shorthand) 속성

다음의 순서로 속기(shorthand) 속성으로 단축하여 표현할 수 있다.

- padding-top
- padding-right
- padding-bottom
- padding-left

```
p { padding: 50px 30px 50px 80px; }
```

■ CSS 패딩 속성들

속성
padding
padding-bottom
padding-left
padding-right
padding-top

CSS 높이/폭

```
div { height: 200px;
      width: 50%;
      background-color: powderblue; }
```

■ CSS 크기 속성들

속성
height
max-height

속성
max-width
min-height
min-width
width

2.2 CSS 박스모델 및 링크

2.2.1 CSS 박스모델

모든 HTML요소들은 상자들이라고 생각될 수 있으며, CSS에서 디자인과 레이아웃에 관해서 언급할 때, "상자 모델"("box model")이라는 용어를 사용한다.

CSS 박스모델은 각 HTML 요소 주위를 싸고 있는 상자(box)이며, 여백, 테두리, 패딩 및 실질적인 내용으로 이루어져있다.

```
<!DOCTYPE html>
<html>
<head>
<style>
div {
    background-color: lightgrey;
    width: 300px;
    border: 25px solid green;
    padding: 25px;
    margin: 25px;
}
</style>
</head>
<body>
```

```
<h2>박스모델 데모</h2>
<p>CSS 박스모델.....</p>
<div>본 텍스트는 박스의 실제 콘텐트.....</div>
</body>
</html>
```

2.2.2 CSS 아웃라인

CSS outline 속성들은 스타일, 색상 및 아웃라인 폭을 명시한다.

```
<!DOCTYPE html>
<html>
<head>
<style>
p {
    border: 1px solid black;
    outline: 5px dotted red;
}
</style>
</head>
<body>
<h2>아웃라인 속성</h2>
<p><b>노트:</b> IE8은 !DOCTYPE이 명시된 경우만 아웃라인 속성을 지원한다.</p>
</body>
</html>
```

아웃라인 속성들

속성
outline
outline-color
outline-offset
outline-style
outline-width

2.2.3 CSS 텍스트(text) 속성들

```
<!DOCTYPE html>
<html>
<head>
<style>
body { color: blue; }
h1 { color: green; }
</style>
</head>
<body>
<h1>이것은 헤딩1이다.</h1>
<p>이것은 평범한 문장이다. 텍스트는 파란색. 페이지의 기본(default) 텍스트 색은 body 선택자에서 정의된다.</p>
</body>
</html>
```

```
<!DOCTYPE html>
<html>
<head>
<style>
h1 {
    text-decoration: overline;
}
h2 {
    text-decoration: line-through;
}
h3 {
    text-decoration: underline;
}
</style>
</head>
<body>
<h1>이것은 헤딩 1</h1>
<h2>이것은 헤딩 2</h2>
<h3>이것은 헤딩 3</h3>
</body>
</html>
```

속 성
color
direction
letter-spacing
line-height
text-align
text-decoration
text-indent
text-shadow
text-transform
unicode-bidi
vertical-align
white-space
word-spacing

2.2.4 CSS 폰트(fonts)

```
<!DOCTYPE html>
<html>
<head>
<style>
p.normal {
    font-style: normal;
}
p.italic {
    font-style: italic;
}
p.oblique {
    font-style: oblique;
}
</style>
```

```
</head>
<body>
<p class="normal">평범한(normal) 스타일의 문장이다.</p>
<p class="italic">이탤릭(italic) 스타일의 문장이다.</p>
<p class="oblique">비스듬한(oblique) 스타일의 문장이다.</p>
</body>
</html>
```

❀ CSS 폰트 속성들

속성
font
font-family
font-size
font-style
font-variant
font-weight

2.2.5 CSS 링크

CSS로 연결들(links)은 CSS 속성들 (예: color, font-family, background 등) 다른 방식으로 스타일 될 수 있으며, 아래에 다양한 응용 사례들이 있다.

```
a { color: hotpink; }

/* 미방문 링크 */
a:link { color: red; }

/* 방문 링크 */
a:visited { color: green; }

/* 링크위에 마우스 */
 a:hover { color: hotpink; }
```

```css
/* 선택된 링크 */
a:active { color: blue; }

a:link { text-decoration: none; }

a:visited {
    text-decoration: none;
}

a:hover {
    text-decoration: underline;
}

a:active {
    text-decoration: underline;
}

a:link {
    background-color: yellow;
}

a:visited {
    background-color: cyan;
}

a:hover {
    background-color: lightgreen;
}

a:active {
    background-color: hotpink;
}
```

※ 연결 버튼들 예

```
a:link, a:visited {
    background-color: #f44336;
    color: white;
    padding: 14px 25px;
    text-align: center;
    text-decoration: none;
    display: inline-block;
}

a:hover, a:active {
    background-color: red;
}
```

2.2.6 CSS 리스트 속성들

Property
list-style
list-style-image
list-style-position
list-style-type

2.2.7 CSS 테이블

CSS에서 테이블 테두리(경계선)을 명시하기 위해서, border 속성을 사용한다.

```
table, th, td {
    border: 1px solid black;
}

<!DOCTYPE html>
<html>
```

```html
<head>
<style>

table {
    border-collapse: collapse;
}
table, td, th {
    border: 1px solid black;
}
</style>
</head>
<body>
<h2>경계선이 없게(collapse):</h2>
<table>
  <tr>
    <th>이름</th>
    <th>성</th>
  </tr>
  <tr>
    <td>피터</td>
    <td>그리핀</td>
  </tr>
  <tr>
    <td>로이스</td>
    <td>그리핀</td>
  </tr>
</table>
<p><b>노트:</b> 만약 !DOCTYPE이 명시가 안되면, border-collapse 속성이 IE8을 포함한 이전의 버전에서 예상 밖의 결과를 보여줄 수도 있다. </p>
</body>
</html>
```

결과

이름	성
피터	그리핀
로이스	그리핀

※ CSS 테이블 속성들

속성
border
border-collapse
border-spacing
caption-side
empty-cells
table-layout

2.2.8 CSS 레이아웃-보여주기(display) 속성

display 속성은 레이아웃을 위한 가장 중요한 CSS 속성이며, 각 HTML 요소는 요소의 타입에 따라서 기본(default) 보여주기(display) 값을 가지고 있는데, 대부분의 요소들의 기본 보여주기(display) 값은 ***block*** 이나 ***inline*** 이다.

블록-레벨 (block-level) 요소는 항시 새로운 줄로 시작하며, 가능한 최대 폭을 사용하는데, 다음은 블록-레벨 요소들의 예이다.

- ⟨div⟩
- ⟨h1⟩ - ⟨h6⟩
- ⟨p⟩
- ⟨form⟩
- ⟨header⟩
- ⟨footer⟩
- ⟨section⟩

인라인(inline) 요소는 새로운 줄로 시작하지 않고, 필요한 만큼만 폭을 사용하며, 예를 보면 다음과 같다.

- ⟨span⟩
- ⟨a⟩
- ⟨img⟩

예

```
<!DOCTYPE html>
<html>
<head>
<style>
li {
    display: inline;
}
</style>
</head>
<body>
<p>수평적 메뉴로서 링크들 리스트를 보여주라.</p>
<ul>
  <li><a href="/html/default.asp" target="_blank">HTML</a></li>
  <li><a href="/css/default.asp" target="_blank">CSS</a></li>
  <li><a href="/js/default.asp" target="_blank">자바스크립트</a></li>
</ul>
</body>
</html>


<!DOCTYPE html>
<html>
<head>
<style>
h1.hidden {
    visibility: hidden;
}
</style>
</head>
<body>
<h1>이것은 보이는 헤딩이다.</h1>
<h1 class="hidden">이것은 숨겨진(hidden) 헤딩이다.</h1>
```

```
<p>숨겨진(hidden) 헤딩이 공간을 여전히 점유하고 있는 것을 주목하라.</p>
</body>
</html>
```

❀ CSS 보여주기(display)/보이기(visibility) 속성들

속성	설명
display	요소가 어떻게 보일지를 명시
visibility	요소가 보일지 말지를 명시

2.2.9 CSS 레이아웃-폭(width)과 최대폭(max-width)

max-width를 사용해서, 브라우저의 작은 윈도우 처리를 개선할 수 있는데, PC화면에 비해 스마트 폰과 같은 작은 장치를 위한 사이트를 만들 때 중요하다.

```
div.ex1 {
    width: 500px;
    margin: auto;
    border: 3px solid #73AD21;
}

div.ex2 {
    max-width: 500px;
    margin: auto;
    border: 3px solid #73AD21;
}
```

연습문제(5주)

5.1 모든 〈p〉 및 〈h1〉요소들의 색을 (선택자들을 그룹화하여 코드를 최소화 하여) 빨간색으로 변경하라.

```
<!DOCTYPE html>
<html>
<head>
<style>
</style>
</head>
<body>
<h1>이것은 헤딩</h1>
<h2>이것은 약간 더 작은 헤딩</h2>
<p>이것은 문단입니다.</p>
<p>이것은 다른 문단입니다.</p>
</body>
</html>
```

5.2 단축(속기) 배경속성을 이용하여 배경이미지를 "img_tree.png"로 (위 오른쪽 코너에서 1번만 보이게) 변경하라.

```
<!DOCTYPE html>
<html>
<head>
<style>
</style>
</head>
<body>
<h1>이것은 헤딩</h1>
<p>이것은 문단입니다.</p>
<p>이것은 다른 문단입니다.</p>
</body>
</html>
```

5.3 테두리 속성으로, <p>요소 테두리를 "10px", "solid" 및 "green"으로 설정하라.

```
<!DOCTYPE html>
<html>
<head>
<style>
</style>
</head>
<body>
<h1>이것은 헤딩</h1>
<p>이것은 문단입니다.</p>
</body>
</html>
```

5.4 여백(margin)속성을 사용하여 <h1>요소를 가운데로 정렬하라.

```
<!DOCTYPE html>
<html>
<head>
<style>
h1 {
    background-color: lightblue;
    width:300px;
}
</style>
</head>
<body>
<h1>이것은 헤딩</h1>
<p>이것은 문단입니다.</p>
</body>
</html>
```

연습문제(5주)

5.5 ⟨div⟩요소의 여백(margin)을 "25px"로 설정하라.

```
<!DOCTYPE html>
<html>
<head>
<style>
div {
    background-color: lightblue;
    width: 200px;
    padding: 25px;
    border: 25px solid navy;
}
</style>
</head>
<body>
<div>세종대학교는 서울시 광진구 군자동에 있는 학교입니다. 세종대학의 세종은 세상의 으뜸을 의미하며, 세종대왕의 세종에서 가져왔습니다.</div>
</body>
</html>
```

5.6 폰트(font) 속성으로, ⟨p⟩요소를 "italic", "20px" 및 "Verdana"로 설정하라.

```
<!DOCTYPE html>
<html>
<head>
<style>
</style>
</head>
<body>
<h1>이것은 헤딩</h1>
<p>이것은 문단입니다.</p>
<p>이것은 다른 문단입니다.</p>
</body>
</html>
```

5.7 방문 및 미방문 링크들을 "lightblue"로 배경색을 설정하고, 배회(hover) 및 활성 링크들의 배경색은 "yellow"로 설정하라.

```
<!DOCTYPE html>
<html>
<head>
<style>
/* 미방문 링크 */
a:link {
}

/* 방문 링크 */
a:visited {
 }

/* 링크위의 마우스 */
a:hover {
}

/* 선택된 링크 */
a:active {
}
</style>
</head>
<body>
<h1>이것은 헤딩</h1>
<p>이것은 문단입니다.</p>
<p><a href="http://한국.net">소셜이름 포털: 한국닷넷</a></p>
</body>
</html>
```

5.8 순서없는 리스트들의 리스트 스타일은 "square"로 설정하고, 순서있는 리스트들의 리스트 스타일은 "upper-roman"으로 설정하라.

```
<!DOCTYPE html>
<html>
<head>
<style>
</style>
</head>
<body>
<p>이것은 순서없는 리스트:</p>
<ul>
   <li>커피</li>
   <li>차</li>
   <li>콜라</li>
</ul>
</body>
</html>
```

5.9 아래 테이블의 폭을 "100%"로 설정하라.

```
<!DOCTYPE html>
<html>
<head>
<style>
</style>
</head>
<body>
<p>이것은 순서없는 리스트:</p>
<ul>
   <li>커피</li>
   <li>차</li>
   <li>콜라</li>
</ul>
</body>
</html>
```

5.10 아래의 리스트 항목들을 inline 요소들로 보이도록(display) 설정하라.

```
<!DOCTYPE html>
<html>
<head>
<style>
</style>
</head>
<body>
<h1>이것은 헤딩</h1>
<ul>
<li>사과</li>
<li>오렌지</li>
<li>배</li>
</ul>
</body>
</html>
```

2.3 CSS 위치 및 가상 클래스

2.3.1 한국.net 에서 CSS 위치 속성 예

한국.net에서 CSS Position 속성 예와 소스코드 예

✽ 2.3.2 한국.net에서 CSS Position 응용 소스코드 예

(질문 및 토의: 위화면을 보여주는 아래의 HTML, 특히 해당 CSS를 설명해보세요.)

```
<style type="text/css">
img#lay41:hover {position: relative; width: 400px; height: 498px; z-index:5;}

div#lay8 {
    height: 50px; width: 68px;
    align: auto;
    background-color: purple;
position: fixed;
    top: 438px;
    left: 376px;
    z-index: 10;
}
</style>
```

2.3.2 CSS 레이아웃-위치 속성

position 속성은 요소를 위해서 사용되는 위치 방법의 타입을 명시하는데, 4가지의 다른 위치 값들이 있다.

- static
- relative
- fixed
- absolute

```
div.fixed {
    position: fixed;
    bottom: 0;
    right: 0;
    width: 300px;
    border: 3px solid #73AD21;
}
```

❈ CSS 위치 속성들

속성	설명
bottom	박스의 아래 여백 설정
clip	절대 위치요소를 자름
cursor	커서 타입을 명시
left	박스의 왼쪽 여백 설정
overflow	내용이 요소 박스를 초과할 때 어떻게 할지를 명시
overflow-x	요소의 내용영역이 초과할 때, 좌우를 어떻게 할지를 명시
overflow-y	요소의 내용영역이 초과할 때, 상하를 어떻게 할지를 명시
position	요소의 위치 타입을 명시
right	박스의 오른쪽 여백 설정
top	박스의 위 여백 설정
z-index	요소의 스택순서를 설정

2.3.3 CSS 레이아웃 - 오버플로우(overflow)

CSS overflow 속성은 요소의 내용이 너무 명시된 영역 내에 맞추기에 내용이 너무 클 때, 내용을 자를지 또는 스크롤바를 추가할지를 명시한다. overflow 속성은 아래의 값들을 가지고 있으며, overflow 속성은 명시된 높이를 가진 블록 요소들을 위해서만 동작한다.

```
visible (기본값), hidden, scroll, auto
```

2.3.4 CSS 레이아웃-뜨기(float)와 치우기(clear)

float 속성은 요소가 뜨게(float) 할지 말지를 명시하며, clear 속성은 떠있는 (floating) 요소들의 동작을 제어하는데 사용된다.

```css
img {
    float: right;
    margin: 0 0 10px 10px;
}

div {
    clear: left;
}

div {
    border: 3px solid blue;
}

.clearfix {
    overflow: auto;
}

nav {
    float: left;
```

```
        width: 200px;
        border: 3px solid #73AD21;
}

section {
    margin-left: 206px;
    border: 3px solid red;
}
```

CSS 뜨기(float) 속성들

속성	설명
clear	뜨기요소들이 뜰 수 없는 요소의 방향을 설정
float	요소가 뜰 수 있는지 없는지를 명시
overflow	내용이 요소의 박스를 초과시에 어떻게 할지를 명시
overflow-x	요소의 내용영역을 초과시에 내용의 왼쪽/오른쪽을 어떻게 할지를 명시
overflow-y	요소의 내용영역을 초과시에 내용의 상하를 어떻게 할지를 명시

2.3.5 CSS 인라인-블럭(inline-block)

브라우저 폭과 높이에 보기좋게 잘 맞춰서 상자들의 격자모양을 만들기 위해서는, **display** (보여주기) 속성의 **inline-block** 값으로 **float** 속성을 사용하는 것 보다 훨씬 쉽게 만들 수 있다.

```
.floating-box {
    float: left;
    width: 150px;
    height: 75px;
    margin: 10px;
    border: 3px solid #73AD21;
}
```

```
.after-box {
    clear: left;
}
```

위와 같은 효과를 **display (보여주기)** 속성의 **inline-block** 값을 사용해서, (위에서처럼 clear 속성을 사용할 필요가 없이) 아래처럼 쉽게 구현할 수 있다.

```
.floating-box {
    display: inline-block;
    width: 150px;
    height: 75px;
    margin: 10px;
    border: 3px solid #73AD21;
}
```

2.3.6 CSS 레이아웃-수평 및 수직 정렬

```
.center {
    margin: auto;
    width: 50%;
    border: 3px solid green;
    padding: 10px;
}
```

```
.center {
    text-align: center;
    border: 3px solid green;
}
```

이미지를 중앙에 두기 위해서는, 다음의 예처럼 margin: auto; 및 block 요소로 만들어 준다.

```
img {
    display: block;
    margin: auto;
    width: 40%;
}
```

2.3.7 CSS 결합자(Combinators)

CSS 선택자는 한개 이상의 간단한 선택자를 포함 할 수 있는데, 간단한 선택자들 사이에 결합자를 포함할 수가 있다. CSS3에는 다음과 같은 4개의 다른 결합자들이 있다.

- 자손 선택자 (빈칸)
- 자식 선택자 (>)
- 옆 형제 선택자 (+)
- 일반 형제 선택자 (~)

2.3.8 CSS 가상-클래스

가상 클래스(pseudo-class)는 요소의 특별한 상태를 정의하는데, 예를들면 사용자가 어떤 요소 위에서 마우스를 움직일 때, 그 요소에 스타일을 부여하는 경우, 방문 링크들과 방문 링크들을 다르게 스타일을 부여할 때, 어떤 요소가 포커스(focus)가 되었을 때 스타일을 부여하는 경우 등

```
/* 미방문 링크 */
a:link {
    color: #FF0000;
}
```

```
/* 방문 링크 */
a:visited {
    color: #00FF00;
}
/* 링크 위에 마우스 */
 a:hover {
    color: #FF00FF;
}
/* 선택된 링크 */
a:active {
    color: #0000FF;
}
```

❈ CSS 가상 클래스들

선택자	예	예 설명
:active	a:active	활성 링크 선택
:checked	input:checked	표시된 〈input〉 요소 선택
:disabled	input:disabled	비활성 〈input〉 요소 선택
:empty	p:empty	자식이 없는 〈p〉요소 선택
:enabled	input:enabled	활성 〈input〉 요소 선택
:first-child	p:first-child	부모의 첫 번째 자식 〈p〉 요소 선택
:first-of-type	p:first-of-type	부모의 첫 번째 〈p〉요소인 〈p〉요소 선택
:focus	input:focus	마우스 커서가 있는 〈input〉요소 선택
:hover	a:hover	마우스가 위에 있는 링크 선택
:in-range	input:in-range	명시된 범위내에 있는 값을 가진 〈input〉요소들 선택
:invalid	input:invalid	무효 값을 가진 〈input〉요소들 선택
:lang(language)	p:lang(it)	lang속성 값이 "it"로 시작하는 〈p〉요소 선택
:last-child	p:last-child	부모의 마지막 자손인 〈p〉 요소 선택
:last-of-type	p:last-of-type	부모의 마지막 〈p〉요소인 〈p〉요소 선택
:link	a:link	미방문 링크들 선택

선택자	예	예 설명
:not(selector)	:not(p)	<p>요소가 아닌 요소들 선택
:nth-child(n)	p:nth-child(2)	부모의 2번째 자식인 <p>요소 선택
:nth-last-child(n)	p:nth-last-child(2)	마지막 자식부터 시작해서, 부모의 2번째 자식인 <p>요소 선택
:nth-last-of-type(n)	p:nth-last-of-type(2)	마지막 자식부터 시작해서, 부모의 2번째 <p>요소인 <p>요소 선택
:nth-of-type(n)	p:nth-of-type(2)	부모의 2번째 <p>요소인 <p>요소 선택
:only-of-type	p:only-of-type	부모의 유일한 <p>요소인 <p>요소 선택
:only-child	p:only-child	부모의 유일한 자손인 <p>요소 선택
:optional	input:optional	"required"속성이 없는 <input>요소들 선택
:out-of-range	input:out-of-range	명시된 범위 밖의 값을 가진 <input> 요소들 선택
:read-only	input:read-only	"readonly"속성을 가진 <input>요소들 선택
:read-write	input:read-write	"readonly"속성을 안 가진 <input>요소들 선택
:required	input:required	"required"속성을 가진<input>요소들 선택
:root	root	문서의 뿌리(맨 위) 요소 선택
:target	#news:target	현 활성 #news 요소를 선택
:valid	input:valid	유효한 값을 가진 <input> 요소들 선택
:visited	a:visited	방문 링크들 선택

2.3.9 CSS 가상-요소

❀ CSS 가상 요소들

선택자	예	예 설명
::after	p::after	모든 <p>요소 후에 내용 삽입
::before	p::before	모든 <p>요소 전에 내용 삽입
::first-letter	p::first-letter	모든 <p>요소의 첫 글자를 선택
::first-line	p::first-line	모든 <p>요소의 첫 줄을 선택
::selection	p::selection	사용자에 선택된 요소의 일부를 선택

2.3.10 CSS 불투명도/투명도

opacity 속성은 요소의 불투명도/투명도를 명시하는데, 값의 범위는 0.0~1.0 사이 값이며, 값이 작을수록 더 투명하다.

```css
img:hover {
    opacity: 0.5;
}
```

2.3.11 CSS 네비게이션 바

어떤 사이트에서건 사용하기 쉬운 네비게이션(이동)을 제공하는 것은 중요하다.

❈ 수평 네비게이션 바의 예제

```css
ul {
    list-style-type: none;
    margin: 0;
    padding: 0;
    overflow: hidden;
    background-color: #333;
}

li { float: left; }

li a { display: block;
    color: white;
    text-align: center;
    padding: 14px 16px;
    text-decoration: none; }

/* 배회시에 링크 색을 #111 (검은색)으로 변경 */
li a:hover {
    background-color: #111;
}
```

2.3.12 CSS 드롭다운

```
<style>
.dropdown {
    position: relative;
    display: inline-block;
}

.dropdown-content {
    display: none;
    position: absolute;
    background-color: #f9f9f9;
    min-width: 160px;
    box-shadow: 0px 8px 16px 0px rgba(0,0,0,0.2);
    padding: 12px 16px;
    z-index: 1;
}

.dropdown:hover .dropdown-content {
    display: block;
}
</style>

<div class="dropdown">
    <span>Mouse over me</span>
    <div class="dropdown-content">
        <p>Hello World!</p>
    </div>
</div>
```

2.3.13 CSS 속성 선택자

CSS [속성] 선택자는 명시된 속성으로 요소들을 선택하기 위해 사용된다.

```css
a[target="_blank"] {
    background-color: yellow;
}

[title~="flower"] {
    border: 5px solid yellow;
}

[class|="top"] {
    background: yellow;
}

[class^="top"] {
    background: yellow;
}
```

2.3.14 CSS 양식들(forms)

HTML 양식의 모양이 CSS로 크게 개선될 수 있는 예들을 다음에서 보여준다.

```css
input[type=text] {
    width: 100%;
    padding: 12px 20px;
    margin: 8px 0;
    box-sizing: border-box;
}

input[type=text] {
    border: 2px solid red;
    border-radius: 4px;
}
```

2.3.15 CSS 카운터

CSS 카운터들은 변수와 비슷하며, 그 변수 값들이 CSS 규칙들 (예: 몇 번 사용되었는지 등)에 의해 증가할 수 있다. CSS 카운터를 사용할려면 counter-reset, counter-increment, content, counter() or counters() 함수들을 사용한다.

```css
body {
    counter-reset: section;
}
h2::before {
    counter-increment: section;
    content: "섹션 " counter(section) ": ";
}
```

2.4 CSS3 소개 및 둥근 모서리

2.4.1 이름포털 한국.net 웹서비스 사용 예

아래화면에서 이미지 경계선이 둥근모서리로 되어있는 것을 볼 수있는데, 화면 오른쪽의 소스보기에서 볼 수 있는 것처럼 border-radius 스타일 속성을 이용하였다.

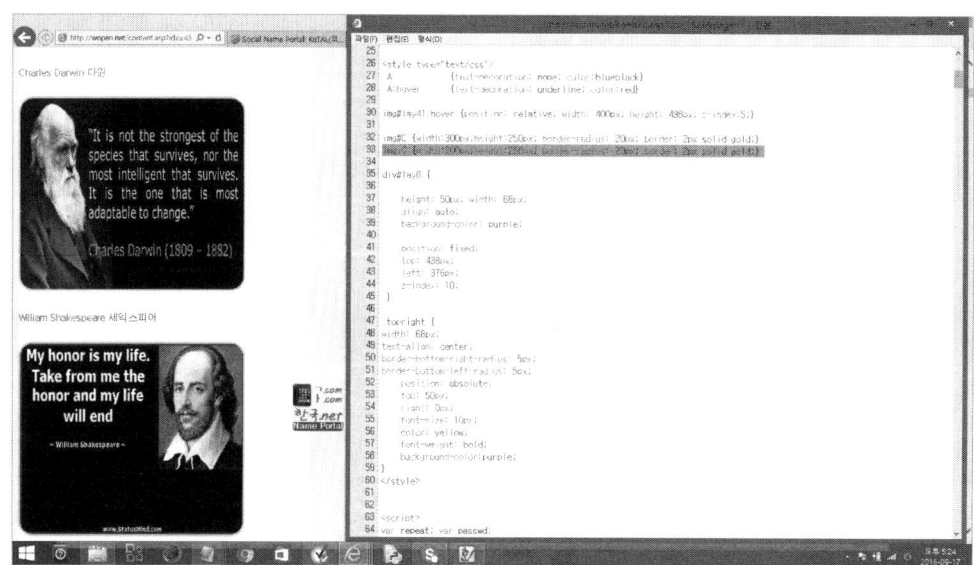

이미지 경계선이 둥근모서리의 예

(질문 및 토의: 위화면에서 아래의 CSS 사용예를 간단히 설명해보세요.)

```
img.C {width:300px;height:250px; border-radius: 20px; border: 2px solid gold;}
```

2.4.2 기초내용 설명

❈ CSS3 튜토리얼

■ CSS3 소개

CSS3는 CSS의 가장 최근의 표준이다. CSS3는 CSS 구버전과의 완전한 호환성을 가지고 있다. 본 튜토리얼은 CSS3의 새로운 특징들에대해 설명한다.

■ CSS3 모듈

CSS3는 모듈들로 쪼개져 있다. 몇 개의 가장 중요한 CSS3모듈들은 다음과 같다.

- 선택자
- 박스 모델
- 배경 및 테두리
- 이미지 값 및 교체 내용
- 텍스트 효과
- 2D/3D 변형
- 애니메이션
- 다중 컬럼 레이아웃
- 사용자 인터페이스

대부분의 새로운 CSS3 속성들은 최근의 브라우져에 구현이 되어 있다.

■ CSS3 둥근 모서리

CSS3 ***border-radius*** 속성으로 어떤 요소에나 "둥근 모서리"를 갖게 할 수 있다.

특정한 배경색을 가진 요소에나, 테두리(경계선)을 가진 요소에나 또는 배경 이미지를 가진 요소에 "둥근 모서리"를 갖게 할 수 있다.

■ CSS3 테두리 이미지

CSS3 border-image 속성으로, 해당 요소의 테두리에 이미지를 설정 할 수 있다.

■ CSS3 배경

CSS3는 몇 개의 새로운 속성들이 있는데, 배경 요소를 제어할 때 사용 될 수 있다. 여기서 해당 요소에 다중의 배경을 추가하는 방법을 배운다. 아래의 새로운 CSS3 속성들도 배운다.

- background-size
- background-origin
- background-clip

■ CSS3 색

CSS는 색상의 이름, 16진수 표현 및 RGB색 등을 지원하는데, 특히 CSS3는 RGBA색상 표현, HSL색상 표현, HSLA색상 표현 및 투명도 등을 지원한다.

■ CSS3 그래디언트

CSS3 그래디언트는 2개이상의 명시된 색상 사이에 부드러운 변화를 보일 수 있게 한다. CSS3는 다음 2가지의 그래디언트 타입을 정의한다.

- 선형적 그래디언트 (상하, 좌우, 대각선 방향의 변화 표현)
- 원형 그래디언트 (원의 중심을 기준으로 정의함)

■ CSS3 그림자

CSS3로 텍스트나 요소에 그림자 효과를 추가 할 수 있다. 다음과 같은 속성들을 배운다.

- text-shadow
- box-shadow

■ CSS3 문자

CSS3는 몇가지 새로운 특징들을 포함하고 있는데, 다음의 텍스트 속성을 배운다.

- text-overflow
- word-wrap
- word-break

■ CSS3 웹 폰트

웹 폰트들은 사용자의 컴퓨터에 설치가 안 된 폰트들을 사용할 수 있게 해준다. 원하는 폰트파일을 서버에 포함시키면, 사용자의 컴퓨터에 자동으로 다운로드 된다. 해당 폰트들은 CSS3 *@font-face* 규칙에 정의된다.

■ CSS3 2차원 변형

CSS3 변형은 요소를 이동, 회전, 크기변환, 뒤틀림 등의 효과를 줄 수 있다. 변형은 요소의 모양, 크기 및 위치에 변화를 주는 효과이며, CSS3는 2차원 및 3차원 변형을 지원한다.

❈ CSS3 3차원 변형

CSS3는 원하는 요소를 3차원 변형 효과를 줄 수 있다.

연습문제(6주)

6.1 포커스된 (focus, 클릭된 또는 활성화된) ⟨input⟩요소들의 배경색을 "lightblue"로 설정하라.

```
<!DOCTYPE html>
<html>
<head>
<style>
</style>
</head>
<body>
<form action="form_action.asp" method="get">
  이름: <input type="text" name="fname"><br>
  성: <input type="text" name="lname"><br>
  <input type="submit" value="제출">
</form>
</body>
</html>
```

6.2 값이 "flow"를 포함하는 "title"속성을 가진 요소의 주변 경계선을 빨간색으로 설정하라.

```
<!DOCTYPE html>
<html>
<head>
<style>
</style>
</head>
<body>
<img src="flower2.jpg" title="2개의 빨간 flowers" width="107" height="90">
<img src="flower3.jpg" title="보라색 flower" width="107" height="80">
<img src="flower4.jpg" title="빨간 flower" width="116" height="90">
<img src="flower5.jpg" title="2개의 흰 flowers" width="120" height="90">
</body>
</html>
```

6.3 배경 이미지의 크기를 폭: 100px, 높이: 80px로 변경하라.

```html
<html>
<head>
<style>
body {
    background:url(img_flwr.gif);
    background-repeat: no-repeat;
}
</style>
</head>
<body>
<h1>이것은 헤딩</h1>
<p>이것은 문단입니다.</p>
<p>이것은 다른 문단입니다.</p>
</body>
</html>
```

6.4 <h1> 요소들의 배경색용 불투명도를 (RGB대신 RGBA를 사용해서) "0.3"으로 설정하라.

```html
<!DOCTYPE html>
<html>
<head>
<style>
h1 {
    background-color: rgb(0,255,0);
}
</style>
</head>
<body>
<h1>이것은 헤딩</h1>
<p>이것은 문단입니다.</p>
<p>이것은 다른 문단입니다.</p>
</body>
</html>
```

연습문제(6주)

6.5 〈div〉요소를 위한 선형(linear) 그래디언트(gradient) 배경을, 70도 각으로 "white"에서 "green"으로 변하도록(transition), 설정하라.

```html
<!DOCTYPE html>
<html>
<head>
<style>
div {
    background: linear-gradient(white, green);
}
</style>
</head>
<body>
<div style="height:200px"></div>
</body>
</html>
```

6.6 〈div〉요소를 위해서, 원형이며 "white"에서 "green"으로 변하는(transition), 방사상의 (radial) 그래디언트(gradient) 배경을 설정하라.

```html
<!DOCTYPE html>
<html>
<head>
<style>
div {
    background: radial-gradient(white, green);
}
</style>
</head>
<body>
<div style="height:200px"></div>
</body>
</html>
```

6.7 박스 그림자 색을 "grey"로 변경하고, "5px"번짐효과를 설정하라.

```
<!DOCTYPE html>
<html>
<head>
<style>
div {
    box-shadow: 10px 10px;
}
</style>
</head>
<body>
<div style="background-color: lightblue; width: 350px; padding: 15px;">
<h1>이것은 헤딩</h1>
<p>이것은 문단입니다.</p>
<p>이것은 다른 문단입니다.</p>
</div>
</body>
</html>
```

6.8 웹 폰트를 "sansation"이름 및 "sansation_light.woff" URL로 추가하라.

```
<!DOCTYPE html>
<html>
<head>
<style>
div {
    background: linear-gradient(white, green);
}
</style>
</head>
<body>
<div style="height:200px"></div>

</body>
</html>
```

연습문제(6주)

6.9 변형(transform) 속성으로, ⟨div⟩요소를 X축을 따라 20도, Y축을 따라 30도 비틀어라 (skew).

```
<!DOCTYPE html>
<html>
<head>
<style>
div {
    width: 100px;
    height: 100px;
    margin: 50px;
    background-color: lightblue;
    border: 1px solid black;
}

</style>
</head>
<body>
<div></div>
</body>
</html>
```

6.10 변형(transform) 속성으로, <div>요소를 X축을 따라 150도 비틀어라(skew).

```
<!DOCTYPE html>
<html>
<head>
<style>
div {
    width: 100px;
    height: 100px;
    background-color: lightblue;
    border: 1px solid black;
}

</style>
</head>
<body>
<div>이것은 div 요소</div>
</body>
</html>
```

CSS QUIZ 문제

1. 빈칸( ) 채우기 (영어로)

   ```
   <link rel="stylesheet" type="text/css" (     )="mystyle.css">
   ```

2. 빈칸( ) 채우기

   ```
   Set a border with the color "blue", around elements

   with a "title" attribute containing the word "blue".
   <style>
   [title( )="blue"] {
       border: 3px dashed blue;
   }
   </style>
   ```

3. 빈칸( ) 채우기

   ```
   <style>
   p( )first-letter {
       color: #123456;
       font-size: xx-large;
   }
   </style>
   ```

4. 빈칸( ) 채우기

   ```
   The (     ) property specifies on which sides
   of an element floating elements are not allowed to float.
   ```

5. 빈칸( ) 채우기 List items을 같은 줄에 보이게 할 때.

```
<style>
li {
    display: (      ); } </style>
```

6. 빈칸( ) 채우기. 고정된 Navigation Bar를 보이게 할 때.

```
<style> body {margin:0;}
ul { list-style-type: none;  margin: 0;  padding: 0;  overflow: hidden;  background-color: #333333;
    position: (     );    top: 0;    width: 100%; }
    .... (생략) .... </style>
```

7. 빈칸( ) 채우기

```
Use the shorthand background property to set background image to "img_tree.png",
show it once, in the top right corner.

<style>
body {
    background: (     )("img_tree.png") no-repeat top right;
}
</style>
```

8. 빈칸( ) 채우기

```
마우스가 위에 있을 때, 색깔을 변경:
<style>
div.highlight(  )hover {
    color: #345678; }
</style>
```

CSS QUIZ 문제

9. 빈칸( ) 채우기

> 이미지를 텍스트 속에서 왼쪽에 보이게 힐때:
> <style> img { (   ): left;   margin: 30px; } </style>

10. 아래처럼 border가 보이게 할 때 맞는 것을 선택하면?

> The top border = 40 pixels   The bottom border = 15 pixels   The left border = 30 pixels
> The right border = 7 pixel

a. border-width:40px 15px 30px 7px;

b. border-width:15px 40px 30px 7px;

c. border-width:40px 7px 15px 30px;

d. border-width:15px 30px 7px 40px;

e. border-width:30px 40px 7px 15px;

2.5 CSS3 이동 및 애니메이션

2.5.1 한국.net 사이트에서의 애니메이션 응용

애니메이션 효과와 소스코드

(질문 및 토의: 위 PC화면을 보면서 아래의 CSS를 설명해보세요.)

```
<style>
div#lay8 {
    border-radius: 15px;
    height: 130px; width: 118px;
font-size: 20px; align: auto;
    background-color: purple;
    position: relative;
    z-index: 10;
   animation: example1 20s linear 2s 10 alternate;
  -webkit-animation: example1 20s linear 2s 10 alternate;
}
```

```
@keyframes example1 {
    0%   {background-color:purple; left:320px; top:0px;}
    25%  {background-color:yellow; left:320x; top:-100px;}
    50%  {background-color:blue; left:320px; top:-300px;}
    75%  {background-color:green; left:320px; top:-500px;}
    100% {background-color:red; left:320px; top:-727px;}
}

@-webkit-keyframes example1 {
    0%   {background-color:purple; left:320px; top:0px;}
    25%  {background-color:yellow; left:320x; top:-100px;}
    50%  {background-color:blue; left:320px; top:-300px;}
    75%  {background-color:green; left:320px; top:-500px;}
    100% {background-color:red; left:320px; top:-727px;}
}
</style>
```

모바일 (스마트폰)에서의 애니메이션 효과 소스코드

(질문 및 토의: 스마트폰을 보며 아래의 CSS를 간단히 설명해보세요.)

```
<style type="text/css">
 A            {text-decoration: none; color:"#5555ff"}
 A:hover      {text-decoration: none; font-size: 11pt; font-weight:900; color:blue}

a.anexample1 {
    position: relative; left: 57px; top:0px;
    animation: example1 20s linear 2s 10 alternate;
    -webkit-animation: example1 20s linear 2s 10 alternate;
}




@keyframes example1 {
    from  {left: 57px; top:0px;}
       to {left: 57px; top:-650px;}
}
```

```
@-webkit-keyframes example1 {
    from    {left: 74px; top:0px;}
    to {left: 74px; top:-650px;}
}
</style>
```

2.5.2 기초내용 설명

❀ CSS3 이동

CSS3 이동으로 주어진 시간동안 속성변화를 부드럽게 변경시키는 효과를 줄 수 있다.

❀ CSS3 애니메이션

CSS3 애니메이션으로 자바스크립트나 플래쉬를 사용하지 않고도 대부분의 HTML요소에 애니메이션 효과를 줄 수 있다.

■ 브라우저별 애니메이션 지원

아래의 테이블에 있는 숫자는 속성을 완전히 지원하는 첫 번째 브라우저의 버전이며, 숫자뒤의 -webkit, -moz, 또는 -o- 들은 앞에 붙여서(prefix) 동작하는 첫 번째 버전을 명시한다.

속성	크롬	익스플로러	파이어폭스	사파리	오페라
@keyframes	43.0 4.0 -webkit-	10.0	16.0 5.0 -moz-	9.0 4.0 -webkit-	30.0 15.0 -webkit- 12.0 -o-
애니메이션	43.0 4.0 -webkit-	10.0	16.0 5.0 -moz-	9.0 4.0 -webkit-	30.0 15.0 -webkit- 12.0 -o-

@keyframes 규칙

예

```
<!DOCTYPE html>
<html>
<head>
<style>
div {
    width: 100px;
    height: 100px;
    background-color: red;
    -webkit-animation-name: example; /* 크롬, 사파리, 오페라 */
    -webkit-animation-duration: 4s; /* 크롬, 사파리, 오페라 */
    animation-name: example;
    animation-duration: 4s;
}

/* 크롬, 사파리, 오페라 */
@-webkit-keyframes example {
    from {background-color: red;}
    to {background-color: yellow;}
}

/* 표준 구문 */
@keyframes example {
    from {background-color: red;}
    to {background-color: yellow;}
}
</style>
</head>
<body>
```

■ 예

```
<!DOCTYPE html>
<html>
<head>
<style>
```

```css
div {
    width: 100px;
    height: 100px;
    background-color: red;
    position: relative;
    -webkit-animation-name: example; /* 크롬, 사파리, 오페라 */
    -webkit-animation-duration: 4s; /* 크롬, 사파리, 오페라 */
    -webkit-animation-iteration-count: 3; /* 크롬, 사파리, 오페라 */
    animation-name: example;
    animation-duration: 4s;
    animation-iteration-count: 3;
}

/* 크롬, 사파리, 오페라 */
@-webkit-keyframes example {
    0%   {background-color:red; left:0px; top:0px;}
    25%  {background-color:yellow; left:200px; top:0px;}
    50%  {background-color:blue; left:200px; top:200px;}
    75%  {background-color:green; left:0px; top:200px;}
    100% {background-color:red; left:0px; top:0px;}
}

/* 표준 구문 */
@keyframes example {
    0%   {background-color:red; left:0px; top:0px;}
    25%  {background-color:yellow; left:200px; top:0px;}
    50%  {background-color:blue; left:200px; top:200px;}
    75%  {background-color:green; left:0px; top:200px;}
    100% {background-color:red; left:0px; top:0px;}
}
</style>
</head>
<body>
<p><b>노트:</b> 본 애니메이션은 익스플로러9 이하에서는 동작하지 않는다. </p>
<div></div>
</body>
</html>
```

■ 애니메이션 단축 속성

```
div {
    animation-name: example;
    animation-duration: 5s;
    animation-timing-function: linear;
    animation-delay: 2s;
    animation-iteration-count: infinite;
    animation-direction: alternate;
}
```

위를 아래처럼 단축 속성으로 간단히 구현할 수 있다.

```
div { animation: example 5s linear 2s infinite alternate; }
```

속성	설명
@keyframes	애니메이션 코드 명시
animation	모든 애니메이션 속성들을 설정하기위한 단축 속성
animation-delay	애니메이션 시작전의 지연시간을 명시
animation-direction	애니메이션의 방향을 거꾸로 또는 교대로 동작 명시
animation-duration	애니메이션이 1사이클을 완료하는데 걸리는 시간 (초)을 명시
animation-fill-mode	애니메이션이 동작을 안할 때(종료시 또는 시작전 지연시에) 요소의 스타일을 명시
animation-iteration-count	애니메이션의 반복 횟수를 명시
animation-name	@keyframes 애니메이션 이름을 명시
animation-play-state	애니메이션이 동작할건지 멈출건지를 명시
animation-timing-function	애니메이션의 속도 커브를 명시

CSS3 이미지

border-radius 속성을 이용하여 둥근모서리의 이미지를 만들 수 있다.

```
<!DOCTYPE html>
<html>
<head>
<style>
img {
    border-radius: 8px;
}
</style>
</head>
<body>
<h2>둥근모서리 이미지</h2>
<p> border-radius 속성을 이용하여 둥근모서리의 이미지를 만든다.</p>
<img src="paris.jpg" alt="Paris" width="400" height="300">
</body>
</html>
```

■ 반응형 이미지 예

```
<!DOCTYPE html>
<html>
<head>
<style>
img {
    max-width: 100%;
    height: auto;
}
</style>
</head>
<body>
<h2>반응형 이미지들</h2>
<p> 반응형 이미지들은 자동으로 스크린사이즈에 맞게 조정한다.</p>
<p>그 효과를 보기위해 브라우저 창의 크기를 재조정해보라.</p>

<img src="trolltunga.jpg" alt="노르웨이" width="1000" height="300">
</body>
</html>
```

❈ CSS3 버튼

CSS를 이용하여 버튼에 스타일을 부여하는 방법을 배운다.

```html
<!DOCTYPE html>
<html>
<head>
<style>
.button {
    background-color: #4CAF50;
    border: none;
    color: white;
    padding: 15px 32px;
    text-align: center;
    text-decoration: none;
    display: inline-block;
    font-size: 16px;
    margin: 4px 2px;
    cursor: pointer;
}
</style>
</head>
<body>
<h2>CSS 버튼들</h2>
<button>기본 버튼</button>
<a href="#" class="button">링크 버튼</a>
<button class="button">버튼</button>
<input type="button" class="button" value="입력 버튼">
</body>
</html>

<html>
<head>
<style>
.button {
    background-color: #4CAF50; /* Green */
    border: none;
    color: white;
    padding: 15px 32px;
```

```
        text-align: center;
        text-decoration: none;
        display: inline-block;
        font-size: 16px;
        margin: 4px 2px;
        cursor: pointer;
        -webkit-transition-duration: 0.4s; /* Safari */
        transition-duration: 0.4s;
    }
    .button1 {
        box-shadow: 0 8px 16px 0 rgba(0,0,0,0.2), 0 6px 20px 0 rgba(0,0,0,0.19);
    }
    .button2:hover {
        box-shadow: 0 12px 16px 0 rgba(0,0,0,0.24),0 17px 50px 0 rgba(0,0,0,0.19);
    }
</style>
</head>
<body>
<h2>그림자 버튼들</h2>
<p>버튼에 그림자를 추가하기 위해 box-shadow 속성을 사용하라.</p>
<button class="button button1">그림자 버튼</button>
<button class="button button2">마우스위에 있을 때(hover) 그림자 효과</button>
</body>
</html>
```

CSS3 페이지

CSS를 이용하여 반응형 페이지 표기 방법을 배운다.

```
<!DOCTYPE html>
<html>
<head>
<style>
ul.pagination {
    display: inline-block;
    padding: 0;
    margin: 0;
```

```
}
ul.pagination li {display: inline;}
ul.pagination li a {
    color: black;
    float: left;
    padding: 8px 16px;
    text-decoration: none; }
</style>
</head>
<body>
<h2>간단한 페이지 만들기</h2>
<ul class="pagination">
  <li><a href="#">≪</a></li>
  <li><a href="#">1</a></li>
  <li><a class="active" href="#">2</a></li>
  <li><a href="#">3</a></li>
  <li><a href="#">4</a></li>
  <li><a href="#">5</a></li>
  <li><a href="#">6</a></li>
  <li><a href="#">7</a></li>
  <li><a href="#">≫</a></li>
</ul>
</body>
</html>
```

■ 결과

≪ 1 2 3 4 5 6 7 8 9 ≫

❈ CSS3 다중 컬럼

CSS3 다중 컬럼 레이아웃으로 신문처럼 다중 컬럼을 쉽게 정의할 수 있다.

속성	설명
column-count	요소가 나누어질 컬럼 수 명시
column-fill	컬럼들을 채울 방법 명시
column-gap	컬럼들 사이의 간격 명시
column-rule	모든 컬럼규칙 속성들 설정용 단축 속성
column-rule-color	컬럼들간의 규칙 색상 명시
column-rule-style	컬럼들간의 규칙 스타일 명시
column-rule-width	컬럼들간의 규칙 넓이 명시
column-span	한 요소가 확장할 컬럼수 명시
column-width	컬럼들을 위해 제안된 최적의 폭 명시
columns	컬럼 폭과 컬럼 수를 위한 단축 속성

❈ CSS3 사용자 인터페이스

CSS3는 요소의 크기 조정, 윤곽선, 박스 크기조정 등의 새로운 사용자 인터페이스 기능들을 가지고 있다.

■ CSS3 크기조정(resizing)

resize 속성은 사용자에 의한 요소의 크기조정 가능여부를 명시한다.

예

```
<!DOCTYPE html>
<html>
<head>
<style>
div {
```

```
        border: 2px solid;
        padding: 20px;
        width: 300px;
        resize: horizontal;
        overflow: auto;
}
</style>
</head>
<body>
<p><b>노트:</b> 인터넷 익스플로러는 resize 속성을 지원하지 않는다.</p>
<div>사용자가 이 div 요소의 넓이를 재조정하게 하라.</div>
</body>
</html>
```
아래 예는 사용자가 <div>요소의 높이만 재조정하게 한다.
```
div {
    resize: vertical;
    overflow: auto;
}
```
아래의 예는 높이와 폭 모두 재조정하게 한다.
```
div {
    resize: both;
    overflow: auto;
}
```

❈ CSS 사용자 인터페이스 속성들

속성	설명
box-sizing	요소의 전체 폭과 높이에 패딩과 경계선을 포함하는 것을 허용
nav-down	아래 화살표 키를 사용시 갈(navigate)곳 명시
nav-index	요소의 탭 순서를 명시
nav-left	왼쪽 화살표 키를 사용시 갈(navigate)곳 명시
nav-right	오른쪽 화살표 키를 사용시 갈(navigate)곳 명시
nav-up	위 화살표 키를 사용시 갈(navigate)곳 명시
outline-offset	아웃트라인과 끝단이나 요소의 테두리 사이에 여백을 추가
resize	사용자에 의한 요소의 크기조정 가능여부를 명시한다.

CSS3 박스 크기

CSS3 **box-sizing** 속성으로 해당 요소의 전체 폭과 높이에서 패딩과 테두리(경계선)을 포함 할 수 있게 해준다.

box-sizing 속성이 없이는, 기본으로 요소의 실제 폭은 (폭+패딩+테두리)이고, 요소의 실제 높이는 (높이+패딩+경계선)이다.

```css
.div1 {
    width: 300px;
    height: 100px;
    border: 1px solid blue;
}

.div2 {
    width: 300px;
    height: 100px;
    padding: 50px;
    border: 1px solid red;
}
```

위의 2개의 〈div〉 요소들은 서로 크기가 다르다. (이유는 div2가 패딩을 가지고 있기 때문)

2개의 〈div〉요소들 크기를 아래처럼 box-sizing: border-box;를 추가하면 같게 만들 수 있다.

```css
.div1 {
    width: 300px;
    height: 100px;
    border: 1px solid blue;
    box-sizing: border-box;
}

.div2 {
    width: 300px;
```

```
    height: 100px;
    padding: 50px;
    border: 1px solid red;
    box-sizing: border-box;
}
```

❈ CSS3 플랙스박스

유연한 상자, 즉 플랙스 박스는 CSS3에서 새로운 레이아웃 모드이다. 플랙스박스를 이용하여 다른 스크린 크기와 다른 표시장치를 위해 페이지 레이아웃이 미리 잘 조정되도록 요소들이 동작하도록 할 수있다.

❈ CSS3 미디어쿼리

CSS2에서 소개된 *@media* 규칙은 다른 미디어 타입을 위한 다른 스타일 규칙을 정의하는 것이 가능하도록 한다. CSS3에서의 미디어쿼리가 CSS2 미디어 타입 아이디어를 확장하였다. 단지 장치의 타입만 보는 대신, 그 장치의 능력도 살펴본다.

미디어쿼리는 다음과 같은 것들을 점검해보는데 사용될 수 있다.

- 뷰포트의 폭과 높이
- 장치의 폭과 높이
- 방향 (가로 방향 또는 세로 방향?)
- 해상도

테블릿, 아이폰, 안드로이드에 적합한 스타일을 제공할 때, 미디어쿼리를 사용하는 것이 보편적 기술이다.

```
<!DOCTYPE html>
<html>
<head>
<style>
body { background-color: pink; }
@media screen and (min-width: 480px) {
    body { background-color: lightgreen; }
}
</style>
</head>
<body>
<h1>브라우저 창을 재조정해서 효과를 보라 !</h1>
<p>미디어쿼리는 만약 미디어 타입이 스크린이고 뷰포트가 480픽셀 이상인 경우에만 적용된다.</p>
</body>
</html>
```

CSS3 미디어쿼리 예

참고용 웹사이트에서 미디어쿼리를 사용하는 추가적인 예들을 살펴보자.

2.6 RWD 반응형 웹 디자인

2.6.1 이름포털 한국.net 웹서비스 사용 예

스마트폰 화면, iPad 화면, PC화면을 보면 다음과 같다.

스마트폰 화면

iPad화면

PC화면

❋ list.asp와 content.asp 소스코드 사용예 (스마트폰용, iPad용 및 PC용)

(질문 및 토의: 스마트폰에서 사용되는 아래의 〈meta〉태그를 설명해보세요.)

```
<meta name="viewport" content="width=device-width, user-scalable=yes, initial-scale=1, maximum-scale=3, minimum-scale=1" />
```

2.6.2 기초내용 설명

❋ CSS 반응형

■ RWD 소개

반응형 웹 설계란?

반응형 웹 설계는 웹 페이지가 모든 장치에서 잘 보이도록 하는 것이며, 단지 HTML과 CSS만을 사용하고, 프로그램이나 자바스크립트와는 관련이 없다.

CSS와 HTML을 사용하여 콘텐트가 어떤 스크린에서도 잘 보이도록 크기조정, 숨기기, 축소, 확대, 이동 등을 할 때, 반응형 웹디자인이라고 부른다.

■ RWD 뷰포트

뷰포트는 웹페이지에서 사용자가 볼 수 있는 영역이다. 그 뷰포트는 장치에 따라 변하며, 컴퓨터 스크린 보다 모바일 전화기에서는 더 적다.

태블릿 및 휴대폰 사용 전에는, 웹 페이지는 단지 컴퓨터 스크린을 위해 설계되었고, 이때 웹 페이지는 고정된 설계 및 고정된 크기를 갖는 것이 일반적이었다.

태블릿과 휴대 전화를 사용하여 인터넷 서핑을 시작했을 때, 고정된 크기의 웹 페이지는 뷰포트를 맞추기에는 너무 컸다. 이 문제를 해결하기 위해, 장치의 브라우저들은 화면에 맞게 전체 웹 페이지를 축소했다. 이 방법은 빠른 해결방법이긴 하지만 완벽한 방법은 아니다.

■ 뷰포트 설정

다음의 〈meta〉 뷰포트 요소를 모든 웹 페이지들에 포함시켜야 한다.

```
<meta name="viewport" content="width=device-width, initial-scale=1.0">
```

■ RWD 격자 모양

많은 웹페이지들이 격자모양에 기초하고 있으며, 이는 컬럼으로 나뉜 것으로 생각할 수 있다. 격자모양을 사용하여 웹페이지를 쉽게 디자인할 수 있으며, 요소들을 웹페이지에 쉽게 자리잡게 할 수 있다. 반응형 격자모양은 종종 12컬럼을 가지며, 전체 폭이 100%이고, 브라우저 창을 조정할 때 줄이거나 늘릴 수 있다.

■ 12컬럼을 가진 반응형 격자모양을 사용하는 예

```
<!DOCTYPE html>
<html>
<head>
<meta name="viewport" content="width=device-width, initial-scale=1.0">
<style>
* {
    box-sizing: border-box;
}
.header {
    border: 1px solid red;
    padding: 15px;
}
.row::after {
    content: "";
    clear: both;
    display: block;
}
[class*="col-"] {
    float: left;
    padding: 15px;
    border: 1px solid red;
}
.col-1 {width: 8.33%;}
.col-2 {width: 16.66%;}
.col-3 {width: 25%;}
.col-4 {width: 33.33%;}
.col-5 {width: 41.66%;}
.col-6 {width: 50%;}
.col-7 {width: 58.33%;}
.col-8 {width: 66.66%;}
.col-9 {width: 75%;}
.col-10 {width: 83.33%;}
.col-11 {width: 91.66%;}
.col-12 {width: 100%;}
</style>
</head>
```

```html
<body>
<div class="header">
<h1>Chania</h1>
</div>
<div class="row">
<div class="col-3">
<ul>
<li>비행기</li>
<li>도시</li>
<li>섬</li>
<li>음식</li>
</ul>
</div>
<div class="col-9">
<h1>The City</h1>
<p>캐나다는 ……</p>
<p>브라우저 창의 크기를 재조정해서 콘텐트가 어떻게 크기 재조정(resizing)에 반응하는지를 보라.</p>
</div>
</div>
</body>
</html>
```

❈ RWD 미디어쿼리

미디어쿼리는 CSS3에서 소개된 CSS 기술이다. ***@media*** 규칙을 사용하여 조건이 만족될 때만 CSS 속성 블록을 포함시킨다.

예로서, 만약 브라우저 창이 500픽셀이하이면, 배경색이 연한 파랑색으로 바뀌게 한다.

```
@media only screen and (max-width: 500px) {
    body {
        background-color: lightblue;
    }
}
```

■ 항시 모바일 용을 우선

```css
/* 모바일 폰 용: */
[class*="col-"] {
    width: 100%;
}
@media only screen and (min-width: 768px) {
    /* 데스크탑 용: */
    .col-1 {width: 8.33%;}
    .col-2 {width: 16.66%;}
    .col-3 {width: 25%;}
    .col-4 {width: 33.33%;}
    .col-5 {width: 41.66%;}
    .col-6 {width: 50%;}
    .col-7 {width: 58.33%;}
    .col-8 {width: 66.66%;}
    .col-9 {width: 75%;}
    .col-10 {width: 83.33%;}
    .col-11 {width: 91.66%;}
    .col-12 {width: 100%;}
}
```

RWD 이미지

만약 **width** 속성이 100%로 설정되면, 이미지는 반응형이 되고, 크기를 키우거나 줄일 수 있다.

```html
<!DOCTYPE html>
<html>
<head>
<meta name="viewport" content="width=device-width, initial-scale=1.0">
<style>
img {
    width: 100%;
    height: auto;
}
```

```
</style>
</head>
<body>


<!DOCTYPE html>
<html>
<head>
<meta name="viewport" content="width=device-width, initial-scale=1.0">
<style>
/* 폭 400px 미만 용: */
body {
    background-repeat: no-repeat;
    background-image: url('img_smallflower.jpg');
}

/* 폭 400px 이상 용: */
@media only screen and (min-width: 400px) {
    body {
        background-image: url('img_flowers.jpg');
    }
}
</style>
</head>
<body>
<p style="margin-top:360px;">브라우저 폭을 재조정하면 배경이미지가 400px에서 변경된다.</p>
</body>
</html>
```

❈ RWD 비디오

만약 **width** 속성이 100%로 설정되면, 비디오 플레이어는 반응형이 되고, 크기를 늘리거나 줄일 수 있다.

```
<!DOCTYPE html>
<html>
<head>
<meta name="viewport" content="width=device-width, initial-scale=1.0">
```

```
<style>
video {
    width: 100%;
    height: auto;
}
</style>
</head>
<body>
<video width="400" controls>
  <source src="mov_bbb.mp4" type="video/mp4">
  <source src="mov_bbb.ogg" type="video/ogg">
  이 브라우저는 HTML5 비디오를 지원하지 않네요.
</video>
<p>브라우저 창 크기를 재조정해서 비디오 플레이어의 크기가 어떻게 되는지 보세요.</p>
</body>
</html>
```

max-width 속성이 100%로 설정되면, 비디오 플레이어의 크기가 작아질 수 있지만 원래 크기 이상으로는 커지지 않는다.

```
video {
    max-width: 100%;
    height: auto;
}
```

비디오 플레이어가 항상 가능한 공간을 채워서 크기가 재조정된다.

```
video {
    width: 100%;
    height: auto;
}
```

❀ RWD 프레임워크

반응형 웹설계를 제공하는 많은 프레임워크들이 있으며, 무료이고 사용하기가 쉽다.

W3.CSS 같은 반응형 스타일을 사용해서 반응형 디자인을 할 수 있으며, 책상용 PC, 랩탑, 태블릿, 또는 스마트 폰에 맞는 다양한 크기로 잘 보이도록 사이트를 쉽게 개발할 수 있다.

```html
<!DOCTYPE html>
<html>
<title>W3.CSS</title>
<meta name="viewport" content="width=device-width, initial-scale=1">
<link rel="stylesheet" href="http://www.w3schools.com/lib/w3.css">
<body>
<div class="w3-container w3-green">
  <h1>W3Schools 데모</h1>
  <p>이 반응형 페이지 크기를 재조정하라!</p>
</div>
<div class="w3-row-padding">
<div class="w3-third">
  <h2>런던</h2>
  <p>런던은 영국의 수도이다.</p>
  <p>영국에서 가장 인구가 많은 도시이며, 인근지역까지 약 1,300만명 이상이 살고 있다.</p>
</div>
<div class="w3-third">
  <h2>Paris</h2>
  <p>파리는 프랑스의 수도이다.</p>
  <p>파리지역의 인구는 약 1,200만명 이상이 살고 있는 유럽에서 제일 큰 도시이다.</p>
</div>

<div class="w3-third">
  <h2>도쿄</h2>
  <p>도쿄는 일본의 수도이다.</p>
  <p>세계에서 인구가 가장 많은 광역 대도시 중의 하나이다.</p>
</div>
</div>
</body>
</html>
```

W3.css에 관해서 더 많이 배우기 위해서, w3.css 튜토리얼을 읽어보라.

❀ RWD 템플레이트

W3.CSS로 반응형 템플레이트(견본)들을 만들었으며, 수정, 저장, 공유 등 자유로이 사용할 수 있다.

■ W3.CSS 웹사이트 템플레이트(견본)들

밴드, 예술, 건축, 블로그, 음식 블로그, 패션 블로그, 이력서, 결혼초청장, 사진, 자연, 인물, 의류가게, 인테리어 디자인, 카페, 피자 레스토랑, 시작 페이지, 앱소개, 마케팅, 웹사이트, 웹페이지, 소셜미디어, 분석, 아파트 임대, 호텔, 여행, 여행사, 하우스 디자인, 이메일 응용 목적의 견본들로 데모용과 소스코드 등이 있으니 RWD 템플레이트(견본)들을 참조할 수 있다.

7.1 〈div〉요소의 변이(transition)가 시작전에 0.5초 지연을 갖도록 설정하라.

```
<!DOCTYPE html>
<html>
<head>
<style>
div {
    width: 100px;
    height: 100px;
    background: red;
    transition: width 2s;
}
div:hover {
    width: 300px;
}
</style>
</head>
<body>

<div></div>
<p>div 요소 위로 배회(hover)하세요.</p>
</body>
</html>
```

7.2 변이(transition) 속기(단축) 속성을 이용해서, 〈div〉요소의 변화가 2초동안, "ease-in-out" 속도커브로, 시작전에, 0.5초 지연을 갖도록 설정하라.

```
<!DOCTYPE html>
<html>
<head>
<style>
div {
    width: 100px;
    height: 100px;
    background: red;
```

```
}
div:hover {
    width: 400px;
}
</style>
</head>
<body>
<div></div>

<p>div 요소 위로 배회(hover)하세요.</p>
</body>
</html>
```

7.3 〈div〉요소를 위해, 빨간색에서 파란색으로 변하도록, 2초 애니메이션(이름: "example")을 추가하라.

```
<!DOCTYPE html>
<html>
<head>
<style>
div {
    width: 100px;
    height: 100px;
    background: red;
}
div:hover {
    width: 400px;
}
</style>
</head>
<body>
<div></div>
<p>div 요소 위로 배회(hover)하세요.</p>
</body>
</html>
```

7.4 <div>요소가 애니메이션 시작전 1초의 지연을 갖도록 설정하라.

```
<!DOCTYPE html>
<html>
<head>
<style>
div {
    width: 100px;
    height: 100px;
    position: relative;
    background-color: red;
    animation-name: example;
    animation-duration: 2s;
}
@keyframes example {
    0%   {background-color: red; left:0px;}
    50%  {background-color: yellow; left:200px;}
    100% {background-color: red; left:0px;}
}
</style>
</head>
<body>
<div></div>
</body>
</html>
```

7.5 <div>요소의 애니메이션이 앞으로 뒤로 교대로(alternate) 움직이도록 설정하라.

```
<!DOCTYPE html>
<html>
<head>
<style>
div {
    width: 100px;
    height: 100px;
```

```
        position: relative;
        background-color: red;
        animation-name: example;
        animation-duration: 4s;
        animation-iteration-count: infinite;
}
@keyframes example {
    0%   {background-color: red; left:0px; top:0px;}
    25%  {background-color: blue; left:0px; top:200px;}
    50%  {background-color: green; left:200px; top:200px;}
    75%  {background-color: yellow; left:200px; top:0px;}
    100% {background-color: red; left:0px; top:0px;}
}
</style>
</head>
<body>
<div></div>
</body>
</html>
```

7.6 아래의 2개의 박스크기를 (.div1과 .div2 에 적당한 속성과 값을 추가하여) 같게 만들어보라.

```
<!DOCTYPE html>
<html>
<head>
<style>
.div1 {
    width: 300px;
    height: 100px;
    border: 1px solid blue;
   }
.div2 {
    width: 300px;
    height: 100px;
   padding: 50px;
```

```
        border: 1px solid red;
    }
</style>
</head>
<body>
<div class="div1">두 div들은 이제 모두 같은 크기 !</div>
<br>
<div class="div2">좋아 !</div>
</body>
</html>
```

7.7 반응형 웹 디자인 (Responsive Web Design)의 목적과 구현방법을 간단히 설명하라.

7.8 뷰포트(Viewport)를 간략히 설명하라.

7.9 미디어쿼리(Media Query)란 무엇인가?

7.10 아래의 미디어쿼리 응용에서, 뷰포트(viewport)의 픽셀크기에(480 픽셀기준으로)따라, 화면에서의 메뉴 위치가 다르게 보이게 하는 아래의 코드에서 (A)와 (B)를 채우라.

```
<!DOCTYPE html>
<html>
<head>
<meta name="(A)" content="width=device-width, initial-scale=1.0">
<style>
.wrapper {overflow: auto;}
#main {margin-left: 4px;}
#leftsidebar {
    float: none;
    width: auto;
}
#menulist {
    margin: 0;
```

```
        padding: 0;
}
.menuitem {
        background: #CDF0F6;
        border: 1px solid #d4d4d4;
        border-radius: 4px;
        list-style-type: none;
        margin: 4px;
        padding: 2px;
}

(B) screen and (min-width: 480px) {
        #leftsidebar {width: 200px; float: left;}
        #main {margin-left: 216px;}
}
</style>
</head>
<body>
<div class="wrapper">
   <div id="leftsidebar">
      <ul id="menulist">
         <li class="menuitem">메뉴-항목 1</li>
         <li class="menuitem">메뉴-항목 2</li>
         <li class="menuitem">메뉴-항목 3</li>
         <li class="menuitem">메뉴-항목 4</li>
         <li class="menuitem">메뉴-항목 5</li>
      </ul>
   </div>
   <div id="main">
      <h1>효과를 보기위해 사이즈를 틀리게 해보자.</h1>
      <p>마냥 뷰포트가 480 픽셀 이상이면 메뉴가 왼쪽편에서 나타나고 (float),
         480픽셀 미만이면 메뉴가 위쪽에 나타난다.</p>
   </div>
</div>
</body>
</html>
```

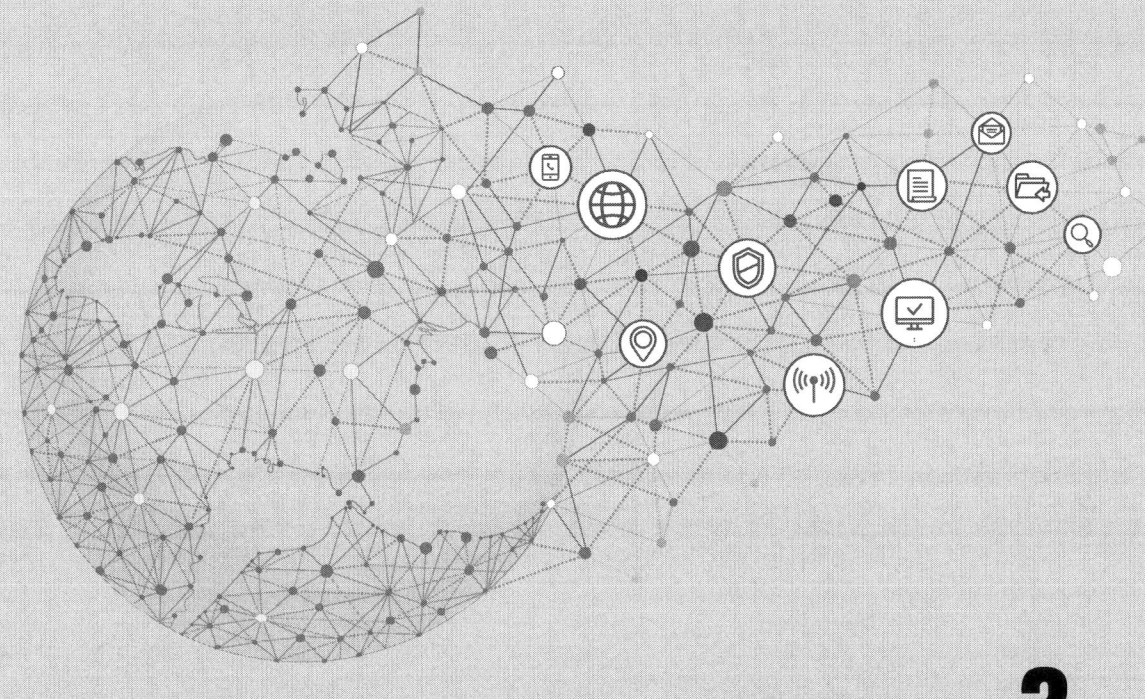

CHAPTER **3**

JS 홈 및 소개

3.1 JS 홈 및 소개

3.2 JS 변수 및 연산자

3.3 JS 이벤트 및 문자열

3.4 JS 날짜 및 배열

3.5 JS 조건 및 반복문

3.6 JS 에러 및 디버깅

3.7 JS 양식 및 함수

3.8 JS HTML DOM

3.9 JS 브라우저 BOM

3.10 HTML5 캔버스 및 지도위치 APIs

3.1 JS 홈 및 소개

3.1.1 자바스크립트 튜토리얼

자바스크립트는 HTML과 웹을 위한 프로그래밍언어이다.

자바스크립트는 쉽게 배울 수 있다. 본 튜토리얼은 기본부터 응용까지 설명한다.

다음의 이름포털 웹서비스(http://한국.net http://ㄱ.com http://ㅏ.com http://김.net http://이.net ... http://황.net 등) 시범서비스 이미지처럼, 자바스크립트를 이용하여 실제 서비스를 구현할 수 있으며, 자바스크립트 응용 예로서 소개한다. iPad와 스마트폰을 이용한 웹서비스 이용시, 해당 서비스 지역에 맞는 구글의 애드센스 광고 (한국에서, 일본에서, 각 화면) 효과를 볼 수 있다.

한국.net: 자바스크립트 응용 서비스 화면 예(iPAD)

이름포털: 한국.net 응용서비스의 화면 예 (스마트폰화면)

이름포털에서의 100개의 성씨중, 1줄인 25개의 성씨를 자바스크립트로 구현한 예를 보면 다음과 같다. 먼저 HTML의 〈table〉 태그의 〈tr〉과 〈/tr〉로 1줄을 표현하고, 클릭시 연결될 〈a〉 태그내에서의 자바스크립트 onClick 이벤트핸들러 sendform('김') 는 다음과 같다.

```
<a  href="javascript:" onClick="sendform(' 김 ')">김</a>
```

ㄱ	ㄴ	ㄷ	ㄹ	ㅁ	ㅂ	ㅅ	ㅇ	ㅈ	ㅊ	ㅋ	ㅌ	ㅍ	ㅎ	ㄲ	ㄸ	ㅃ	ㅆ	ㅉ
ㅏ	ㅑ	ㅓ	ㅕ	ㅗ	ㅛ	ㅜ	ㅠ	ㅡ	ㅣ	ㅐ	ㅔ							
a	b	c	d	e	f	g	h	i	j	k	l	m	n	o	p	q	r	s	t	u	v	w	x	y	z	0 1 2 3 4 5 6 7 8 9
김	이	박	최	정	가	간	감	강	경	계	고	공	곽	구	국	권	금	기	길	나	남	노	도	동
두	류	마	맹	명	문	모	목	민	반	방	배	백	변	복	봉	부	사	서	석	선	설	성	소	손
송	신	심	안	양	어	엄	여	연	염	예	오	옥	온	왕	용	우	위	유	육	윤	은	음	인	임
장	전	제	조	주	지	진	차	채	천	추	탁	태	편	표	피	하	한	함	허	현	형	호	홍	황

이름포털에서의 100개의 성씨 화면 예 (각 성씨: 하이퍼링크 됨)

(질문 및 토의: 위화면과 관련되는 HTML, 특히 JavaScript를 설명해보세요.)

```
<script>
var passwd;
function sendform(ch)
{
        var kind; passwd="";
        kind=document.form.kind.value;
if (kind=="my") {

        passwd=prompt("Password ?", "");


if (passwd != null) {
document.location.href="http://wopen.net/listp.asp?cd="+ch+"&ok="+ch+"&kind="+kind+"&passwd="+passwd;
        }
}
else document.location.href="http://wopen.net/listp.asp?cd="+ch+"&ok="+ch+"&kind="+kind;
}

<table align="center" border="0" width="273" bgcolor="yellow" cellpadding="0" cellspacing="0" style="margin: 0 0 0 0; padding:0 0 0 0; font-size:6.5pt; ">
<tr>
<td align="center" nowrap>

<!-- (질문 및 토의) 아래의 코드를 화면을 보며 설명해 보세요. -->
<font style="font-size:6.5pt;letter-spacing:0em;line-height:1.3em">
<a href="javascript:" onClick="sendform('김')">김</a>
<a href="javascript:" onClick="sendform('이')">이</a>
<a href="javascript:" onClick="sendform('박')">박</a>
<a href="javascript:" onClick="sendform('최')">최</a>
<a href="javascript:" onClick="sendform('정')">정</a>
<a href="javascript:" onClick="sendform('가')">가</a>
<a href="javascript:" onClick="sendform('간')">간</a>
<a href="javascript:" onClick="sendform('감')">감</a>
<a href="javascript:" onClick="sendform('강')">강</a>
<a href="javascript:" onClick="sendform('경')">경</a>
<a href="javascript:" onClick="sendform('계')">계</a>
```

```
<a href="javascript:" onClick="sendform('고')">고</a>
<a href="javascript:" onClick="sendform('공')">공</a>
<a href="javascript:" onClick="sendform('곽')">곽</a>
<a href="javascript:" onClick="sendform('구')">구</a>
<a href="javascript:" onClick="sendform('국')">국</a>
<a href="javascript:" onClick="sendform('권')">권</a>
<a href="javascript:" onClick="sendform('금')">금</a>
<a href="javascript:" onClick="sendform('기')">기</a>
<a href="javascript:" onClick="sendform('길')">길</a>
<a href="javascript:" onClick="sendform('나')">나</a>
<a href="javascript:" onClick="sendform('남')">남</a>
<a href="javascript:" onClick="sendform('노')">노</a>
<a href="javascript:" onClick="sendform('도')">도</a>
<a href="javascript:" onClick="sendform('동')">동</a>
</font></td></tr>
```

3.1.2 기초내용 설명

❀ 각 장의 예제

참고용 사이트에서, "**직접 해보기**"편집기를 이용해서, 각 예제들을 수정해서 바로 그 결과를 볼 수 있다.

w3schools.com 웹사이트의 왼쪽 메뉴의 순서대로 본 튜토리얼을 학습하기를 추천한다.

❀ 예제를 사용하여 배우기

예제들을 이용하면 단순한 텍스트설명보다 쉽게 이해 할 수 있다. 많은 예제들을 이용하여 학습하면, 최단기간에 자바스크립트의 많은 것들을 학습할 수 있을 것이다.

❀ 왜 자바스크립트를 배우는가?

자바스크립트는 모든 웹개발자들이 배워야할 다음의 3가지 언어들 중 하나이다.

1. HTML : 웹페이지 내용 기술용
2. CSS : 웹페이지 레이아웃 명시용
3. 자바스크립트 : 웹페이지 작동 프로그램용

본 튜토리얼은 자바스크립트에 관해 설명하며, 어떻게 자바스크립트가 HTML 및 CSS 와 함께 실행되는지 학습한다.

자바스크립트 소개

자바스크립트는 HTML 내용을 수정할 수 있다.

자바스크립트 HTML 메소드들 중에 getElementByID()가 있는데, id가 "demo"인 HTML요소를 찾아서 그 요소의 내용(innerHTML)을 "안녕 자바스크립트"로 바꾸는 예이다.

```
document.getElementById("demo").innerHTML = "안녕 자바스크립트";
```

자바스크립트로 HTML 속성을 바꿀 수 있으며, HTML 스타일(CSS)을 바꿀 수 있다.

```
document.getElementById("demo").style.fontSize = "25px";
자바스크립트는 다음과 같이 HTML 요소를 숨길 수 있다.
document.getElementById("demo").style.display="none";
자바스크립트는 HTML요소를 보여줄 수도 있다.
document.getElementById("demo").style.display="block";
```

자바스크립트 위치

자바스크립트는 〈body〉내의 〈head〉 영역내에 둘 수 있다.

HTML에서, 자바스크립트 코드는 다음 예처럼, 〈script〉와 〈/script〉사이에 넣어야한다.

```
<script>
  document.getElementById("demo").innerHTML = "나의 첫 번째 자바스크립트";
</script>
```

자바스크립트를 〈head〉 또는 〈body〉 속에 둔다.

■ 〈head〉 속에 있는 예

```
<!DOCTYPE html>
<html>
<head>
<script>
function myFunction() {
    document.getElementById("demo").innerHTML = "문장이 변경되었다.";
}
</script>
</head>
<body>
<h1>나의 웹페이지</h1>
<p id="demo">한 문장</p>
<button type="button" onclick="myFunction()">시도해봐!</button>
</body>
</html>
```

■ 〈body〉 속에 있는 예

```
<!DOCTYPE html>
<html>
<body>
<h1>나의 웹페이지</h1>
<p id="demo">한 문장</p>
<button type="button" onclick="myFunction()">시도해봐!</button>
<script>
function myFunction() {
    document.getElementById("demo").innerHTML = "문장이 변경되었다.";
}
```

```
</script>
</body>
</html>
```

■ 외부 자바스크립트 예

외부파일: myScript.js   (파일 확장자명은 js 로 한다)

```
function myFunction() {
    document.getElementById("demo").innerHTML = "문장이 변경되었다.";
}
```

```
<!DOCTYPE html>
<html>
<body>
<script src="myScript.js"></script> //불러올 외부 파일명: myScript.js (위 파일)
</body>
</html>
```

❈ 외부 자바스크립트 사용의 장점

- HTML과 자바스크립트 코드를 분리
- HTML과 자바스크립트를 읽고 유지하기가 더 용이
- 캐쉬된(클라이언트 단말기에 저장된) 자바스크립트 파일들은 속도가 빠름

❈ 자바스크립트 출력

자바스크립트는 인쇄나 화면표시 기능을 가지고 있지 않다.

자바스크립트 화면표시 기능을 여러 가지 방법으로 보여 줄 수 있다.

- window.alert(): 경고창에 쓰기
- document.write(): HTML 문서 내에 쓰기
- innerHTML사용: HTML 요소 내에 쓰기
- console.log()사용: 브라우저 콘솔에 쓰기

❈ 자바스크립트 구문

자바스크립트 구문은 자바스크립트 프로그램 구성방법관련 규약모음이다.

자바스크립트는 프로그래밍 언어이며 자바스크립트 문장들은 세미콜론(;)으로 분리된다.

❈ 자바스크립트 문장

HTML에서, 자바스크립트 문장들은 웹브라우저에서 실행되는 명령어들이다.

대부분의 자바스크립트 프로그램들은 많은 자바스크립트 문장들을 가지고 있으며, 그 문장들은 써진 순서대로 1개씩 실행된다.

❈ 자바스크립트 설명문

자바스크립트 설명문은 자바스크립트 코드를 설명하기위해 사용되며, 더 읽기 쉽게 해준다.

1줄 설명문은 //로 시작한다. 여러 줄 설명문은 /*과 */ 사이에 넣어주면 된다.

3.2 JS 변수 및 연산자

❈ 자바스크립트 변수

자바스크립트 변수들은 데이터 값을 저장하고 있는 저장소이다.

```
<!DOCTYPE html>
<html>
<body>
<h1>자바스크립트 변수</h1>
<p>이 예에서 x, y 및 z 는 변수들이다.</p>
<p id="demo"></p>
<script>
```

```
var x = 5;
var y = 6;
var z = x + y;
document.getElementById("demo").innerHTML = z;
</script>
</body>
</html>
```

자바스크립트 산술 연산자

연산자	설 명
+	더하기
-	빼기
*	곱하기
/	나누기
%	나머지
++	증가
--	감소

계산용 연산자들은 다음과 같다.

```
<!DOCTYPE html>
<html>
<body>
<h1>자바스크립트 연산자들</h1>
<p>숫자와 문자열을 더하면, 문자열이 된다(return).</p>
<p id="demo"></p>
<script>
var x = 5 + 5;    //결과는 10
var y = "5" + 5;  //결과는 55
var z = "안녕" + 5; //결과는 안녕5
document.getElementById("demo").innerHTML =
x + "<br>" + y + "<br>" + z;
```

```
</script>
</body>
</html>
```

자바스크립트 지정 연산자

연산자	예	동일
=	x = y	x = y
+=	x += y	x = x + y
-=	x -= y	x = x - y
*=	x *= y	x = x * y
/=	x /= y	x = x / y
%=	x %= y	x = x % y

자바스크립트 비교 및 논리 연산자

연산자	설 명
==	동일
===	동일 값 및 동일 타입
!=	틀림
!==	다른 값 또는 다른 타입
>	보다 큰
<	미만
>=	이상
<=	이하
?	조건 연산자

자바스크립트 산술

자바스크립트 산술연산자 (앞에서와 동일)

■ **자바스크립트 연산자 우선순위 값**

값	연산자	설명	예
19	( )	Expression grouping	(3 + 4)
18	.	Member	person.name
18	[]	Member	person["name"]
17	()	Function call	myFunction()
17	new	Create	new Date()
16	++	Postfix Increment	i++
16	--	Postfix Decrement	i--
15	++	Prefix Increment	++i
15	--	Prefix Decrement	--i
15	!	Logical not	!(x==y)
15	typeof	Type	typeof x
14	*	Multiplication	10 * 5
14	/	Division	10 / 5
14	%	Modulo division	10 % 5
14	**	Exponentiation	10 ** 2
13	+	Addition	10 + 5
13	-	Subtraction	10 - 5
12	<<	Shift left	x << 2
12	>>	Shift right	x >> 2
11	<	Less than	x < y
11	<=	Less than or equal	x <= y
11	>	Greater than	x > y
11	>=	Greater than or equal	x >= y

값	연산자	설명	예
10	==	Equal	x == y
10	===	Strict equal	x === y
10	!=	Unequal	x != y
10	!==	Strict unequal	x !== y
6	&&	And	x &&y
5	||	Or	x || y
3	=	Assignment	x = y
3	+=	Assignment	x += y
3	-=	Assignment	x -= y
3	*=	Assignment	x *= y
3	/=	Assignment	x /= y

자바스크립트 지정

■ 자바스크립트 지정 연산자

연산자	예	동일
=	x = y	x = y
+=	x += y	x = x + y
-=	x -= y	x = x - y
*=	x *= y	x = x * y
/=	x /= y	x = x / y
%=	x %= y	x = x % y

자바스크립트 데이터 타입

문자열, 숫자, 부울대수, 배열, 객체등이 있으며, 자바스크립트 변수들이 가질 수 있는 데이터 타입들이다.

❈ 자바스크립트 함수

특정한 일을 수행하도록 프로그램된 코드블록이며, 실행시켜달라고 불려졌을 때 실행된다.

자바스크립트 함수의 구문을 보면, 자바스크립크 함수는 ***function*** 키워드, 이름, 괄호( ) 순으로 정의 된다.

함수이름은 글자, 숫자, _(언더스코어 기호), $ 부호를 가질 수 있다. (변수명과 같은 규칙)

괄호 ( )는 ,로 분리된 매개변수명들을 포함할 수도 있다. 실행될 코드는 { } 괄호 속에 둔다.

```
function 이름(매개변수1, 매개변수2, 매개변수3) {
    실행될 코드
}
```

❈ 자바스크립트 객체

객체는 변수와 비슷하지만, 자바스크립트 객체들은 이름지어진 값들의 저장소이다.

자바스크립트 객체내의 ***이름:값*** 쌍을 속성이라고 한다.

var person = {firstName:"존", lastName:"도", age:50, eyeColor:"파란"};

객체 메소드는 객체에 행해질 수 있는 동작이며, 메소드들은 함수 정의로서 속성들 속에 저장된다. 아래처럼 객체를 정의 할 수 있다.

```
var person = {firstName:"존", lastName:"도", age:50, eyeColor:"파란"};
```

❈ 자바스크립트 범위

자바스크립트에서는 객체들이나 함수들은 변수들이며, 영역은 접근할 수 있는 변수들, 객체들, 그리고 함수들의 집합소이다.

자바스크립트 함수내에서 선언된 변수들은 그 함수에 국한하게 된다. 지역 변수들은 지역 범위를 갖게 되며 그 함수 내에서만 국한되어 접근할 수 있다.

```
// 여기에 있는 코드들은 carName을 접근할 수 없다.

function myFunction() {
    var carName = "볼보";

    // 여기에 있는 코드들은 carName을 접근할 수 있다.

}
```

자바스크립트 전역 변수

함수 밖에서 선언된 변수는 전역변수가 되며, 전역 변수는 전역범위를 갖는다. 그 웹페이지내의 모든 자바스크립트 코드와 함수들은 접근이 가능하다.

```
var carName = " 볼보";
// 여기에 코드들은 carName을 접근 할 수 있다.
function myFunction() {
    // 여기에 있는 코드들도 carName을 접근 할 수 있다.
}
```

연습문제(9주)

9.1 2개의 변수 x와 y를 이용하여, 5+10의 합을 화면에 보여라.

```
<!DOCTYPE html>
<html>
<body>
<p id="demo">결과를 여기에서 보여주세요.</p>
<script>
// 여기에 변수를 이용한 코드를 작성
</script>
</body>
</html>
```

9.2 1개의 var 키워드를 이용해서 3변수들(firstName = "존" lastName = "도" age = 35)을 만들어라.

```
<!DOCTYPE html>
<html>
<body>
<p id="demo">결과를 여기에서 보여주세요.</p>
<script>
// 여기에 변수들을 만드세요
document.getElementById("demo").innerHTML =
firstName + " " + lastName + " 은 " + age;
</script>
</body>
</html>
```

9.3 2개의 변수 x와 y를 이용하여, 10*5의 결과를 화면에 보여라.

```
<!DOCTYPE html>
<html>
<body>
<p id="demo">결과를 여기에서 보여주세요.</p>
<script>
```

```
var x;
var y;
</script>
</body>
</html>
```

9.4 두 변수 x와 y를 이용하여, 15를 9로 나눌 때의 나머지를 화면에 표시하라.

```
<!DOCTYPE html>
<html>
<body>
<p id="demo">결과를 여기에서 보여주세요.</p>
<script>
var x;
var y;
</script>
</body>
</html>
```

9.5 *= 연산자를 사용하여, 변수 x를 5와 곱하여 화면에 표시하라.

```
<!DOCTYPE html>
<html>
<body>
<p id="demo"></p>
<script>
var x = 10;
// 여기에 코드를 추가
document.getElementById("demo").innerHTML = x;
</script>
</body>
</html>
```

9.6 %= 연산자를 사용하여, 10/3 의 나머지를 변수 x에 지정하여 화면에 표시하라.

```
<!DOCTYPE html>
<html>
<body>
<p id="demo"></p>
<script>
var x = 10;
// 여기에 코드를 추가
document.getElementById("demo").innerHTML = x;
</script>
</body>
</html>
```

9.7 5*5의 결과를 화면에 표시하기 위한 함수를 완성하라.

```
<!DOCTYPE html>
<html>
<body>
<p id="demo"></p>
<script>
function myFunction() {
    // 여기에 코드를 추가
}
document.getElementById("demo").innerHTML = myFunction();
</script>
</body>
</html>
```

9.8 "myFunction" 이름의 함수를 정의하고, "헬로 월드 !"를 <p> 요소속에 보이도록 하라.

```
<!DOCTYPE html>
<html>
<body>
```

```
<p id="demo">결과를 여기에서 보여주세요.</p>
<script>
// 여기에서 함수를 정의하고 부르세요(call)
</script>
</body>
</html>
```

9.9 person 객체에서 정보를 꺼내어 "존"을 화면에 보여라.

```
<!DOCTYPE html>
<html>
<body>
<p id="demo">결과를 여기에서 보여주세요.</p>
<script>
var person = {firstName:"존", lastName:"도"};
</script>
</body>
</html>
```

9.10 person 객체 (name = 존, age = 50)를 만들고, 그 객체에 접근하여 "존은 50살입니다."를 화면에 보이게 하라.

```
<!DOCTYPE html>
<html>
<body>
<p id="demo">결과를 여기에 보이도록~</p>
<script>
// 여기에 객체를 만들기
</script>
</body></html>
```

3.3 JS 이벤트 및 문자열

3.3.1 이름포털 한국.net 에서 웹서비스 사용 예

자바스크립트 이벤트와 문자열 사용예를 위해 이름포털 서비스인 한국.net 서비스에서의 화면과 화면에서의 하이퍼링크된 100성씨 (그림 왼쪽에서의 아래 하얀부분)를 위한 자바스크립트 소스(아래 그림의 오른쪽 부분)를 보면 다음과 같다.

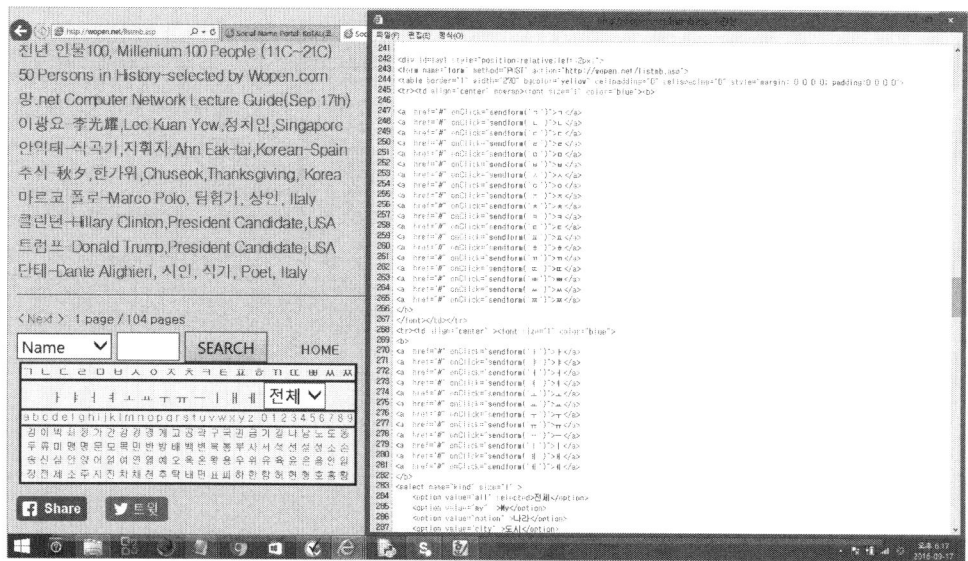

이름포털용 하이퍼링크 자음, 모음, 100성씨 등

(질문 및 토의: 위 화면과 관련되는 아래의 JavaScript를 설명해보세요.)

```
<script>
  var passwd;
function sendform(ch)
{
      var kind; passwd="";
     kind=document.form.kind.value;
  if (kind=="my") {
     passwd=prompt("Password ?", "");
```

```
            if (passwd != null) {
document.location.href="http://wopen.net/listp.asp?cd="+ch+"&ok="+ch+"&kind="+kind+"&passwd="+p
asswd;
    } }
    else document.location.href="http://wopen.net/listp.asp?cd="+ch+"&ok="+ch+"&kind="+kind;
}
</script>
```

자바스크립트 이벤트

HTML 이벤트들은 HTML 요소들에게 발생하는 것들이다. 자바스크립트가 HTML 페이지 내에서 사용된다면, 자바스크립트는 이런 이벤트들에 따라서 반응할 수 있다.

■ HTML 이벤트들 예

- HTML 웹페이지의 로딩을 완료했을 때
- HTML 입력란이 변경되었을 때
- HTML 버튼이 클릭되었을 때

```
<button onclick='getElementById("demo").innerHTML=Date()'>지금 몇시?</button>
```

공통 HTML 이벤트들

이벤트	설명
onchange	HTML 요소가 변경
onclick	사용자가 HTML 요소를 클릭
onmouseover	사용자가 HTML 요소위로 마우스를 움직임
onmouseout	사용자가 HTML 요소에서 마우스를 벗어남
onkeydown	사용자가 키보드 키를 누름
onload	브라우저가 페이지 로딩을 완료

❀ 자바스크립트 문자열

자바스크립트 문자열은 텍스트를 저장하거나 다룰 때 사용된다.

문자열의 길이를 length 속성으로 알 수 있다.

```
var txt = "ABCDEFGHIJKLMNOPQRSTUVWXYZㄱㄴㄷㄹㅁㅂㅅㅇㅈㅊㅋㅌㅍㅎ";
var sln = txt.length;
```

❀ 자바스크립트 문자열 메소드

문자열 메소드를 이용하여 문자열을 편리하게 다룰 수 있다.

문자열의 일부분을 뽑아낼 때 사용할 수 있는 3가지 메소드들을 소개하면,

- slice(시작, 끝)
- substring(시작, 끝)
- substr(시작, 끝)

❀ 자바스크립트 숫자와 숫자 메소드

자바스크립트 숫자는 소숫점을 사용하거나 안하거나 모두 가능하다.

자바스크립트 숫자는 항상 64비트 부동소수점(플로팅 포인트)을 사용한다.

❀ 자바스크립트 산수(Math) 객체

산수(Math) 객체를 사용하여 숫자를 산술적 일을 수행할 수 있다.

산수 객체는 몇가지의 산술적 메소드들을 가지고 있다. 예를 들면, 불규칙 숫자(랜덤넘버)를 아래처럼 만들 수 있다.

```
Math.random();      // 랜덤넘버(불규칙 숫자)를 만들어 준다.
```

3.4 JS 날짜 및 배열

❀ 자바스크립트 날짜 및 날짜 형식

날짜객체(Date)는 (년, 월, 일, 시, 분, 초, 밀리 초 등) 날짜 및 시간을 다룰 수 있게 해준다.

```
<p id="demo"></p>
<script>
  document.getElementById("demo").innerHTML = Date();
</script>
```

일반적으로 다음과 같은 4가지 타입의 자바스크립트 날짜 입력 형식이 있다.

형식	예
ISO Date	"2015-03-25" (국제 표준)
Short Date	"03/25/2015" or "2015/03/25"
Long Date	"Mar 25 2015" or "25 Mar 2015"
Full Date	"Wednesday March 25 2015"

```
<!DOCTYPE html>
<html>
<body>
<p id="demo"></p>
<script>
var d = new Date("May 13, 2017 11:13:00");
document.getElementById("demo").innerHTML = d;
</script>
</body>
</html>
```

자바스크립트 날짜 메소드

날짜(Date) 메소드로 (년, 월, 일, 시, 분, 초, 밀리 초 등) 날짜 및 시간을 읽거나 설정할 수 있다.

■ 읽기 예

메소드	설명
getDate()	날 읽기 (1-31)
getDay()	요일 읽기 (0-6)
getFullYear()	년도 읽기 (yyyy)
getHours()	시간 읽기 (0-23)
getMilliseconds()	밀리 초 읽기 (0-999)
getMinutes()	분 읽기 (0-59)
getMonth()	월 읽기 (0-11)
getSeconds()	초 읽기 (0-59)
getTime()	1970년 1월 1일부터의 시간을 밀리 초로 읽기

■ 설정 예

메소드	설명
setDate()	날 설정 (1-31)
setFullYear()	년 설정 (월일은 선택적으로)
setHours()	시간 설정 (0-23)
setMilliseconds()	밀리 초 설정 (0-999)
setMinutes()	분 설정 (0-59)
setMonth()	월 설정 (0-11)
setSeconds()	초 설정 (0-59)
setTime()	1970년 1월 1일부터의 시간을 밀리 초로 설정

❈ 자바스크립트 배열

자바스크립트 배열은 1개의 변수에 많은 값들을 저장할 때 사용된다.

배열은 1개의 이름으로 많은 값을 가질 수 있고, 각각의 값은 색인번호로 접근할(읽거나 쓰는) 수 있다.

```
var cars = ["Saab", "Volvo", "BMW"];
```

❈ 자바스크립트 배열 메소드

자바스크립트 배열의 배열 메소드들은 매우 유용하다. 예를 들면 다음과 같다.

slice() 메소드로 배열의 일부를 잘라서 새로운 배열을 만들 수 있다.

```
var fruits = ["바나나", "오렌지", "레몬", "애플", "망고"];
var citrus = fruits.slice(1);
```

배열의 색인번호는 항시 0부터 시작한다.

❈ 자바스크립트 배열 정렬

sort() 메소드로 배열을 순서적으로 정렬할 수 있다.

```
var fruits = ["바나나", "오렌지", "애플", "망고"];
fruits.sort();         // fruits 요소들을 정렬한다.
```

❈ 자바스크립트 부울대수

Boolean() 함수를 이용하여 표현식이나 변수가 '참'(true)인지 알아 볼 수 있다.

```
Boolean(10 > 9)        // 참 (true)을 반환(return)
```

자바스크립트 비교 및 논리 연산자

비교 및 논리 연산자들이 '참'(true) 또는 '거짓'(false)을 시험하는데 사용될 수 있다.

■ 비교 연산자

연산자	설명	비교	반환
==	동일	x == 8	false
==		x == 5	true
==		x == "5"	true
===	동일 값 및 동일 타입	x === 5	true
===		x === "5"	false
!=	다름	x != 8	true
!==	다른 값 또는 다른 타입	x !== 5	false
!==		x !== "5"	true
!==		x !== 8	true
>	보다 큰	x > 8	false
<	미만	x < 8	true
>=	이상	x >= 8	false
<=	이하	x <= 8	true

■ 논리 연산자

연산자	설명	예
&&	and	(x < 10 && y > 1)는 참(true)
||	or	(x == 5 || y == 5)는 거짓(false)
!	not	!(x == y)는 참(true)

연습문제(10주)

10.1 〈span〉요소에 이벤트 핸들러를 사용하여, 마우스가 그 위에 있을 때 색이 변하도록 코드를 수정하라.

```
<!DOCTYPE html>
<html>
<body>
<span someevent="this.style.color='red'">내 위로 마우스를 !</span>
</body>
</html>
```

10.2 2개의 문자열들을 연결해서 "헬로 월드 !"가 화면에 보이도록 하라.

```
<!DOCTYPE html>
<html>
<body>
<p id="demo">여기에 결과가 보이게~</p>
<script>
var str1 = "헬로 ";
var str2 = "월드 !";
</script>
</body>
</html>
```

10.3 replace() 메소드를 이용하여, "월드"를 "Universe"로 변경하라(replace).

```
<!DOCTYPE html>
<html>
<body>
<p id="demo"></p>
<script>
var txt = "헬로 월드";
document.getElementById("demo").innerHTML = txt;
</script>
</body>
</html>
```

연습문제(10주)

10.4 concat() 메소드를 사용하여, 2개의 문자열들(str1 과 str2)을 합하라(join).

```
<!DOCTYPE html>
<html>
<body>
<p id="demo">결과를 여기에서 보여주세요.</p>
<script>
var str1 = "헬로 ";
var str2 = "월드!";
</script>
</body>
</html>
```

10.5 z값이 11이 되도록, 코드를 수정하라.

```
<!DOCTYPE html>
<html>
<body>
<p id="demo"></p>
<script>
var x = 5;
var y = "6";
var z = x + y;
document.getElementById("demo").innerHTML = z;
</script>
</body>
</html>
```

10.6 "9"의 제곱근을 화면에 표시하라.

```
<!DOCTYPE html>
<html>
<body>
<p id="demo">결과를 여기에서 보여주세요.</p>
```

```
<script>
// 여기에 산수(math) 메소드를 만드세요.
</script>
</body>
</html>
```

10.7 toDateString() 메소드를 사용하여, 날짜를 더 읽기 쉽게 변경하라.

```
<!DOCTYPE html>
<html>
<body>
<p id="demo"></p>
<script>
document.getElementById("demo").innerHTML = new Date();
</script>
</body>
</html>
```

10.8 length 속성을 이용하여, cars 배열에 새로운 항목: "벤츠"를 추가하라.

```
<!DOCTYPE html>
<html>
<body>
<p id="demo"></p>
<script>
var cars = ["사브", "볼보", "아우디"];
document.getElementById("demo").innerHTML = cars;
</script>
</body>
</html>
```

10.9 concat() 메소드를 사용하여 배열 girls 와 배열 boys를 연결하라(concatenate).

```
<!DOCTYPE html>
<html>
<body>
<p id="demo"></p>
<script>
var girls = ["나영", "다영"];
var boys = ["준영", "준서", "준수"];
var children = // 여기에 코드를 추가
document.getElementById("demo").innerHTML = children;
</script>
</body></html>
```

10.10 조건 연산자를 이용하여, 만약 firstName 변수가 "존"이면, 그 변수 값은 "안녕 존"이 되도록 하라.

```
<!DOCTYPE html>
<html>
<body>
First Name: <input type="text" id="fname" value="존">
<button onclick="checkName()">이름 검사</button>
<p id="demo"></p>
<script>
function checkName() {
  var firstName = document.getElementById("fname").value;
  var result = // 여기에 코드를 추가
  document.getElementById("demo").innerHTML = result;
}
</script>
</body></html>
```

3.5 JS 조건 및 반복문

✤ 이름포털 한국.net write.asp에서 if ... else 조건문 사용예

클라이언트 단말기에서의 쓰기화면과 소스코드를 보면 다음과 같다.

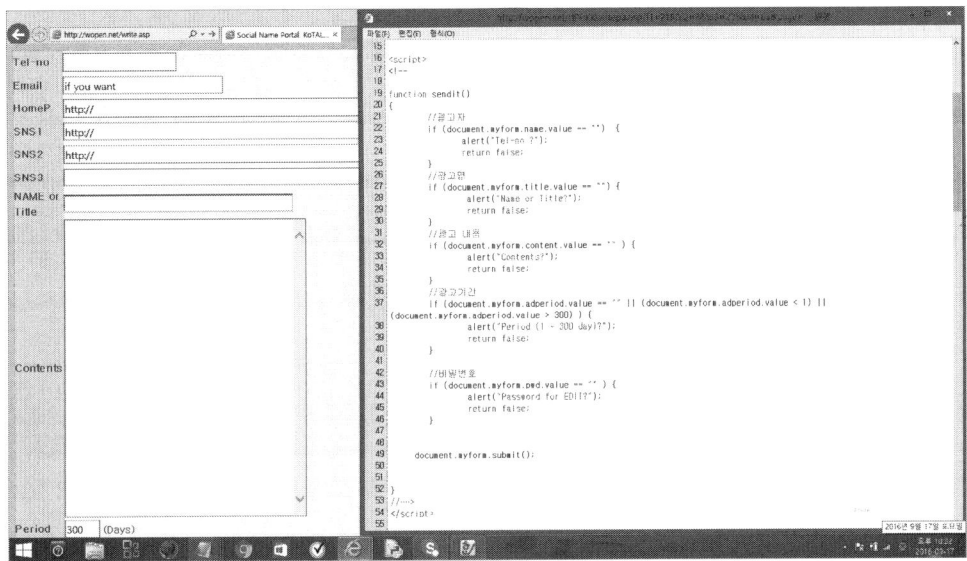

클라이언트 단말기에서의 쓰기화면과 소스코드

(질문 및 토의: 위 화면과 관련되는 아래의 JavaScript를 설명해보세요.)

```
<script>
function sendit()
{
        //전화번호
        if (document.myform.name.value == "") {
                alert("Tel-no ?");
                return false;
        }
        //이름 또는 제목
        if (document.myform.title.value == "") {
                alert("Name or Title?");
```

```
                return false;
        }
        //내용
        if (document.myform.content.value == "" ) {
                alert("Contents?");
                return false;
        }
        //기간
          if (document.myform.adperiod.value == "" || (document.myform.adperiod.value < 1) ||
(document.myform.adperiod.value > 300) ) {
                alert("Period (1 ~ 300 day)?");
                return false;
        }
        //비밀번호
        if (document.myform.pwd.value == "" ) {
                alert("Password for EDIT?");
                return false;
        }
            document.myform.submit();
}
</script>
```

자바스크립트 if ... else 조건문

조건문은 다른 조건에서의 다른 행동을 수행하기 위해서 사용된다.

예

```
if (time < 10) {
    greeting = "좋은 아침";
} else if (time < 20) {
    greeting = "좋은 날";
} else {
    greeting = "좋은 저녁";
}
```

CHAPTER 3 JS 홈 및 소개

■ **자바스크립트 스위치**

스위치(switch)문도 다른 조건에서의 다른 행동을 수행하기 위해서 사용된다.

```
switch (new Date().getDay()) {
    case 0:
        day = "일요일";
        break;
    case 1:
        day = "월요일";
        break;
    case 2:
        day = "화요일";
        break;
    case 3:
        day = "수요일";
        break;
    case 4:
        day = "목요일";
        break;
    case 5:
        day = "금요일";
        break;
    case 6:
        day = "토요일";
}
```

자바스크립트 실행 중 break 를 만나면, 그 스위치 블록을 빠져나온다.

default 는 일치하는 경우가 없을 때 실행할 코드를 명시해준다.

```
switch (new Date().getDay()) {
    case 6:
        text = "오늘은 토요일";
        break;
    case 0:
        text = "오늘은 일요일";
```

```
        break;
    default:
        text = "주말을 기대함";
}
```

✿ 자바스크립트 For 반복문

반복문은 코드 블록을 여러번 반복해서 실행시킬 수 있다.

여러 종류의 반복문을 소개하면 다음과 같다.

- for : 코드 블록을 여러번 반복해서 실행
- for/in : 객체내의 속성들을 모두 실행
- while : 명시된 조건이 참(true)인 경우 코드 블록을 반복 실행
- do/while : 최소한 코드 블럭을 1번 실행후, 명시된 조건이 참(true)인 경우 코드 블록을 반복 실행

■ for 반복문 예

```
for (i = 0; i < 5; i++) {
    text += "The number is " + i + "<br>";
}
```

■ for/in 반복문 예

```
var person = {fname:"존", lname:"도", age:25};

var text = "";
var x;
for (x in person) {
    text += person[x];
}
```

자바스크립트 While 반복문

■ while 반복문 예

```
while (i < 10) {
    text += "번호는 " + i;
    i++;
}
```

■ do/while 반복문 예

```
do {
    text += "번호는 " + i;
    i++;
}
while (i < 10);
```

자바스크립트 멈춤문(break)과 계속문(continue)

멈춤문(break)은 반복문(loop)을 빠져나오게 하며, 계속문(continue)은 반복문내에서 다음의 코드들의 실행을 생략하고 다음 반복을 즉시 계속하게 해준다.

```
for (i = 0; i < 10; i++) {
    if (i == 3) { break; }
    text += "번호는 " + i + "<br>";
}

for (i = 0; i < 10; i++) {
    if (i == 3) { continue; }
    text += "번호는 " + i + "<br>";
}
```

멈춤문(break)으로 반복문(loop)이나 스위치문(switch)을 빠져나오게 사용될 수 있으며, 라벨을 참조하여, 다음 예처럼 어떤 코드 블럭이라도 빠져나오도록 사용할 수 있다.

```
var cars = ["비엠더블유", "볼보", "사브", "포드"];
list: {
    text += cars[0] + "<br>";
    text += cars[1] + "<br>";
    text += cars[2] + "<br>";
    break list;
    text += cars[3] + "<br>";
    text += cars[4] + "<br>";
    text += cars[5] + "<br>";
}
```

자바스크립트 타입 변환

자바스크립트는 값을 가질 수 있는 다음의 5가지 데이터 타입이 있으며,

- 문자열, 숫자, 부울값(true, false), 객체, 함수

또한, 3가지 타입의 객체가 있고,

- 객체, 날짜, 배열

마지막으로, 값을 가질 수 없는 아래의 2가지 데이터 타입이 있다.

- 널(null), 미정의(undefined)

자바스크립트 타입변환 테이블

원래 값	숫자로 변환	문자열로 변환	부울값으로 변환
false	0	"false"	false
true	1	"true"	true
0	0	"0"	false
1	1	"1"	true
"0"	0	"0"	true
"1"	1	"1"	true
NaN	NaN	"NaN"	false

Infinity	Infinity	"Infinity"	true
-Infinity	-Infinity	"-Infinity"	true
""	0	""	false
"20"	20	"20"	true
"twenty"	NaN	"twenty"	true
[]	0	""	true
[20]	20	"20"	true
[10,20]	NaN	"10,20"	true
["twenty"]	NaN	"twenty"	true
["ten","twenty"]	NaN	"ten,twenty"	true
function(){}	NaN	"function(){}"	true
{}	NaN	"[object Object]"	true
null	0	"null"	false
undefined	NaN	"undefined"	false

3.6 JS 에러 및 디버깅

자바스크립트 에러 처리

try 문으로 코드 블록의 에러를 테스트해 볼 수 있다.

catch 문으로 해당 에러를 처리할 수 있다.

throw 문으로 원하는 에러를 만들 수 있다.

finally 문으로 try와 catch 후에, 결과에 상관없이 코드를 실행시킬 수 있다.

```
function myFunction() {
    var message, x;
    message = document.getElementById("message");
    message.innerHTML = "";
    x = document.getElementById("demo").value;
    try {
        if(x == "") throw "비었네";
        if(isNaN(x)) throw "숫자가 아님";
         x = Number(x);
        if(x > 10) throw "너무 큼";
        if(x < 5) throw "너무 적음";
    }
    catch(err) {
        message.innerHTML = "Error: " + err + ".";
    }
    finally {
        document.getElementById("demo").value = "";
    }
}
```

❀ 자바스크립트 디버깅

디버거 없이 자바스크립트를 작성하는 것은 쉽지 않으며, 구문 에러나 논리 에러가 포함되어 있으면 에러를 찾아내기가 어렵다.

console.log()를 사용해서 아래처럼 디버거 창에서 표시해서 볼 수 있다.

```
<!DOCTYPE html>
<html>
<body>
<h1>나의 첫 번째 웹페이지</h1>
<script>
a = 5;
b = 6;
c = a + b;
console.log(c);
```

```
</script>
</body>
</html>
```

디버거(debugger) 키워드를 사용해서, 자바스크립트 실행을 멈추게 해서, 디버깅을 할 수 도 있는데, 디버깅 기능이 지원이 안 되면 그 디버거(debugger) 문은 효과가 없다.

```
var x = 15 * 5;
debugger;
document.getElementbyId("demo").innerHTML = x;
```

크롬이나 파이어폭스, 인터넷 익스플로러, 오페라, 사파리 등의 브라우저에서 브라우저에 따라 차이가 있지만, 일반적으로 메뉴에서 도구를 선택후 개발 도구 및 콘솔 등을 선택하여 이용할 수 있다.

❀ 자바스크립트 올리기

올리기는 자바스크립트 선언문을 맨위로 올려주는 자바스크립트의 기본 기능이다.

아래 예에서, 변수 x가 뒤에 선언되었지만, 위로 올려져서(hoist) 정상적인 결과를 볼 수 있다.

```
x = 5; // 5 를 x에 지정
elem = document.getElementById("demo"); // 요소를 찾아서
elem.innerHTML = x;                     // 그 요소에 x를 보여준다.
var x; // x 변수 선언
```

❀ 자바스크립트 엄격 모드

아래처럼 엄격(strict) 모드를 사용하면 변수가 선언이 안되어 있어서 에러가 발생한다.

```
"use strict";
x = 3.14;      // 에러 발생 (x 가 변수 선언이 안되어 있어서)
```

자바스크립트 스타일 안내 및 코딩 관행

코딩 관행은 프로그래밍을 위한 스타일 안내 지침이며, 다음 사항을 다룬다.

- 변수와 함수의 이름 및 선언 규칙
- 빈칸 사용, 들여쓰기 및 설명문 등의 규칙
- 프로그래밍 실제 작성 원칙
- 코드의 가독성 향상
- 코드의 유지보수 용이함

자바스크립트 추천 실사용

전역변수, new, ==, eval() 등을 사용하지 않는 것을 권장한다. 예를 들면, 아래처럼 사용하는 것을 권장한다.

- new Object() 대신 {} 사용
- new String() 대신 "" 사용
- new Number() 대신 0 사용
- new Boolean() 대신 false 사용
- new Array() 대신 [] 사용
- new RegExp() 대신 /()/ 사용
- new Function() 대신 function (){} 사용

자바스크립트 실수

공통적인 자바스크립트 실수(mistake)들을 소개하면,

```
var x = 0;
if (x == 10) // 거짓
```

위내용을 실수로 아래처럼하면, 거짓(false) 대신 진실(true) 조건이 된다.

```
var x = 0;
if (x = 10) // 진실

var x = 0;
if (x = 0)  // 거짓 (원래 의도에서 벗어남)
```

자바스크립트 성능

자바스크립트 코드 실행 속도향상을 위해 아래처럼 고려해야한다.

```
for (i = 0; i < arr.length; i++) {
```

대신에 더 바람직한 코드는 아래와 같다.

```
l = arr.length;
for (i = 0; i < l; i++) {
```

자바스크립트 예약어

아래의 예약어들은 변수명, 라벨명, 함수명 등으로 사용할 수 없다.

abstract	arguments	boolean	break	byte
case	catch	char	class*	const
continue	debugger	default	delete	do
double	else	enum*	eval	export*
extends*	false	final	finally	float
for	function	goto	if	implements
import*	in	instanceof	int	interface
let	long	native	new	null
package	private	protected	public	return
short	static	super*	switch	synchronized
this	throw	throws	transient	true
try	typeof	var	void	volatile
while	with	yield		

자바스크립트가 HTML 외에서 사용될 경우를 고려하여, 다음의 예약어들은 HTML명, 윈도우 객체명/속성명으로 사용되는 것을 피해야한다.

alert	all	anchor	anchors	area
assign	blur	button	checkbox	clearInterval
clearTimeout	clientInformation	close	closed	confirm
constructor	crypto	decodeURI	decodeURIComponent	defaultStatus
document	element	elements	embed	embeds
encodeURI	encodeURIComponent	escape	event	fileUpload
focus	form	forms	frame	innerHeight
innerWidth	layer	layers	link	location
mimeTypes	navigate	navigator	frames	frameRate
hidden	history	image	images	offscreenBuffering
open	opener	option	outerHeight	outerWidth
packages	pageXOffset	pageYOffset	parent	parseFloat
parseInt	password	pkcs11	plugin	prompt
propertyIsEnum	radio	reset	screenX	screenY
scroll	secure	select	self	setInterval
setTimeout	status	submit	taint	text
textarea	top	unescape	untaint	window

자바스크립트 JSON

JSON(JavaScript Object Notation)은 데이터의 저장 및 이동을 위한 양식이며, 데이터가 서버에서 웹페이지로 보내질 때 종종 사용된다.

■ JSON 구문 규칙

- 데이터는 이름/값 쌍
- 데이터는 , 로 분리
- { } 는 객체를 포함
- [ ] 는 배열을 포함

■ JSON 객체 예

```
{"firstName":"존", "lastName":"도"}
```

■ JSON 배열 예

```
"employees":[
    {"firstName":"존", "lastName":"도"},
    {"firstName":"애나", "lastName":"스미스"},
    {"firstName":"피터", "lastName":"존스"}
]
```

JSON 텍스트를 자바스크립트 객체로 변환시에, 자바스크립트 내장 함수인 JSON.parse()를 사용하여 그 문자열을 자바스크립트 객체로 변환한다.

연습문제(11주)

11.1 if문이 동작하도록 변수 firstName 의 값을 변경하라.

```
<!DOCTYPE html>
<html>
<body>
<p id="demo"></p>
<script>
var firstName = "그레그";
if (firstName == "존") {
    document.getElementById("demo").innerHTML = "안녕 존 !";
}
</script>
</body>
</html>
```

11.2 if/else 문이 제대로 동작하도록 수정하라.

```
<!DOCTYPE html>
<html>
<body>
<p id="demo">결과를 여기에서 보여주세요.</p>
<script>
var greeting;
var hour = new Date().getHours();
if (hour < 18) {
    greeting = "좋은 날";
else
    greeting = "좋은 저녁";
}
document.getElementById("demo").innerHTML = greeting;
</script>
</body>
</html>
```

11.3 switch문이 default case를 빠뜨렸는데, 그것을 switch문의 맨뒤에 추가해서 "나는 그런 과일을 들어본 적이 없다."는 텍스트를 추가하라.

```
<!DOCTYPE html>
<html>
<body>
<input id="myInput" type="text" value="투띠 푸루띠">
<button onclick="checkFruit()">과일 검사</button>
<p id="demo"></p>
<script>
function checkFruit() {
  var text;
  var fruits = document.getElementById("myInput").value;
  switch(fruits) {
    case "바나나":
      text = "바나나는 몸에 좋아!";
      break;
    case "오렌지":
      text = "나는 오렌지가 별로야";
      break;
    case "Apple":
      text = "사과는 어때?";
      break;
    // 여기에 기본 키워드를 추가
  }
  document.getElementById("demo").innerHTML = text;
}
</script>
</body>
</html>
```

11.4 아래의 switch문을 제대로 동작하게 수정하라.

```
<!DOCTYPE html>
<html>
<body>
<input id="myInput" type="text" value="Orange">
<button onclick="checkFruit()">과일 검사</button>
<p id="demo"></p>
<script>
function checkFruit() {
  var text;
  var fruits = document.getElementById("myInput").value;
  switch(fruits) {
    case "Banana"
      text = "바나나는 몸에 좋아!";
    case "Orange"
      text = "나는 오렌지가 별로야";
    case "Apple"
      text = "사과는 어때?";
    default
      text = "나는 그런 과일은 들어본 적이 없다.";
  }
  document.getElementById("demo").innerHTML = text;
}
</script>
</body>
</html>
```

11.5 아래의 반복문에서, 5부터 카운트를 시작하게 해서, 50까지 카운트를 하는데, 단지 5번째마다(5의 배수) 카운트를 하게 수정하라.

```
<!DOCTYPE html>
<html>
<body>
<p id="demo"></p>
```

```
<script>
var i;
for (i = 0; i < 10; i++) {
    document.getElementById("demo").innerHTML += i + "<br>";
}
</script>
</body>
</html>
```

11.6 아래의 반복문에서, 10부터 1까지 거꾸로 카운팅하도록 코드를 수정하라.
화면 결과는 10 9 8 7 6 5 4 3 2 1 의 각 숫자가 각각 다른 줄에 나오도록
을 넣어라.

```
<!DOCTYPE html>
<html>
<body>
<p id="demo"></p>
<script>
var i;
for (i = 0; i < 10; i++) {
    document.getElementById("demo").innerHTML += i + "<br>";
}
</script>
</body>
</html>
```

11.7 아래의 반복문에서, 카운팅을 0부터가 아니고 5부터 시작하도록 수정하라.

```
<!DOCTYPE html>
<html>
<body>
<p id="demo"></p>
<script>
var i = 0;
```

```
while (i < 10) {
    document.getElementById("demo").innerHTML += i + "<br>";
    i++;
}
</script>
</body>
</html>
```

11.8 아래의 반복문이 0 1 2 3 4 결과가 나오도록 수정하라.

```
<!DOCTYPE html>
<html>
<body>
<p id="demo"></p>
<script>
var i = 0;
do {
    document.getElementById("demo").innerHTML += i + "<br>";
    i++;
}
while ()
</script>
</body>
</html>
```

11.9 아래의 코드에서, 결과에서 5와 7이 빠지도록 continue 문을 사용하라.

```
<!DOCTYPE html>
<html>
<body>
<p id="demo"></p>
<script>
var text = "";
```

```
var i;
for (i = 1; i < 10; i++) {
    document.getElementById("demo").innerHTML += i + "<br>";
}
</script>
</body>
</html>
```

11.10 아래의 switch문이 제대로 동작하도록 수정하라.

```
<!DOCTYPE html>
<html>
<body>
<input id="myInput" type="text" value="BMW">
<button onclick="checkCar()">Check Car</button>
<p id="demo"></p>
<script>
function checkCar() {
  var text;
  var favCar = document.getElementById("myInput").value;
  switch(favCar) {
    case "BMW":
      text = "독일 차";
    case "Ford":
      text = "미국 차";
    case "Peugeot":
      text = "프랑스 차";
    default:
      text = "모르는 차 이름";
  }
  document.getElementById("demo").innerHTML = text;
}
</script>
</body>
</html>
```

JAVASCRIPT QUIZ 문제

1. 출력된 결과는: x 는 89 그리고 y 는 (   )

    ```
    <body> <p id="demo"></p>
    <script>
    var x = 89;
    elem = document.getElementById("demo");
    elem.innerHTML = "x 는 " + x + " 그리고 y 는 " + y;
    var y = 2;  </script> </body>
    ```

2. Which statement lets you create custom errors?

    a. try   b. catch
    c. throw   d. finally   e. error

3. (javaScript) 맞는 FOR loop 문은?

    a. for (i = 0; i <= 5)   b. for i = 1 to 5
    c. for (i <= 5; i++)   d. for (i = 0; i <= 5; i++)
    e. for (i = 0, i <= 5, i++)

4. (   )채우기, 1 과 20 사이의 숫자를 선택하면?

    ```
    Normally, you activate debugging in your browser with Function Key: F(    )
    ```

5. 결과로: 1 2 3 출력하고자 할 때, (   )을 채우면?

    ```
    <body> <p id="demo"></p>
    <script>
    var text = "";  var i;
    for (i = 1; i < 10; i++) {    if (i == 4) (         );
        document.getElementById("demo").innerHTML += i + " "; } </script> </body>
    ```

6. 결과는? (   )

```
<body> <p id="demo"></p>
<script>
var x = 85 + 1 + "t";
document.getElementById("demo").innerHTML = x;
</script> </body>
```

7. 결과는? (   )

```
<body> <p id="demo">결과를 여기에 출력하라.</p>
<script>
var x = 25;   var y = 7;
document.getElementById("demo").innerHTML = x % y; </script></body>
```

8. (   )를 채우면?

```
<p id="demo"></p>
<script> var d = (     ) Date();
document.getElementById("demo").innerHTML = d.getDay(); </script>
```

9. 새로운 요소를 맨뒤에 추가 할 때 맞는 Method는 ?

a. push( )   b. unshift( )
c. add( )   d. join( )
e. pop( )

10. 결과는? (   )

```
<p id="demo"></p>
<script>
var x = 0;
document.getElementById("demo").innerHTML = Boolean(x = 0); </script>
```

3.7 JS 양식 및 함수

❈ 자바스크립트 폼 검증

HTML 폼(양식)의 유효성은 자바스크립트로 검사할수 있다. 만약 폼필드(fname)가 비어 있으면, 메시지를 알려주고 빈 양식의 값이 제출된 것을 막기위해 거짓값(false)을 돌려준다.

```
function validateForm() {
    var x = document.forms["myForm"]["fname"].value;
    if (x == null || x == "") {
        alert("이름을 써야함");
        return false;
    }
}
```

자바스크립트는 숫자입력이 유효한지 종종 사용된다.

"required" 속성으로 빈폼이 전송되는 것을 방지 할 수 있다.

```
<form action="demo_form.asp" method="post">
    <input type="text" name="fname" required>
    <input type="submit" value="Submit">
</form>
```

❈ 자바스크립트 유효성 API

만약 입력란이 무효한 데이터를 가지고 있으면, 메시지를 보여준다.

❈ 자바스크립트 객체

자바스크립트에서 객체들이 제일 중요하다고 할 수 있으며,

객체들을 이해하면 자바스크립트를 이해한다고 할 수있다.

자바스크립트에서 모든 값들은 기본값들(예: 문자열, 숫자, 참, 거짓, 널 null, 미정의 undefined)을 제외하고는 모두 객체들이다.

자바스크립트에서, this 키워드는 그 자바스크립트 코드를 소유한 객체이며, 함수에서 사용될 때는 그 함수를 소유한 객체이다.

자바스크립트 객체 속성

자바스크립트 for ... in 문은 해당 객체의 모든 속성들을 반복적으로 실행한다.

```
var person = {fname:"존", lname:"도", age:25};
for (x in person) {
    txt += person[x];
}
```

자바스크립트 객체 메소드

자바스크립트 메소드들은 객체에 행해질 수 있는 동작들이며, 각 메소드는 함수정의를 갖고 있는 속성이다. 즉 메소드들은 객체 속성들로서 저장된다.

속성	값
firstName	존
lastName	도
age	50
eyeColor	파란
fullName	function() {return this.firstName + " " + this.lastName;}

- person 객체의 fullName() 메소드로 접근: ()를 사용하면 실행됨

```
name = person.fullName();
```

- fullName 속성으로 접근: ()없이는, 함수정의를 돌려줌(return)

```
name = person.fullName;
```

자바스크립트 객체 원형

모든 자바스크립트 객체는 원형을 가지고 있으며, 그 원형도 객체이다.

자바스크립트 객체들은 그것들의 원형으로부터 속성과 메소드를 상속 받는다.

객체 생성자함수를 이용해서 다음의 예처럼 객체의 원형을 만든다.

```
function Person(first, last, age, eyecolor) {
    this.firstName = first;
    this.lastName = last;
    this.age = age;
    this.eyeColor = eyecolor;
}
```

생성자 함수를 이용해서, 다음의 예처럼, 같은 원형으로부터 새로운 객체들을 new 키워드를 이용해서 만들 수 있다.

```
var myFather = new Person("존", "도", 50, "파란");
var myMother = new Person("샐리", "랠리", 48, "초록");
```

자바스크립트 함수

■ 자바스크립트 함수 정의

function 키워드로 자바스크립트 함수들이 정의될 수 있으며, 함수 선언이나 함수표현을 이용할 수 있다.

■ 함순 선언 예

```
function myFunction(a, b) {
    return a * b;
}
```

■ 함수 표현 예

```
var x = function (a, b) {return a * b};
```

함수표현이 변수로 저장된 후에, 다음 예처럼, 그 변수는 함수처럼 사용될 수 있다.

```
var x = function (a, b) {return a * b};
var z = x(4, 3);
```

자바스크립트 함수 매개변수

자바스크립트 함수는 매개변수( )를 검사하지 않는다.

함수의 매개변수들(parameters)은 함수정의에 나열된 이름들이며, 함수의 변수들(arguments)은 전달되어서 그 함수에 의해서 받은 실제 값들이다.

자바스크립트 함수 정의는 매개변수들(parameters)에 대한 데이터 타입을 명시하지 않으며, 전달된 변수들(arguments)에 대한 데이터 타입 검사를 하지 않으며, 또한 받은 변수들(arguments)의 갯수를 검사하지 않는다.

■ 변수들(arguments)은 값으로 전달

자바스크립트 변수들(arguments)은 값으로 전달된다. 그 함수들은 그 값들을 인식하며, 그 변수들(arguments)의 위치는 모른다. 만약 함수가 어떤 변수(argument)의 값을 변경하면, 그 매개변수(parameter)의 원래 값은 변경되지 않는다. 변수들(arguments)의 변경은 그 함수 밖에서는 안보이며 반영도 안된다.

■ 객체들은 참조로 전달

자바스크립트에서는 객체들은 참조로 전달되며, 만약 함수가 어떤 객체의 속성을 변경하면, 원래 값이 변경된다. 객체 속성의 변경은 그 함수 밖에서도 보이며 반영된다.

자바스크립트 함수 실행

자바스크립트 함수들은 다음의 4가지 방법으로 실행된다.

■ 함수처럼 실행

```
function myFunction(a, b) {
    return a * b; }
 myFunction(10, 2);          // myFunction(10, 2)은 20을 돌려줌
```

■ 메소드처럼 실행

```
var myObject = {
    firstName:"길동",
    lastName: "홍",
    fullName: function () {
        return this.lastName + " " + this.firstName;
    }
}
 myObject.fullName();        // "홍길동"을 돌려 줌
```

■ 함수 생성자로 실행

```
// 생성자 함수:
function myFunction(arg1, arg2) {
    this.lastName = arg1;
    this.firstName = arg2;
}
```

```
// 새로운 객체생성
 var x = new myFunction("홍","길동");
 x.firstName;                            // "길동"을 돌려줌
```

■ 함수 메소드로 실행

```
function myFunction(a, b) {
    return a * b;
}
myObject = myFunction.call(myObject, 10, 2);      // 20을 돌려줌
```

자바스크립트 변수들은 지역(local) 또는 전역(global) 범위에 속할 수 있다.

전역변수들은 윈도우나 웹페이지 같은 응용프로그램이 살아있는 동안 살아있지만, 지역변수들은 그 함수가 실행될 때 만들어지고, 그 함수가 종료하면 지워진다.

3.8 JS HTML DOM

자바스크립트 HTML DOM

■ HTML DOM 소개

HTML DOM으로, 자바스크립트는 HTML문서의 모든 요소들을 접근(읽기와 쓰기)하거나 변경할 수 있다. 웹페이지가 불려질 때, 브라우저는 그 웹 페이지의 DOM을 만든다.

HTML DOM(Document Object Model: 문서객체 모델)은 객체들의 트리구조로 구성된다.

■ 객체들의 HTML DOM 트리:

객체모델로 자바스크립트는 다이나믹 HTML을 만들기 위해 필요한 힘을 갖게 된다.

- 자바스크립트는 웹페이지내의 모든 HTML요소들을 변경할 수 있다.
- 자바스크립트는 웹페이지내의 모든 HTML속성들을 변경할 수 있다.
- 자바스크립트는 웹페이지내의 모든 CSS 스타일들을 변경할 수 있다.
- 자바스크립트는 기존 HTML요소들과 속성들을 제거할 수 있다.
- 자바스크립트는 새로운 HTML요소들과 속성들을 추가할 수 있다.
- 자바스크립트는 웹페이지내의 모든 HTML이벤트들에 반응할 수 있다.
- 자바스크립트는 웹페이지내의 새로운 HTML이벤트들을 만들 수 있다.

DOM은 W3C(World Wide Web Consortium) 표준이며, HTML DOM은 HTML용 표준 객체 모델이며 프로그래밍 인터페이스이다.

HTML DOM은

- HTML 요소들을 객체로 정의한다.
- 모든 HTML 요소들의 속성들을 정의한다.
- 모든 HTML 요소들을 접근하기 위한 메소드들을 정의한다.
- 모든 HTML 요소들을 위한 이벤트들을 정의한다.

HTML DOM 메소드

HTML DOM 메소드들은 HTML요소에 행할 수 있는 동작들이며, HTML DOM 속성들은 설정 및 변경할 수 있는 HTML요소들의 값들이다.

```
<html>
<body>
<p id="demo"></p>
<script>
 document.getElementById("demo").innerHTML = "헬로우 월드 !";
</script>
</body>
</html>
```

위의 예에서, getElementById 는 메소드이며, innerHTML 은 속성이다.

HTML DOM 문서

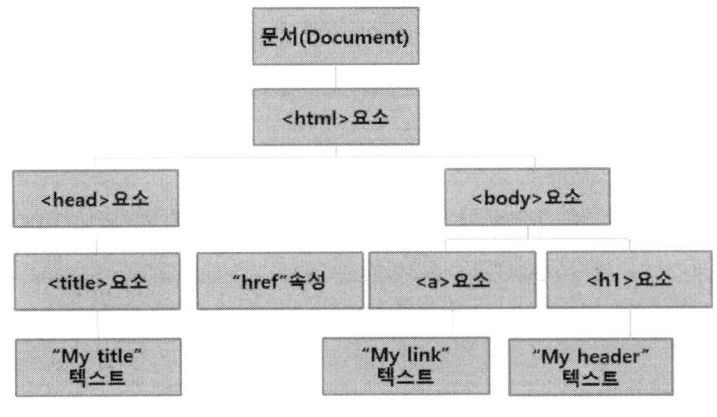

객체의 HTML DOM 트리

HTML DOM문서 객체는 웹페이지에 있는 모든 다른 객체들의 소유자이다.

문서 객체는 웹페이지를 대표하며, 만약 HTML 페이지내의 어떤 요소를 접근하고자 한다면, 항상 문서 객체의 접근을 먼저 시작해야한다.

HTML 요소들 찾기

메소드	설명
document.getElementById(id)	요소의 id로 요소 찾기
document.getElementsByTagName(name)	태그 명으로 요소 찾기
document.getElementsByClassName(name)	클래스 명으로 요소 찾기

HTML DOM 요소

HTML페이지 내에서 HTML요소들을 찾거나 접근하는 방법을 설명한다.

HTML요소를 다루려면, 먼저 그 요소들을 찾아야하는데, 찾는 방법들을 소개하면 다음과 같다.

- id로 HTML 요소 찾기
- tag 명으로 HTML 요소 찾기
- class 명으로 HTML 요소 찾기
- CSS 선택자로 HTML 요소 찾기
- HTML 객체집합에서 HTML 요소 찾기

HTML DOM - HTML 변경

HTML DOM은 자바스크립트가 HTML 요소의 내용을 변경할 수 있게 해준다.

```
<!DOCTYPE html>
<html>
<body>
<script>
 document.write(Date());
</script>
</body>
</html>


<html>
<body>
<p id="p1">헬로 월드!</p>
<script>
 document.getElementById("p1").innerHTML = "새로운 텍스트 !";
</script>
</body>
</html>
```

HTML DOM - CSS 변경

HTML DOM은 자바스크립트가 HTML 요소들의 스타일을 변경할 수 있게 해준다.

```
<html>
<body>
<p id="p2">헬로우 월드!</p>
```

```
<script>
 document.getElementById("p2").style.color = "blue";
</script>
<p>위 문단은 자바스크립트에 의해 변경되었다.</p>
</body>
</html>
```

HTML DOM은 이벤트가 발생할 때 코드를 실행할 수 있게 해준다.

HTML 요소들에 어떤 일들이 생겼을 때, 브라우저에 의해 이벤트들이 발생한다.

예를 들면,

- 어떤 요소가 클릭되었을 때
- 웹페이지가 불려졌을 때(loaded)
- 입력란이 변경되었을 때

```
<!DOCTYPE html>
<html>
<body>
<h1 id="id1">나의 헤딩 1</h1>
<button type="button"
onclick="document.getElementById('id1').style.color = 'red'">
  나를 클릭해!</button>
</body>
</html>
```

❀ HTML DOM 애니메이션

자바스크립트를 이용하여 다음의 예처럼, HTML 애니메이션 효과를 만들 수 있다.

```
function myMove() {
    var elem = document.getElementById("animate");
    var pos = 0;
```

```
    var id = setInterval(frame, 5);
     function frame() {
        if (pos == 350) {
            clearInterval(id);
        } else {
            pos++;
            elem.style.top = pos + 'px';
            elem.style.left = pos + 'px';
        }
     }
}
```

⁂ HTML DOM 이벤트

HTML DOM은 자바스크립트가 HTML이벤트들에 반응할 수 있게 해준다.

■ HTML이벤트들 예

- 사용자가 마우스를 클릭했을 때
- 웹페이지가 로드되었을 때
- 이미지가 로드되었을 때
- 마우스가 어떤 요소 위로 움직일 때
- 입력란이 변경되었을 때
- HTML양식이 제출되었을 때
- 사용자가 키보드의 키를 눌렀을 때

```
<!DOCTYPE html>
<html>
<body>
<h1 onclick="this.innerHTML='Ooops!'">이 텍스트를 클릭하세요 !</h1>
</body>
</html>
```

⊗ HTML DOM 이벤트리스너(eventlistener)

addEventListener() 메소드는 이벤트 처리기를 특별한 요소에 붙여주는 메소드이다.

```
document.getElementById("myBtn").addEventListener("click", displayDate);

<!DOCTYPE html>
<html>
<body>
<p> addEventListener() 메소드를 사용하여 클릭 이벤트를 버튼에 붙이는 예제이다.</p>
<button id="myBtn">시도해봐</button>
<p id="demo"></p>
<script>
document.getElementById("myBtn").addEventListener("click", displayDate);
function displayDate() {
    document.getElementById("demo").innerHTML = Date();
}
</script>
</body>
</html>


<!DOCTYPE html>
<html>
<body>
<p>addEventListener() 메소드를 사용하여 클릭 이벤트를 버튼에 붙이는 예제이다.</p>
<button id="myBtn">시도해봐</button>
<script>
document.getElementById("myBtn").addEventListener("click", function(){
    alert("헬로 월드!");
});
</script>

</body>
</html>

<!DOCTYPE html>
<html>
<body>
<p>addEventListener() 메소드를 사용할 때, 매개변수 전달방법을 보여주는 예제이다.</p>
```

```
<p>계산하기 위해 버튼을 클릭하세요.</p>
<button id="myBtn">시도해봐</button>
<p id="demo"></p>
<script>
var p1 = 5;
var p2 = 7;
document.getElementById("myBtn").addEventListener("click", function() {
    myFunction(p1, p2);
});
function myFunction(a, b) {
    var result = a * b;
    document.getElementById("demo").innerHTML = result;
}
</script>
</body></html>
```

❀ HTML DOM 네비게이션

HTML DOM으로, 노드 관계를 이용해서 노드 트리를 돌아다닐 수 있다.

■ DOM 노드 예

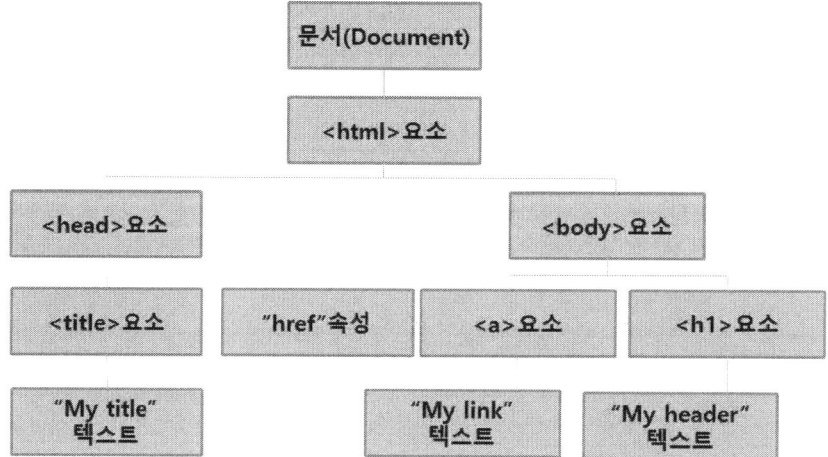

❈ DOM 요소들(노드들)

HTML DOM에 새로운 요소들을 추가할려면, 먼저 그 요소(요소 노드)를 만들고, 다음에 그 노드를 기존 요소에 붙여줘야 한다.

```
<div id="div1">
<p id="p1">이것은 문단이다.</p>
<p id="p2">이것은 또 다른 문단이다.</p>
</div>
<script>
var para = document.createElement("p");
var node = document.createTextNode("이것은 새것이다.");
 para.appendChild(node);
var element = document.getElementById("div1");
 element.appendChild(para);
</script>
```

❈ HTML DOM 노드 리스트

노드리스트는 노드들의 집합이며, getElementsByTagName() 메소드는 노드리스트를 반환(return)해준다. 노드 리스트는 노드들의 배열과 유사한 집합이다.

```
var x = document.getElementsByTagName("p");
y = x[1];
```

■ HTML DOM 노드 리스트 길이(length)

아래의 예에서, 먼저 노드리스트에서 모든 <p> 요소들을 갖는다. 노드리스트의 길이를 보여준다.

```
var myNodelist = document.getElementsByTagName("p");
 document.getElementById("demo").innerHTML = myNodelist.length;
```

노드리스트는 마치 배열처럼 보이지만, 배열은 아니다.

연습문제(12주)

12.1 아래 코드의 (A)에 속성을 넣어라.

```
<!DOCTYPE html>
<html>
<body>
<p>숫자를 입력하고 아래 OK버튼을 클릭:</p>
<input id="id1" type="number" max="100">
<button onclick="myFunction()">OK</button>
<p>만약 입력한 숫자가 100보다 크면, 에러 메세지가 표시된다.</p>
<p id="demo"></p>
<script>
function myFunction() {
    var txt = "";
    if (document.getElementById("id1").(A).rangeOverflow) {
        txt = "입력 값이 너무 크다";
    } else {
        txt = "입력 값이 OK";
    }
    document.getElementById("demo").innerHTML = txt;
}
</script>
</body>
</html>
```

12.2 아래의 코드가 정상적으로 동작하기 위해 (A)에 필요한 키워드를 넣어라.

```
<!DOCTYPE html>
<html>
<body>
<p id="demo"></p>
<script>
function person(firstName,lastName,age,eyeColor) {
    (A).firstName = firstName;
    (A).lastName = lastName;
    (A).eyeColor = eyeColor;
```

```
        (A).age = age;

        (A).changeName = function (name) {
        (A).lastName = name;
        }
}
var myMother = new person("샐리","랠리",48,"초록색");
myMother.changeName("도");
document.getElementById("demo").innerHTML =
"내 엄마의 성은 " + myMother.lastName;
</script>
</body>
</html>
```

12.3 아래의 코드가 정상적으로 동작하기 위해 (A)에 필요한 속성을 넣어라.

```
<!DOCTYPE html>
<html>
<body>
<p>모든 변수들(arguments)의 합:</p>
<p id="demo"></p>
<script>
function sumAll() {
    var i, sum = 0;
    for(i = 0; i < arguments.(A); i++) {
        sum += arguments[i];
    }
    return sum; }
document.getElementById("demo").innerHTML =
sumAll(1, 123, 500, 115, 44, 88);
</script>
</body>
</html>
```

연습문제(12주)

12.4 getElementsByClassName 메소드를 사용하여, <p>요소를 찾아서 그것의 텍스트를 "잘 했어!"로 변경하라.

```
<!DOCTYPE html>
<html>
<body>
<p class="test">내 텍스트 수정을 위해 DOM을 사용하세요 !</p>
<script>
// 여기에 코드를 추가
</script>
</body>
</html>
```

12.5 DOM을 사용해서, 아래 문서의 제목을 찾아서 화면에 보여주라.

```
<!DOCTYPE html>
<html>
  <head>
    <title>소셜 이름포털 소개</title>
  </head>
<body>
<p id="demo"></p>
<script>
document.getElementById("demo").innerHTML =
"이 문서의 제목은: ";
</script>
</body></html>
```

12.6 HTML DOM을 사용해서, 이미지의 src속성의 값을 "pic_mountain.jpg"로 변경하라.

```
<!DOCTYPE html>
<html>
<body>
<img id="image" src="smiley.gif" width="304" height="228">
<script>
// 여기에 코드를 추가
</script>
</body>
</html>
```

12.7 document.write() 메소드를 이용해서, "헬로 월드!"를 출력하라.

```
<!DOCTYPE html>
<html>
<body>
<script>
// 여기에 코드를 추가
</script>
</body>
</html>
```

2.8 HTML DOM을 이용해서, <p>요소의 텍스트를 가운데 정렬(center-align)하라.

```
<!DOCTYPE html>
<html>
<body>
<p id="demo">헬로 월드!</p>
<script>
// 여기에 코드를 추가
</script>
</body>
</html>
```

12.9 HTML DOM을 사용해서, <p>요소를 숨겨라.

```
<!DOCTYPE html>
<html>
<body>
<p id="demo">헬로 월드!</p>
<script>
// 여기에 코드를 추가
</script>
</body>
</html>
```

12.10 <button>요소에 onclick 이벤트를 지정하기 위해 DOM을 사용하고, 그 버튼을 클릭하면 displayDate()가 실행되도록 하라.

```
<!DOCTYPE html>
<html>
<body>
<button id="myBtn">시도해보세요</button>
<p id="demo"></p>
<script>
// 여기에 코드를 추가
function displayDate() {
    document.getElementById("demo").innerHTML = Date();
}
</script>
</body>
</html>
```

3.9 JS 브라우저 BOM

✿ 자바스크립트 브라우저 BOM

■ 자바스크립트 윈도우-브라우자 객체 모델(BOM)

브라우저 객체 모델(BOM: Browser Object Model)은 자바스크립트가 브라우저에게 말하는 것이 가능하게 한다. BOM에관한 공식적인 표준은 없지만, 대부분의 최근 브라우저들은 자바스크립트와의 상호작용을 위해, 같은 메소드들과 속성들을 구현했으며, 이를 BOM의 메소드들과 속성들이라고 한다.

■ 윈도우 객체

윈도우 객체는 모든 브라우저들에 의해서 지원되며, 브라우저의 윈도우를 대표한다. 모든 전역(global) 자바스크립트 객체들, 함수들, 변수들은 자동으로 윈도우 객체의 멤버들이 된다. 따라서, 전역 변수들은 윈도우 객체의 속성들이 되며, 전역 함수들은 윈도우 객체의 메소드들이 된다. HTML DOM의 문서 객체조차도 윈도우 객체의 속성이다.

아래의 두가지 예는 서로 동일하다.

```
window.document.getElementById("header");
document.getElementById("header");
```

■ 윈도우 메소드들 예

- window.open()
- window.close()
- window.moveTo()
- window.resizeTo()

자바스크립트 윈도우 스크린

window.screen 객체는 사용자의 스크린에 관한 정보를 가지고 있으며, window없이 사용 가능하다. 다음과 같은 속성들을 가지고 있다.

- screen.width
- screen.height
- screen.availWidth
- screen.availHeight
- screen.colorDepth
- screen.pixelDepth

자바스크립트 윈도우 위치

window.location 객체는 현재 페이지의 주소(URL)를 얻는데 사용될 수 있고, 그 브라우저를 새로운 페이지로 재지정(redirect)할 때 사용할 수도 있다. 앞에서와 마찬가지로, window없이 사용할 수 있다.

- window.location.href 현재 페이지의 href (URL)
- window.location.hostname 웹호스트의 도메인 명
- window.location.pathname 경로(path)와 파일명
- window.location.protocol 사용되는 웹 프로토콜(http:// 또는 https://)
- window.location.assign 새 문서를 불러옴(load)

자바스크립트 윈도우 이력

window.history 객체는 브라우저 히스토리를 가지고 있다.

메소들로는,

- history.back()
- history.forward()

❈ 자바스크립트 윈도우 네비게이터

window.navigator 객체는 다음과 같은 사용자 브라우저의 정보를 가지고 있다.

- navigator.appName
- navigator.appCodeName
- navigator.platform

❈ 자바스크립트 팝업 상자들

자바스크립트는 경고(alert) 상자, 확인(confirm) 상자, 프럼프트(prompt) 상자와 같은 3종류의 팝업 상자종류를 가지고 있다.

사용 예는 다음과 같다.

```
window.alert("어떤 텍스트"); 또는 (window없이 사용) alert("나는 경고 박스이다 !");

var r = confirm("버튼을 누르세요");
if (r == true) {
    x = "OK를 눌렀네요 !";
} else {
    x = "취소를 눌렀네요 !";
}

var person = prompt("이름을 입력하세요", "해리 포터");
if (person != null) {
    document.getElementById("demo").innerHTML =
    "안녕 " + person + "! 오늘 안녕하세요?";
}
```

❈ 자바스크립트 타이밍 이벤트들

자바스크립트에 다음과 같은 2가지의 타이밍 이벤트들이 있다.

- setTimeout(function, milliseconds)

명시된 밀리초 동안 기다린 후에, (매개변수로 적힌) 함수를 실행한다.

- setInterval(function, milliseconds)

위의 setTimeout()과 유사하지만, (매개변수로 적힌) 함수를 반복적으로 실행한다.

```
<button onclick="setTimeout(myFunction, 3000)">시도해라</button>
<script>
function myFunction() {
    alert('안녕');
}
</script>

var myVar = setInterval(myTimer, 1000);
function myTimer() {
    var d = new Date();
    document.getElementById("demo").innerHTML = d.toLocaleTimeString();
}
```

❈ 자바스크립트 쿠키들

쿠키들은 웹페이지에 있는 사용자 정보를 저장할 수 있게 하며, 사용자의 컴퓨터에 작은 텍스트 파일로 저장되는 데이터이다.

자바스크립트로 아래처럼 쿠키가 만들어 진다.

```
document.cookie = "username=John Doe";
```

자바스크립트로 아래처럼 쿠키를 읽을 수 있다.

```
var x = document.cookie;
```

1개의 문자열로(예: cookie1=값1; cookie2=값2; cookie3=값3;)모든 쿠키들을 돌려준다.

3.10 HTML5 캔버스 및 지도위치 APIs

HTML5 그래픽스

HTML5 캔버스

〈canvas〉 요소는 웹페이지에 그래픽을 그리는데 사용되며, 자바스크립트를 사용한다.

```
<canvas id="myCanvas" width="200" height="100" style="border:1px solid #000000;">
</canvas>
```

자바스크립트로 그리기

```
var c = document.getElementById("myCanvas");
var ctx = c.getContext("2d");
ctx.fillStyle = "#FF0000";
ctx.fillRect(0,0,150,75);
```

선그리기 예

```
var c = document.getElementById("myCanvas");
var ctx = c.getContext("2d");
ctx.moveTo(0,0);
ctx.lineTo(200,100);
ctx.stroke();
```

■ 원그리기 예

```
var c = document.getElementById("myCanvas");
var ctx = c.getContext("2d");
 ctx.beginPath();
ctx.arc(95,50,40,0,2*Math.PI);
ctx.stroke();
```

HTML5 SVG

SVG(Scalable Vector Graphics)는 웹용 그래픽스를 정의하며, W3C 표준(추천)이다.

HTML 〈svg〉 요소(HTML5에 추가됨)는 SVG 그래픽스용 저장소이며, 선, 상자, 원, 텍스트 및 그래픽 이미지를 그리기 위한 몇가지의 메소드들을 가지고 있다.

```
<!DOCTYPE html>
<html>
<body>
<svg width="100" height="100">
<circle cx="50" cy="50" r="40" stroke="black" stroke-width="4" fill="white" />
</svg>
</body>
</html>
```

```
<svg width="400" height="180">
   <rect x="50" y="20" rx="20" ry="20" width="150" height="150"
   style="fill:white;stroke:black;stroke-width:5;opacity:0.5" />
</svg>
```

HTML5 APIs

■ HTML5 지리적 위치(지오로케이션)

HTML5 지리적 위치(geolocation) API는 사용자의 위치를 찾는데 사용되며, 개인정보에 해당하므로 사용자가 허락하지 않으면 위치 정보는 얻을 수 없다.

사용자의 위치를 얻기 위해서 getCurrentPosition() 메소드가 사용된다.

```
<script>
var x = document.getElementById("demo");
function getLocation() {
    if (navigator.geolocation) {
        navigator.geolocation.getCurrentPosition(showPosition);
    } else {
        x.innerHTML = "지리적 위치는 이 브라우저로 지원이 안됩니다.";
    }
}
function showPosition(position) {
    x.innerHTML = "위도: " + position.coords.latitude +
    "<br>경도: " + position.coords.longitude; }
</script>
```

■ 지도에 위치결과를 보여주기 예

```
function showPosition(position) {
    var latlon = position.coords.latitude + "," + position.coords.longitude;
    var img_url = "http://maps.googleapis.com/maps/api/staticmap?center=
      "+latlon+"&zoom=14&size=400x300&sensor=false";
    document.getElementById("mapholder").innerHTML = "<img src='"+img_url+"'>";
}
```

속성	리턴값 (돌려주는 값)
coords.latitude	위도 (10진수)
coords.longitude	경도 (10진수)
coords.accuracy	위치 정확도

속성	리턴값 (돌려주는 값)
coords.altitude	해발 고도 (m)
coords.altitudeAccuracy	위치의 고도 정확도
coords.heading	북쪽으로부터 시계방향 각도
coords.speed	속도 (m/sec)
timestamp	결과(반응) 날짜/시간

HTML 끌기/놓기

■ 간단한 끌어다 놓기 예

```
<!DOCTYPE HTML>
<html>
<head>
<script>
function allowDrop(ev) {
    ev.preventDefault();
}

function drag(ev) {
    ev.dataTransfer.setData("text", ev.target.id);
}
function drop(ev) {
    ev.preventDefault();
    var data = ev.dataTransfer.getData("text");
    ev.target.appendChild(document.getElementById(data));
}
</script>
</head>
<body>
<div id="div1" ondrop="drop(event)" ondragover="allowDrop(event)"></div>
<img id="drag1" src="img_logo.gif" draggable="true"
 ondragstart="drag(event)" width="336" height="69">
</body>
</html>
```

```
function drop(ev) {
    ev.preventDefault();
    var data = ev.dataTransfer.getData("text");
    ev.target.appendChild(document.getElementById(data));
}
```

HTML 로컬 저장소와 세션 저장소

HTML5 로컬 저장소는 데이터를 사용자의 장치에(client) 저장하기 위한 2가지 객체들을 제공한다.

- window.localStorage 는 데이터를 영구적으로 저장

- window.sessionStorage 는 데이터를 세션동안만 임시로 저장(브라우저 탭이 닫히면 없어짐)

■ 로컬 저장소 객체 사용예

```
// 저장
localStorage.lastname = "스미스";
// 불러오기
document.getElementById("result").innerHTML = localStorage.lastname;
```

세션 저장소 객체 사용예

```
if (sessionStorage.clickcount) {
    sessionStorage.clickcount = Number(sessionStorage.clickcount) + 1;
} else {
    sessionStorage.clickcount = 1;
}
document.getElementById("result").innerHTML = "이 세션에서 버튼을 " +
sessionStorage.clickcount + " 번 누르셨네요.";
```

HTML 응용 캐쉬

응용 캐쉬로 웹응용의 오프라인용을 캐쉬 목록(manifest) 파일을 만들어서 쉽게 만들 수 있다.

```
<!DOCTYPE HTML>
<html manifest="demo.appcache">
<body>
 문서의 내용 .....
</body>
</html>
```

- 캐쉬 목록 (CACHE MANIFEST) : 처음으로 다운로드된 후에는 사용자의 장치에 저장.
- 네트워크 (NETWORK) : 저장되지 않고 항시 서버에 연결되어서만 파일을 가져옴.
- 대비책 (FALLBACK) : 웹 페이지 접근이 어려운 경우에 보여줄 예비용 페이지를 명시.

■ 캐쉬 목록 (CACHE MANIFEST)

```
/theme.css
/logo.gif
/main.js
```

■ HTML 웹워커

웹 워커(web worker)는 그 페이지의 성능에 영향을 안주고, 백그라운드로 실행되는 자바스크립트이다.

```
w.onmessage = function(event){
    document.getElementById("result").innerHTML = event.data;
};

w.terminate();
```

웹 워커는 외부파일이므로, 다음의 자바스크립트 객체들을 접근 할 수 없다.

* 윈도우 객체, 문서 객체, 부모 객체

연습문제(13주)

13.1 BOM관련하여, 윈도우(window) 메소드 4개를 설명하라.

13.2 문서를 새로이 불러오기(load) 위하여, 아래의 (A)에 메소드를 넣어라.

```
<!DOCTYPE html>
<html>
<head>
<script>
function newDoc() {
    window.location.(A)("http://한국.net")
}
</script>
</head>
<body>
<input type="button" value="새문서 불러오기" onclick="newDoc()">
</body>
</html>
```

13.3 다음 웹페이지로 가기(forward) 위하여, 아래의 (A)에 메소드를 넣어라.

```
<!DOCTYPE html>
<html>
<head>
<script>
function goForward() {
    window.history.(A)()
}
</script>
</head>
<body>
<input type="button" value="앞으로(forward)" onclick="goForward()">
</body>
</html>
```

13.4 아래 문서를 실행한 장치의 OS(운영체제)를 알기위하여, 아래의 (A)에 속성을 넣어라.

```
<!DOCTYPE html>
<html>
<body>
<p>여기에 사용 OS(운영체제)를 보여주세요.</p>
<button onclick="myFunction()">시도해봐</button>
<p id="demo"></p>
<script>
function myFunction() {
    document.getElementById("demo").innerHTML =
    navigator.(A);
}
</script>
</body>
</html>
```

13.5 이름을 입력받기 위하여, 아래의 (A)에 메소드를 넣어라.

```
<!DOCTYPE html>
<html>
<body>
<p>버튼을 눌러보세요.</p>
<button onclick="myFunction()">시도해봐</button>
<p id="demo"></p>
<script>
function myFunction() {
    var person = (A)("이름을 입력하세요", "해리 포터");
    if (person != null) {
        document.getElementById("demo").innerHTML =
        "헬로 " + person + "! 안녕하세요?";
    }
}
</script>
</body>
</html>
```

13.6 시간을 반복해서 보여주기 위해, 아래의 (A)에 메소드를 넣어라.

```
<!DOCTYPE html>
<html>
<body>
<p>시간을 보여주기 시작:</p>
<p id="demo"></p>
<button onclick="clearInterval(myVar)">시간 멈춤</button>
<script>
var myVar = (A)(myTimer ,1000);
function myTimer() {
    var d = new Date();
    document.getElementById("demo").innerHTML = d.toLocaleTimeString();
}
</script>
</body>
</html>
```

13.7 쿠키 사용을 위한 코드에서, 아래의 (A)에 적당한 속성을 넣어라.

```
<!DOCTYPE html>
<html>
<head>
<script>
function setCookie(cname,cvalue,exdays) {
    var d = new Date();
    d.setTime(d.getTime() + (exdays*24*60*60*1000));
    var expires = "expires=" + d.toGMTString();
    document.(A) = cname+"="+cvalue+"; "+expires;
}
function getCookie(cname) {
    var name = cname + "=";
    var ca = document.(A).split(';');
    for(var i=0; i<ca.length; i++) {
        var c = ca[i];
        while (c.charAt(0)==' ') {
```

```
                c = c.substring(1);
            }
            if (c.indexOf(name) == 0) {
                return c.substring(name.length, c.length);
            }
        }
        return "";
    }
    function checkCookie() {
        var user=getCookie("username");
        if (user != "") {
            alert("또 환영 " + user);
        } else {
            user = prompt("Please enter your name:","");
            if (user != "" && user != null) {
                setCookie("username", user, 30);
            }
        }
    }
    </script>
</head>
<body onload="checkCookie()">
</body>
</html>
```

13.8 선형 그래디언트(linear gradient)를 그리기위해, 아래의 (A)에 메소드를 넣어라.

```
<!DOCTYPE html>
<html>
<body>
<canvas id="myCanvas" width="200" height="100" style="border:1px solid #d3d3d3;">
브라우저가 HTML5 캔버스 태그를 지원하지 않네요.</canvas>
<script>
```

```
var c = document.getElementById("myCanvas");
var ctx = c.getContext("2d");
// 그래디언트 만들기
var grd = ctx.(A)(0,0,200,0);
grd.addColorStop(0,"red");
grd.addColorStop(1,"white");
// 그래디언트로 채우기
ctx.fillStyle = grd;
ctx.fillRect(10,10,150,80);
</script>
</body>
</html>
```

13.9 지리적위치를 이용하여 현재 위치의 좌표(위도 및 경도)를 구하기 위해, 아래의 (A)에 필요한 객체를 넣어라.

```
<!DOCTYPE html>
<html>
<body>
<p>지리적 좌표(위도 및 경도)를 구하기 위해 버튼을 클릭하세요.</p>
<button onclick="getLocation()">시도해봐</button>
<p id="demo"></p>
<script>
var x = document.getElementById("demo");
function getLocation() {
    if (navigator.(A)) {
        navigator.(A).watchPosition(showPosition);
    } else {
        x.innerHTML = "이 브라우저는 지리적위치(geolocation)를 지원하지 않네요.";}
    }
function showPosition(position) {
    x.innerHTML="위도: " + position.coords.latitude +
    "<br>경도: " + position.coords.longitude;
}
```

```
</script>
</body>
</html>
```

13.10 카운터가 계속해서 세고(count)있는 것을 (0으로 리셋 안되고) 보기위해, 아래의 (A)에 필요한 객체를 넣어라.

```
<!DOCTYPE html>
<html>
<head>
<script>
function clickCounter() {
    if(typeof(Storage) !== "undefined") {
        if ((A).clickcount) {
            (A).clickcount = Number((A).clickcount)+1;
        } else {
            (A).clickcount = 1;
        }
         document.getElementById("result").innerHTML = "버튼을 " + (A).clickcount + " 번 클릭했네요.";
    } else {
        document.getElementById("result").innerHTML = "미안, 브라우저가 웹저장소를 지원하지 않네요...";
    }
}
</script>
</head>
<body>
<p><button onclick="clickCounter()" type="button">나를 클릭!</button></p>
<div id="result"></div>
<p>클릭해서 카운터가 증가하는 것을 보세요.</p>
<p>브라우저 탭 (또는 윈도우)를 닫고 다시 해보면, 카운터가 계속해서 세고(count)있는 것을 (0으로 리셋 안되고) 볼 수 있지요?</p>
</body></html>
```

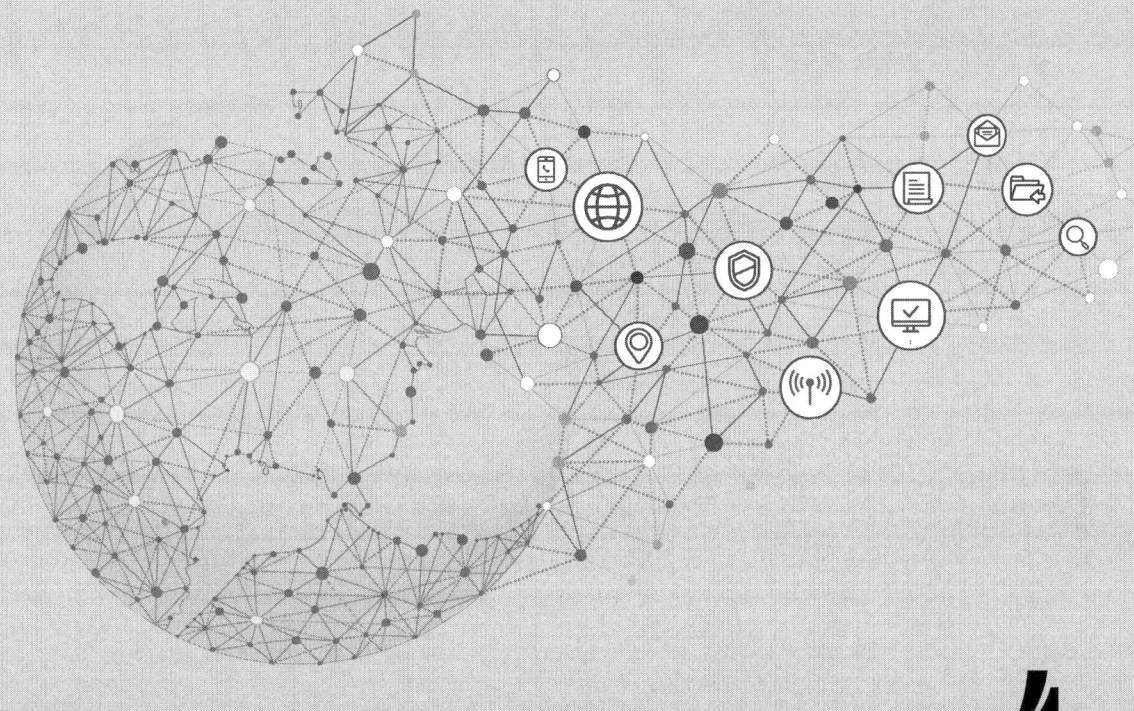

CHAPTER 4

jQuery 튜토리얼

4.1 jQuery 튜토리얼

4.2 jQuery 효과

4.3 jQuery HTML

4.4 jQuery 이동 및 AJAX

4.1 jQuery 튜토리얼

4.1.1 jQuery 튜토리얼　　　　　URL: http://w3schools.com/jQuery

jQuery는 자바스크립트 라이브러리이다. jQuery는 자바스크립트 프로그램작성을 매우 쉽게 할 수 있게 해준다. jQuery는 쉽게 배울 수 있다.

각 장의 "직접 해보기" 예제들

온라인 편집기를 사용하여, 코드를 수정해서 버튼을 클릭해서 바로 그 결과를 볼 수 있다.

예

```
$(document).ready(function(){
    $("p").click(function(){
        $(this).hide();
    });
});
Try it Yourself ≫ (직접 해보기)
```

"직접 해보기" 버튼을 클릭해서 결과를 확인해보자.

jQuery 예제

예제들을 이용하여 학습해보자. W3Schools.com 웹사이트에서 많은 jQuery예제들을 직접 수정하여 결과를 볼 수 있다.

jQuery 퀴즈시험

jQuery 이해도를 테스트해볼 수 있다.

❈ jQuery 참고자료

참고용 W3Schools 웹사이트에서, jQuery 객체들과 메소드들의 완전한 참고자료를 볼 수 있다.

❈ 필요한 사전 지식

jQuery를 공부하기 위해, HTML, CSS 및 자바스크립트의 기본 지식을 이해하고 있어야한다.

❈ jQuery란?

참고용 W3Schools 웹사이트에서, jQuery 객체들과 메소드들의 완전한 참고자료를 볼 수 있다.

❈ jQuery 소개

jQuery는 가벼운 "적게 코딩하고, 더 많은 것을 하는" 자바스크립트 라이브러리이다. jQuery의 목적은 웹사이트에서 자바스트립트를 보다 쉽게 사용할 수 있게 해준다. jQuery는 많은 자바스크립트 코드를 사용해야 할 것을 1줄의 코드를 불러서(call) 사용할 수 있게 메소드로 만들어 놓았다. jQuery는 또한 AJAX나 DOM처리같은 복잡한 것들을 단순화 시켰다. jQuery 라이브러리는 다음과 같은 특성들을 가지고 있다.

- HTML/DOM처리
- CSS처리
- HTML 이벤트 메소드
- 효과 및 애니메이션
- AJAX
- 유틸리티

왜 jQuery인가?

다른 많은 자바스크립트 프레임워크들이 있지만, jQuery가 가장 많이 알려져있으며, 또한 가장 확장성이 있다. 다음과 같은 많은 웹관련 대기업들이 jQuery를 사용하고 있다.

- Google
- Microsoft
- IBM
- Netflix

jQuery 시작하기

jQuery를 웹사이트에서 사용하기 위한 방법을 소개하면,

- jQuery 라이브러리를 jQuery.com 사이트에서 다운로드
- 콘텐츠 배급망(CDN, 예: Google)에서 jQuery를 포함

jQuery 다운로드

jQuery의 2가지 버전

- 생산 버전 (사이즈가 최소화 및 압축되어 실제 서비스중인 웹사이트용)
- 개발 버전 (사이즈가 압축이 안되어 있고 읽을 수 있는 코드로 시험 및 개발용)

두가지 버전 모두 http://jQuery.com 사이트에서 다운로드가 가능하다.

jQuery 라이브러리는 1개의 자바스크립트 파일로서, 다음과 같이 HTML의 〈head〉 영역내에서 〈script〉 태그로 참조할 수 있다.

```
<head>
<script src="jquery-1.12.4.min.js"></script>
</head>
```

❀ jQuery CDN

다운로드를 원하지 않으면, CDN(컨텐츠 분배망)으로부터 jQuery를 포함할 수도 있다.

구글과 마이크로소프트가 제공하고 있으며, 아래처럼 사용하면 된다.

■ 구글 CDN

```
<head>
<script src="https://ajax.googleapis.com/ajax/libs/jquery/1.12.4/jquery.min.js">
</script>
</head>
```

■ 마이크로소프트 CDN

```
<head>
<script src="http://ajax.aspnetcdn.com/ajax/jQuery/jquery-1.12.4.min.js">
</script>
</head>
```

❀ jQuery 구문

jQuery로 HTML 요소들을 선택(또는 질의)하여 동작을 수행한다.

❀ jQuery 구문

■ 기본 구문: $(선택자).동작()

- $ 표시는 jQuery를 정의/접근
- (선택자) 는 HTML요소(들)를 질의하기(또는 찾기) 위해서
- jQuery 동작() 는 요소(들)에게 수행될 동작

예

- $(this).hide() : 현재의 요소를 숨긴다.
- $("p").hide() : 모든 〈p〉 요소들을 숨긴다.
- $(".test").hide() : 클래스가 "test"인 모든 요소(들)를 숨긴다.
- $("#test").hide() : id가 "test"인 요소를 숨긴다.

■ 문서 준비(ready) 이벤트

```
$(document).ready(function(){
    // jQuery 메소드들은 여기에 ...
});
```

문서가 완전히 불려오기 (즉 준비) 전에 jQuery 코드가 실행되는 것을 방지하기 위함이다.

■ jQuery 선택자

jQuery 선택자들은 jQuery 라이브러리에서 가장 중요한 부분들 중의 하나이다.

jQuery 선택자(들)은 HTML요소(들)을 선택하고 다루게 해준다.

■ 요소 선택자

```
$("p")     // 모든 〈p〉요소들을 선택할 수 있다.
<!DOCTYPE html>
<html>
<head>
<script src="https://ajax.googleapis.com/ajax/libs/jquery/1.12.4/jquery.min.js"></script>
<script>
$(document).ready(function(){
    $("button").click(function(){
        $("p").hide();
    });
```

```
});
</script>
</head>
<body>
<h2>이것은 헤딩이다.</h2>
<p>이것은 문장이다.</p>
<p>이것은 다른 문장이다.</p>
<button>나를 클릭해서 문장들을 안보이게 하라.</button>
</body>
</html>
```

■ #id 선택자

특별한 요소를 찾기위해 HTML태그의 id 속성을 사용한다.

```
$("#test")   // # 뒤에 HTML 요소의 id 이름이 따라온다.
<!DOCTYPE html>
<html>
<head>
<script src="https://ajax.googleapis.com/ajax/libs/jquery/1.12.4/jquery.min.js"></script>
<script>
$(document).ready(function(){
    $("button").click(function(){
        $("#test").hide();
    });
});
</script>
</head>
<body>
<h2>이것은 헤딩이다.</h2>
<p>이것은 문장이다.</p>
<p id="test">이것은 다른 문장이다.</p>
<button>나를 클릭하라</button>
</body>
</html>
```

■ 클래스 선택자

jQuery 클래스 선택자는 특별한 클래스로 요소(들)를 찾는다.

```
$(".test")   // . 뒤에 클래스 이름이 따라온다.

$(document).ready(function(){
    $("button").click(function(){
        $(".test").hide();
    });
});
```

jQuery 이벤트 메소드

jQuery는 HTML 페이지의 이벤트들에 반응하기 위해 적합하게 만들어져 있다.

■ 이벤트란?

몇가지 간단한 예를 들면 다음과 같다.

- 요소 위에서 마우스를 움직일 때
- 라디오 버튼을 선택할
- 요소를 클릭할 때

몇가지 공통적 DOM 이벤트들을 소개하면 다음과 같다.

마우스 이벤트	키보드 이벤트	폼 이벤트	문서/윈도우 이벤트
click	keypress	submit	load
dblclick	keydown	change	resize
mouseenter	keyup	focus	scroll
mouseleave		blur	unload

```
<!DOCTYPE html>
<html>
<head>
<script src="https://ajax.googleapis.com/ajax/libs/jquery/1.12.4/jquery.min.js"></script>
<script>
$(document).ready(function(){
    $("p").click(function(){
        $(this).hide();
    });
});
</script>
</head>
<body>
<p>나를 클릭하면 나는 사라질거야.</p>
<p>클릭해서 사리지게!</p>
<p>나도 클릭해서!</p>
</body>
</html>
```

예들:

```
$("p").dblclick(function(){
    $(this).hide();
});

$("#p1").mouseenter(function(){
    alert("p1요소에 들어왔군요!");
});

$("#p1").mouseleave(function(){
    alert("잘가! 지금 p1 요소를 떠나는군요!");
});

$("#p1").hover(function(){
    alert("p1요소에 들어오셨군요!");
},
```

```
function(){
    alert("잘가! 지금 p1요소를 떠나는군요!");
});


<!DOCTYPE html>
<html>
<head>
<script src="https://ajax.googleapis.com/ajax/libs/jquery/1.12.4/jquery.min.js"></script>
<script>
$(document).ready(function(){
    $("p").on({
        mouseenter: function(){
            $(this).css("background-color", "lightgray");
        },
        mouseleave: function(){
            $(this).css("background-color", "lightblue");
        },
        click: function(){
            $(this).css("background-color", "yellow");
        }
    });
});
</script>
</head>
<body>
<p>이 문장 위로 마우스포인터를 클릭하거나 움직이세요.</p>
</body>
</html>
```

4.2 jQuery 효과

❊ jQuery 숨기기/보이기

jQuery hide() 메소드나, show() 메소드로, HTML 요소들을 숨기거나 보여줄 수 있다.

■ 구문

```
$(선택자).hide(속도,콜백함수);
$(선택자).show(속도,콜백함수);
```

선택적으로 사용할 수 있는 "속도" 매개변수로 숨기거나/보여주는 속도를 명시할 수 있는데, 값으로는 "slow", "fast" 또는 밀리초를 사용할 수 있다.

선택적으로 사용할 수 있는, "콜백함수"(callback function)는 hide()나 show() 메소드를 실행 완료 후에, 실행될 함수이다. 아래의 예를 참조.

```
$("button").click(function(){
    $("p").hide(1000);
});


jQuery toggle()
jQuery toggle() 메소드로, hide()와 show() 사이를 번갈아 (toggle) 선택할 수 있다.

$("button").click(function(){
    $("p").toggle();
});
```

jQuery 페이드

jQuery로 요소를 서서히 나타나게 하거나 사라지게 할 수 있다.

페이딩 메소드들

```
fadeIn()
fadeOut()
fadeToggle()
fadeTo()
```

구문

```
$(선택자).fadeIn(속도,콜백함수);
```

선택적으로 사용할 수 있는 "속도" 매개변수로 페이딩 효과의 속도를 명시할 수있는데, 값으로는 "slow", "fast" 또는 밀리초를 사용할 수 있다.

선택적으로 사용할 수 있는, "콜백함수"(callback function)는 해당 페이딩 효과 메소드를 실행 완료 후에, 실행될 함수이다. 아래의 예를 참조바람.

```
$("button").click(function(){
    $("#div1").fadeOut();
    $("#div2").fadeOut("slow");
    $("#div3").fadeOut(3000);
});
```

jQuery 슬라이드

jQuery로 요소(들)에게 슬라이드 효과를 만들 수 있다. 슬라이드 메소드들은 다음과 같다.

- slideDown()
- slideUp()
- slideToggle()

■ 구문

```
$(선택자).slideDown(속도,콜백함수);
```

선택적으로 사용할 수 있는 "속도" 매개변수로 슬라이드 효과의 속도를 명시할 수 있는데, 값으로는 "slow", "fast" 또는 밀리초를 사용할 수 있다.

선택적으로 사용할 수 있는, "콜백함수"(callback function)는 해당 슬라이드 메소드를 실행 완료 후에, 실행될 함수이다.

❈ jQuery 애니메이션

jQuery animate() 메소드로 원하는 애니메이션 효과를 만들 수 있다.

■ 구문

```
$(선택자).animate({매개변수들},속도,콜백함수);
```

"매개변수들"은 애니메이션될 CSS 속성들을 정의한다.

선택적으로 사용할 수 있는 "속도" 매개변수로 애니메이션 효과의 속도를 명시할 수 있는데, 값으로는 "slow", "fast" 또는 밀리초를 사용할 수 있다.

선택적으로 사용할 수 있는, "콜백함수"(callback function)는 애니메이션 효과의 실행 완료 후에, 실행될 함수이다.

예

```
$("button").click(function(){
    $("div").animate({left: ' 250px ' });
});
```

❀ jQuery 애니메이션 멈춤

jQuery stop() 메소드로 애니메이션 효과가 끝나기 전에 멈추게 하는데 사용된다.

■ 구문

```
$(선택자).stop(stopAll,goToEnd);
```

선택적으로 사용가능한 "stopAll"매개변수는 애니메이션 큐가 지워지거나 아니거나를 명시한다. 기본은 거짓(false), 즉 현재의 활성화된 애니메이션만 멈추고, 다른 큐에 있는 애니메이션들은 나중에 수행될 수 있게 한다.

선택적으로 사용가능한 "goToEnd"매개변수는 현재의 애니메이션을 즉시 완료할지 말지를 명시하며, 기본은 거짓(false)이다. 기본은, stop() 메소드는 선택된 요소에 수행중인 현 애니메이션을 멈추게한다(kill). 다음 예는 매개변수없이 보여주는 stop() 메소드 예이다.

```
$("#stop").click(function(){
    $("#panel").stop();
});
```

❀ jQuery 콜백 함수

콜백함수(callback functions)는 현재의 효과가 100%완료된 후에 실행된다.

■ 구문 예: (앞에서 사용한 예)

```
$(선택자).hide(속도,콜백함수);
```

예

```
$("button").click(function(){
    $("p").hide("slow", function(){
        alert("문장은 이제 숨겨짐");
    });
});
```

jQuery 연결

jQuery로 동작들/메소드들을 함께 연결할(chain) 수 있다.

연결(chaining)로 많은 jQuery 메소드들을 (같은 요소에) 1개의 코드문장으로 동작하게 할 수 있다.

■ jQuery 연결(chaining) 메소드

예

```
$("#p1").css("color", "red").slideUp(2000).slideDown(2000);

$("#p1").css("color", "red")
  .slideUp(2000)
  .slideDown(2000);
```

연습문제(14주)

14.1 class=test 인 모든 요소들을 숨기기 위해 맞는 선택자를 사용하라.

```
<!DOCTYPE html>
<html>
<head>
<script src="https://ajax.googleapis.com/ajax/libs/jquery/1.12.4/jquery.min.js">
</script>
<script>
$(document).ready(function(){
    $("selector").hide();
});
</script>
</head>
<body>
<h2 class="test">이것은 헤딩</h2>
<p class="test">이것은 문단입니다.</p>
<p>이것은 다른 문단입니다.</p>
</body>
</html>
```

14.2 모든 홀수 테이블 행들(rows)을 숨기기 위해 맞는 선택자를 사용하라.

```
<!DOCTYPE html>
<html>
<head>
<script src="https://ajax.googleapis.com/ajax/libs/jquery/1.12.4/jquery.min.js">
</script>
<script>
$(document).ready(function(){
    $("selector").hide();
});
</script>
</head>
<body>
<table border="1">
```

```
    <tr>
        <th>회사</th>
        <th>나라</th>
    </tr>
    <tr>
        <td>푸터키스테e</td>
        <td>독일</td>
    </tr>
    <tr>
        <td>베르그룬즈</td>
        <td>스웨덴</td>
    </tr>
    <tr>
        <td>모테주마</td>
        <td>멕시코</td>
    </tr>
    <tr>
        <td>핸델</td>
        <td>오스트리아</td>
    </tr>
    <tr>
        <td>아일랜드 트레이딩</td>
        <td>영국</td>
    </tr>
</table>
</body>
</html>
```

14.3 마우스 포인터가 <span>요소에 들어갈 때, 안보이도록 맞는 이벤트를 사용하라.

```
<!DOCTYPE html>
<html>
<head>
<script src="https://ajax.googleapis.com/ajax/libs/jquery/1.12.4/jquery.min.js">
```

```
</script>
<script>
$(document).ready(function(){
    $("selector").event(function(){
        $(this).hide();
    });
});
</script>
</head>
<body>
<span>마우스를 내 위로하면, 나는 사라진다.</span><br>
<span>마우스를 내 위로하면, 나는 사라질거야.</span>
</body>
</html>
```

14.4 모든 <p>요소들에게 이벤트 핸들러를 붙여주기 위해서 on() 메소드를 사용하라.

```
<!DOCTYPE html>
<html>
<head>
<script src="https://ajax.googleapis.com/ajax/libs/jquery/1.12.4/jquery.min.js">
</script>
<script>
$(document).ready(function(){
    $("selector").method("event", function(){
        $(this).hide();
    });
});
</script>
</head>
<body>
<p>나를 클릭하면, 나는 사라질거야.</p>
<p>나를 클릭해서 사라지게 해!</p>
<p>나도 클릭해서!</p>
</body>
</html>
```

14.5 〈p〉요소가 클릭되었을 때 천천히(slow) 숨겨지도록 jQuery 메소드를 사용하라.

```
<!DOCTYPE html>
<html>
<head>
<script src="https://ajax.googleapis.com/ajax/libs/jquery/1.12.4/jquery.min.js">
</script>
<script>
$(document).ready(function(){
    $("p").click(function(){
        $(this).method();
    });
});
</script>
</head>
<body>
<p>나를 클릭하면, 난 사라질거야.</p>
</body>
</html>
```

14.6 "Toggle"버튼을 누르면, 〈p〉 요소를 숨기기와 보여주기가 교대로 반복되도록 코드를 수정하라.

```
<!DOCTYPE html>
<html>
<head>
<script src="https://ajax.googleapis.com/ajax/libs/jquery/1.12.4/jquery.min.js">
</script>
<script>
$(document).ready(function(){
    $("button").click(function(){
        $("p").method();
    });
});
</script>
```

```
</head>
<body>
<button>토글(toggle)</button>
<p>이것은 문단입니다.</p>
</body>
</html>
```

14.7 〈div〉 요소가 2초 동안에 희미하게 나타나도록 (fade) jQuery 메소드를 사용하라.

```
<!DOCTYPE html>
<html>
<head>
<script src="https://ajax.googleapis.com/ajax/libs/jquery/1.12.4/jquery.min.js">
</script>
<script>
$(document).ready(function(){
    // 여기에 코드를 추가
});
</script>
</head>
<body>
<div style="width:80px;height:80px;display:none;background-color:red;"></div>
</body>
</html>
```

14.8 버튼을 클릭할 때, 〈div〉 요소가 1초 동안에 희미하게 나타났다 또는 1초 동안에 없어졌다를 반복하도록 (toggle) jQuery 메소드를 사용하라.

```
<!DOCTYPE html>
<html>
<head>
<script src="https://ajax.googleapis.com/ajax/libs/jquery/1.12.4/jquery.min.js">
</script>
```

```
<script>
$(document).ready(function(){
    $("button").click(function(){
        // 여기에 코드를 추가
    });
});
</script>
</head>
<body>
<button>희미하게 나타나거나 사라지게 div를 클릭~</button><br><br>
<div style="width:80px;height:80px;background-color:red;"></div>
</body>
</html>
```

14.9 버튼을 클릭할 때, <div> 요소가 1초 동안에 위로 올려지거나 (slide up) 또는 1초 동안에 아래로 내려지거나(slide down)를 반복하도록 (toggle) jQuery 메소드를 사용하라.

```
<!DOCTYPE html>
<html>
<head>
<script src="https://ajax.googleapis.com/ajax/libs/jquery/1.12.4/jquery.min.js"></script>
<script>
$(document).ready(function(){
    $("button").click(function(){
        // 여기에 코드를 추가
    });
});
</script>
</head>
<body>
<button>올리거나 내리거나하게 div를 클릭~</button><br><br>
<div style="width:80px;height:80px;background-color:red;"></div>
</body>
</html>
```

연습문제(14주)

14.10 <div>요소의 폰트 크기가 천천히 (slow) 100 픽셀이 되도록 animate() 메소드를 사용하라.

```
<!DOCTYPE html>
<html>
<head>
<script src="https://ajax.googleapis.com/ajax/libs/jquery/1.12.4/jquery.min.js">
</script>
<script>
$(document).ready(function(){
    // 여기에 코드를 추가
});
</script>
</head>
<body>
<div style="background:#98bf21;height:200px;width:600px;">헬로 월드</div>
</body>
</html>
```

4.3 jQuery HTML

jQuery HTML

■ jQuery Get

jQuery는 HTML 요소들과 속성들을 변경하고 다루는데 유용한 메소드들을 가지고 있다.

DOM처리를 위한 3개의 단순하지만 유용한 jQuery 메소드들로는, text(), html(), val() 등이 있다.

```html
<!DOCTYPE html>
<html>
<head>
<script src="https://ajax.googleapis.com/ajax/libs/jquery/1.12.4/jquery.min.js"></script>
<script>
$(document).ready(function(){
    $("#btn1").click(function(){
        alert("Text: " + $("#test").text());
    });
    $("#btn2").click(function(){
        alert("HTML: " + $("#test").html());
    });
});
</script>
</head>
<body>
<p id="test">이것은 문장에서 약간 <b>진한</b> 텍스트이다.</p>
<button id="btn1">텍스트를 보여라</button>
<button id="btn2">HTML을 보여라</button>
</body>
</html>

<!DOCTYPE html>
<html>
<head>
```

```
<script src="https://ajax.googleapis.com/ajax/libs/jquery/1.12.4/jquery.min.js"></script>
<script>
$(document).ready(function(){
    $("button").click(function(){
        alert("Value: " + $("#test").val());
    });
});
</script>
</head>
<body>
<p>이름: <input type="text" id="test" value="미키 마우스"></p>
<button>값을 보여라.</button>
</body>
</html>
```

jQuery attr() 메소드는 속성값들을 가져오는데 사용된다.

```
$("button").click(function(){
    alert($("#w3s").attr("href"));
});
```

jQuery Set

내용 설정을 위한 3개의 메소들로는, 앞에서 소개한 text(), html(), val() 등이 있다. 빈 괄호 ()에 설정할 값(예: 문자열)을 넣어주면 된다.

```
<!DOCTYPE html>
<html>
<head>
<script src="https://ajax.googleapis.com/ajax/libs/jquery/1.12.4/jquery.min.js"></script>
<script>
$(document).ready(function(){
    $("#btn1").click(function(){
```

```
            $("#test1").text("헬로 월드!");
        });
        $("#btn2").click(function(){
            $("#test2").html("<b>헬로 월드!</b>");
        });
        $("#btn3").click(function(){
            $("#test3").val("돌리 덕");
        });
    });
});
</script>
</head>
<body>
<p id="test1">이것은 문장이다.</p>
<p id="test2">이것은 다른 문장이다.</p>
<p>입력 란: <input type="text" id="test3" value="미키 마우스"></p>
<button id="btn1">텍스트 설정</button>
<button id="btn2">HTML 설정</button>
<button id="btn3">값 설정</button>
</body>
</html>
```

■ 콜백함수(callback function) 사용 예

```
$("#btn1").click(function(){
    $("#test1").text(function(i, origText){
        return "기존 텍스트: " + origText + " 새 텍스트: 헬로 월드!
          (index: " + i + ")";
    });
});
 $("#btn2").click(function(){
    $("#test2").html(function(i, origText){
        return "기존 html: " + origText + " 새 html: 헬로 <b>월드!</b>
          (index: " + i + ")";
    });
});
```

jQuery attr() 메소드는 속성값을 설정하거나/바꾸는데 사용된다.

```
$("button").click(function(){
    $("#w3s").attr("href", "http://www.w3schools.com/jquery");
});
```

❈ jQuery 추가

jQuery로 쉽게 새로운 요소나 속성을 추가할 수 있으며, 관련 메소드들로는, append(), prepend(), after(), before() 등이 있다.

```
<!DOCTYPE html>
<html>
<head>
<script src="https://ajax.googleapis.com/ajax/libs/jquery/1.12.4/jquery.min.js"></script>
<script>
$(document).ready(function(){
    $("#btn1").click(function(){
        $("p").append(" <b>뒤에 추가된 텍스트</b>.");
    });

    $("#btn2").click(function(){
        $("ol").append("<li>추가된 항목</li>");
    });
});
</script>
</head>
<body>
<p>이것은 문장이다.</p>
<p>이것은 다른 문장이다.</p>
<ol>
    <li>리스트 항목 1</li>
    <li>리스트 항목 2</li>
    <li>리스트 항목 3</li>
```

```
</ol>
<button id="btn1">텍스트 추가</button>
<button id="btn2">리스트 항목들 추가</button>
</body>
</html>

jQuery after() 메소드와 before() 메소드
$("img").after("뒤에 텍스트를");
$("img").before("전에 텍스트를");
```

jQuery 제거

jQuery로 쉽게 기존 HTML요소를 제거할 수 있으며, 관련 메소드들로는, append(), prepend(), remove(), empty() 가 있다.

예

```
$("#div1").remove();  $("#div1").empty();
```

remove() 메소드에서 1개의 매개변수를 쓸 수있으며, 제거할 요소들을 필터링 할 수 있다. 그 매개변수로는 jQuery선택자 구문들을 쓸 수 있다. 다음 예는 클래스가 "test"인 모든 〈p〉 요소들을 제거한다.

```
$("p").remove(".test");
```

다음 예는 클래스가 "test"와 "demo"인 모든 〈p〉 요소들을 제거한다.

```
$("p").remove(".test, .demo");
```

jQuery CSS 클래스 읽기(get) 및 설정(set)

jQuery로 요소들의 CSS를 쉽게 다룰 수 있다.

■ CSS를 다루는 jQuery 메소드들

- addClass() : 선택된 요소들에게 1개 이상의 클래스(들)를 추가한다.
- removeClass() : 선택된 요소들에게서 1개 이상의 클래스(들)를 제거한다.
- toggleClass() : 선택된 요소들에게서 클래스(들)를 더하거나/제거하거나를 교대로 반복한다(toggle).
- css() : 스타일 속성(들)을 설정(set)하거나 돌려(return)준다.

예

```
$("button").click(function(){
    $("h1, h2, p").addClass("blue");
    $("div").addClass("important");
});
$("button").click(function(){
    $("h1, h2, p").removeClass("blue");
});
$("button").click(function(){
    $("h1, h2, p").toggleClass("blue");
});
```

jQuery css 함수

css() 메소드는 선택된 요소들을 위해 1개 이상의 스타일 속성(들)을 설정(set)하거나 돌려(return)준다.

■ CSS속성 돌려주기(return)

[구문]

```
css("속성이름");
```

예

```
$("p").css("background-color");
```

❀ CSS속성 설정(set)

[구문]

```
css("속성이름","값");
```

예

```
$("p").css("background-color", "yellow");
```

❀ jQuery 크기

jQuery로 요소들 및 브라우저창의 크기로 작업하기가 용이하다.

■ jQuery 크기 메소드들

- width()
- height()
- innerWidth()
- innerHeight()
- outerWidth()
- outerHeight()

예

```
$("button").click(function(){
    $("#div1").width(500).height(500);
});
```

4.4 jQuery 이동 및 AJAX

▩ jQuery 이동

jQuery 이동은 다른 요소들과의 관계를 바탕으로 HTML 요소들을 찾기위해 (또는 선택하기 위해) 사용된다. jQuery 이동으로 가계도를 오르거나 (조상요소들 선택), 내려가거나 (자손요소들 선택) 옆으로 (형제들 선택) 이동할 수 있다. 이를 DOM (문서 객체 모델) 이동이라 한다.

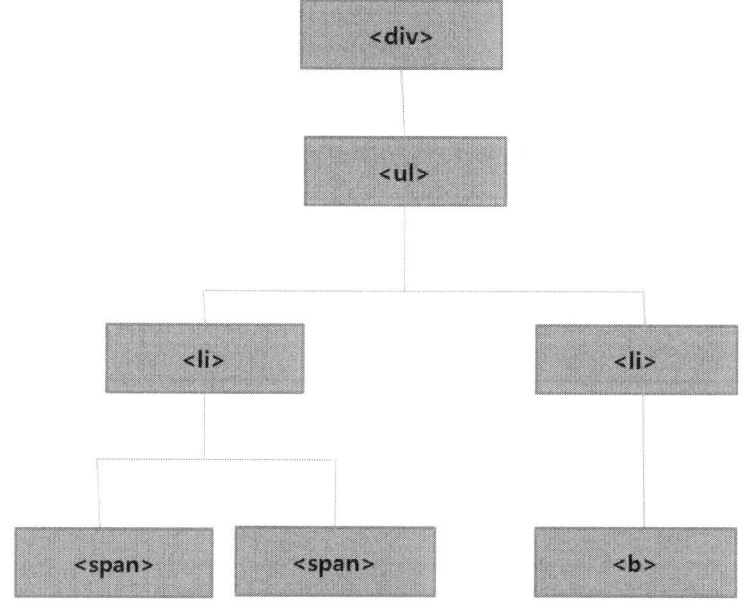

DOM (문서 객체모델) 이동설명 트리

※ DOM 이동

jQuery는 DOM을 이동하기위한 다양한 메소드들을 제공한다.
이동 메소드들의 가장 큰 종류는 트리-이동이다.

※ jQuery 이동-조상요소들

조상요소는 부모, 조부모, 증조부모 등이다.
jQuery로 현 요소의 조상요소들을 찾기위해 DOM트리를 올라 갈 수 있으며,
이때 사용하는 메소드들로는 parent(), parents(), parentsUntil() 등이 있다.

```html
<!DOCTYPE html>
<html>
<head>
<style>
.ancestors * {
    display: block;
    border: 2px solid lightgrey;
    color: lightgrey;
    padding: 5px;
    margin: 15px; }
</style>
<script src="https://ajax.googleapis.com/ajax/libs/jquery/1.12.4/jquery.min.js"></script>
<script>
$(document).ready(function(){
    $("span").parent().css({"color": "red", "border": "2px solid red"});
});
</script>
</head>
<body>
<div class="ancestors">
  <div style="width:500px;">div (증조-조부모)
    <ul>ul (조부모)
      <li>li (부모)
        <span>스팬</span>
      </li>
```

```
        </ul>
    </div>

    <div style="width:500px;">div (조부모)
        <p>p (부모)
            <span>스팬</span>
        </p>
    </div>
</div>
</body>
</html>
```

■ jQuery 이동-자손요소들

자손요소는 자식, 손자, 증손자 등이 있으며, jQuery로 현 요소의 자손요소들을 찾기 위해 DOM트리를 내려 갈 수 있다. 이 때 사용하는 메소드들로는 children()과 find() 가 있다.

■ jQuery children() 메소드

```
<!DOCTYPE html>
<html>
<head>
<style>
.descendants * {
    display: block;
    border: 2px solid lightgrey;
    color: lightgrey;
    padding: 5px;
    margin: 15px;
}
</style>
<script src="https://ajax.googleapis.com/ajax/libs/jquery/1.12.4/jquery.min.js"></script>
<script>
$(document).ready(function(){
```

```
        $("div").children().css({"color": "red", "border": "2px solid red"});
    });
    </script>
    </head>
    <body>
    <div class="descendants" style="width:500px;">div (현재 요소)
      <p>p (자식)
        <span>span (손자)</span>
      </p>
      <p>p (자식)
        <span>span (손자)</span>
      </p>
    </div>
    </body>
    </html>
```

아래의 예는 〈div〉 자손들인 모든 〈span〉 요소들을 돌려준다(return).

```
<!DOCTYPE html>
<html>
<head>
<style>
.descendants * {
    display: block;
    border: 2px solid lightgrey;
    color: lightgrey;
    padding: 5px;
    margin: 15px;
}
</style>
<script src="https://ajax.googleapis.com/ajax/libs/jquery/1.12.4/jquery.min.js"></script>
<script>
$(document).ready(function(){
    $("div").find("span").css({"color": "red", "border": "2px solid red"});
});
</script>
</head>
```

```
<body>
<div class="descendants" style="width:500px;">div (현재 요소)
  <p>p (자식)
    <span>span (손자)</span>
  </p>
  <p>p (child)
    <span>span (손자)</span>
  </p>
</div>
</body>
</html>
```

❋ jQuery 형제요소들

형제요소들은 같은 부모요소를 가지고 있으며, jQuery로 현 요소의 형제요소를 찾기위해서는 DOM트리에서 옆으로 이동하면 된다. 해당되는 jQuery메소드들로는 siblings(), next(), nextAll(), nextUntil(), prev(), prevAll(), prevUntil() 등이 있다.

아래의 예는 〈h2〉의 모든 형제요소들을 돌려준다(return).

```
$(document).ready(function(){
    $("h2").siblings();
});
jQuery next() 메소드
$(document).ready(function(){
    $("h2").next();
});
```

❋ jQuery 필터링

가장 기본적인 3가지의 필터링 메소드들로 first(), last(), eq() 등이 있으며, 요소들 그룹내에서의 현 위치를 기준으로하여 특별한 요소를 선택할 수 있게 해준다. 이 밖에도 filter(), not() 메소드를 이용하여, 일치되는 요소들이나 일치가 안되는 요소들을 선택할 수도 있다.

아래의 예는 첫 번째 ⟨div⟩요소에 있는 첫 번째 ⟨p⟩요소를 선택한다.

```
$(document).ready(function(){
    $("div p").first();
});
```

아래의 예는 마지막 ⟨div⟩요소에 있는 마지막 ⟨p⟩요소를 선택한다.

```
$(document).ready(function(){
    $("div p").last();
});
```

❈ jQuery eq() 메소드

아래의 예는 2번째 ⟨p⟩ 요소를 선택한다. (인덱스 번호: 1)

```
$(document).ready(function(){
    $("p").eq(1);
});
```

아래의 예는 클래스이름 "intro"를 가진 모든 ⟨p⟩ 요소들을 돌려준다(return).

```
$(document).ready(function(){
    $("p").filter(".intro");
});
```

아래의 예는 클래스이름 "intro"를 안가진 모든 ⟨p⟩ 요소들을 돌려준다(return).

```
$(document).ready(function(){
    $("p").not(".intro");
});
```

jQuery AJAX

■ jQuery AJAX 소개

AJAX는 서버와 데이터를 교환해서 웹페이지의 전체를 불러오지 않고 일부만을 갱신(update)하는 기술이다.

※ AJAX란?

■ AJAX(Asynchronous JavaScript and XML)

간략히 설명하면, AJAX는 백그라운드 작업으로 데이터를 서버에서 불러와서 웹페이지의 전체를 불러오지 않고 보여주는 기술이다. AJAX를 사용하는 응용 예로는, Gmail, 구글 지도, 유튜브, 페이스북 탭 등이다.

※ jQuery와 AJAX의 관계는?

jQuery는 AJAX 기능을 위해 몇가지 방법을 제공한다.

jQuery AJAX 방법으로, 원격 서버에서 HTTP Get과 HTTP Post를 이용해서 텍스트, HTML, XML 또는 JSON을 요청할 수 있으며, 외부 데이터를 바로 웹페이지내의 선택한 HTML 요소로 불러 올 수 있다.

※ jQuery load() 메소드

jQuery load() 메소드는 간단하지만 매우 강력한 AJAX 메소드이다. 데이터를 서버에서 불러와서 선택한 요소에 넣을 수 있다.

■ 구문

```
$(selector).load(URL,data,callback);
```

URL 매개변수로 불러오고자하는 URL을 명시할 수 있다. 데이터(data) 매개변수는 요청시 보낼 "키/값"을 (사용안할 수도 있지만) 선택적으로 명시할 수 있다. 콜백(callback) 매개변수는 load() 메소드가 실행완료 후에, 실행되는 함수 이름이다.

다음 예는 "demo_test.txt" 파일 내용을 〈div〉 요소에다 불러서 넣어주는 예이다.

```
<!DOCTYPE html>
<html>
<head>
<script src="https://ajax.googleapis.com/ajax/libs/jquery/1.12.4/jquery.min.js"></script>
<script>
$(document).ready(function(){
    $("button").click(function(){
        $("#div1").load("demo_test.txt");
    });
});
</script> </head>
<body>
<div id="div1"><h2>jQuery AJAX가 본 텍스트를 수정하게 하라.</h2></div>
<button>외부 콘텐츠를 가져와라.</button>
</body>
</html>
```

아래의 예는, "demo_test.txt" 파일내에서, id="p1"을 가진 요소의 내용을 명시된 〈div〉 요소 안으로 불러온다.

```
$("#div1").load("demo_test.txt #p1");
```

jQuery get()과 post() 메소드

jQuery get()과 post() 메소드는 HTTP GET 또는 POST 요청으로 서버에서 데이터를 요청할 때 사용한다.

- GET : 명시된 서버등으로 부터 데이터를 요구한다.
- POST : 명시된 서버등으로 처리될 데이터를 제출한다.

아래의 예는 $.get() 메소드를 사용하여 서버에 있는 파일에서 데이터를 가져온다.

```
<!DOCTYPE html>
<html>
<head>
<script src="https://ajax.googleapis.com/ajax/libs/jquery/1.12.4/jquery.min.js"></script>
<script>
$(document).ready(function(){
    $("button").click(function(){
        $.get("demo_test.asp", function(data, status){
            alert("데이타: " + data + "\n상태: " + status);
        });
    }); });
</script>
</head>
<body>
<button>웹페이지로 HTTP GET 요청을 보내서 결과를 받는다.</button>
</body>
</html>
```

jQuery 기타

jQuery noConflict() 메소드

알다시피, jQuery는 $ 표시를 jQuery 단축표시로 사용한다. 많이 사용중인 다른 자바스크립트 프레임워크: Angular, Backbone, Ember, Knockout 등이 만약 단축표시로 $를 사용한다면, 충돌이 발생한다. 충돌을 피하기 위하여, 다음 예제에서 사용하는 noConflict()메소드를 만들었다.

noConflict() 메소드가 $ (단축용 특별문자)를 사용하지 않고(release) 다른 스크립트가 사용할 수 있다.

```html
<!DOCTYPE html>
<html>
<head>
<script src="https://ajax.googleapis.com/ajax/libs/jquery/1.12.4/jquery.min.js"></script>
<script>
$.noConflict();
jQuery(document).ready(function(){
    jQuery("button").click(function(){
        jQuery("p").text("jQuery는 여전히 잘 동작한다!");
    });
});
</script>
</head>
<body>
<p> 이것은 문장이다.</p>
<button> jQuery를 시험하라.</button>
</body>
</html>
```

연습문제(15주)

15.1 링크의 URL주소를 안내창으로(alert) 보여라.

```
<!DOCTYPE html>
<html>
<head>
<script src="https://ajax.googleapis.com/ajax/libs/jquery/1.12.4/jquery.min.js">
</script>
<script>
$(document).ready(function(){
    // 여기에 코드를 추가
});
</script>
</head>
<body>
<a href="http://한국.net">소셜 이름포털 한국.net</a>
</body>
</html>
```

15.2 jQuery를 사용하여, 아래 링크의 텍스트를 "소셜 이름포털"로 변경하고, href 속성 값은 "http://한국.net"으로 변경하라.

```
<!DOCTYPE html>
<html>
<head>
<script src="https://ajax.googleapis.com/ajax/libs/jquery/1.12.4/jquery.min.js">
</script>
<script>
$(document).ready(function(){
    // 여기에 코드를 추가
});
</script>
</head>
<body>
<a href="http://www.w3schools.com/jquery">Learn jquery here</a>
</body> </html>
```

15.3 jQuery 메소드를 사용하여, <p>요소 뒤에 "안녕하세요?" 텍스트를 추가하라.

```
<!DOCTYPE html>
<html>
<head>
<script src="https://ajax.googleapis.com/ajax/libs/jquery/1.12.4/jquery.min.js">
</script>
<script>
$(document).ready(function(){
    // 여기에 코드를 추가
});
</script>
</head>
<body>
<p>안녕하세요?</p>
</body>
</html>
```

15.4 jQuery 메소드를 사용하여, class="test" 또는 class="demo"를 가진 모든 <p>요소들을 지워라.

```
<!DOCTYPE html>
<html>
<head>
<script src="https://ajax.googleapis.com/ajax/libs/jquery/1.12.4/jquery.min.js">
</script>
<script>
$(document).ready(function(){
    // 여기에 코드를 추가
});
</script>
<style>
.test {
    color: red;
    font-size: 20px;
```

```
}
.demo {
    color: green;
    font-size: 25px;
}
</style>
</head>
<body>
<p>This is a paragraph.</p>
<p class="test">클래스가 test 인 p요소입니다.</p>
<p class="test">클래스가 test 인 p요소입니다.</p>
<p class="demo">클래스가 demo 인 p요소입니다.</p>
</body>
</html>
```

15.5 jQuery 메소드를 사용하여, 클릭할 때 <p>요소에서 "important" 클래스를 추가했다 제거했다를 반복하라(toggle).

```
<!DOCTYPE html>
<html>
<head>
<script src="https://ajax.googleapis.com/ajax/libs/jquery/1.12.4/jquery.min.js">
</script>
<script>
$(document).ready(function(){
    $("p").click(function(){
        // 여기에 코드를 추가
    });
});
</script>
<style>
.important {
    font-weight: bold;
    font-size: xx-large;
    background-color: yellow;
```

```
</style>
</head>
<body>

<p>이것은 문단입니다. - 나를 클릭해서 클래스를 교대로 변경(toggle)하세요!</p>
</body>
</html>
```

15.6 css() 메소드를 사용하여, <p>요소의 스타일을 초록색의 배경색, 흰 텍스트 색, 25 폰트 크기, 15 픽셀의 패딩(내부 여백)을 갖도록 설정하라.

```
<!DOCTYPE html>
<html>
<head>
<script src="https://ajax.googleapis.com/ajax/libs/jquery/1.12.4/jquery.min.js">
</script>
<script>
$(document).ready(function(){
    // 여기에 코드를 추가
});
</script>
</head>
<body>
<p>이것은 문단입니다.</p>
</body>
</html>
```

15.7 패딩(내부여백), 테두리(경계선) 및 여백(margin)을 포함하는 <div>요소의 높이를 안내 창(alert)으로 보여주라.

```
<!DOCTYPE html>
<html>
<head>
<script src="https://ajax.googleapis.com/ajax/libs/jquery/1.12.4/jquery.min.js">
</script>
<script>
$(document).ready(function(){
    // 여기에 코드를 추가
});
</script>
<style>
div {
    height: 100px;
    width: 300px;
    padding: 10px;
    margin: 3px;
    border: 1px solid blue;
    background-color: lightblue;
}
</style>
</head>
<body>
<div>나는 div 입니다.</div>
</body>
</html>
```

15.8 <div> 요소의 첫 번째 자식 요소에 빨간색을 추가하는 children() 메소드를 사용하라.

```
<!DOCTYPE html>
<html>
<head>
<style>
```

```
.descendants * {
    display: block;
    border: 2px solid lightgrey;
    color: lightgrey;
    padding: 5px;
    margin: 15px;
}
</style>
<script src="https://ajax.googleapis.com/ajax/libs/jquery/1.12.4/jquery.min.js">
</script>
<script>
$(document).ready(function(){
    // 여기에 코드를 추가
});
</script>
</head>
<body>
<div class="descendants" style="width:500px;">div (부모)
  <p>첫번째 p (자식)</p>
  <p>두번째 p (자식)</p>
</div>
</body>
</html>
```

15.9 <h2>와 <h6>사이의 모든 형제 요소들에게 빨간색을 추가하라.

```
<!DOCTYPE html>
<html>
<head>
<style>
.siblings * {
    display: block;
    border: 2px solid lightgrey;
    color: lightgrey;
    padding: 5px;
```

```
        margin: 15px;
}
</style>
<script src="https://ajax.googleapis.com/ajax/libs/jquery/1.12.4/jquery.min.js">
</script>
<script>
$(document).ready(function(){
    // 여기에 코드를 추가
});
</script>
</head>
<body class="siblings">
<div>div (부모)
  <p>p</p>
  <span>스팬</span>
  <h2>h2</h2>
  <h3>h3</h3>
  <h4>h4</h4>
  <h5>h5</h5>
  <h6>h6</h6>
  <p>p</p>
</div>
</body>
</html>
```

15.10 마지막 <div> 요소 내에 있는 마지막 <p>요소에게 노란 배경색을 추가하라.

```
<!DOCTYPE html>
<html>
<head>
<script src="https://ajax.googleapis.com/ajax/libs/jquery/1.12.4/jquery.min.js">
</script>
<script>
$(document).ready(function(){
    // 여기에 코드를 추가
```

```html
});
</script>
</head>
<body>
<div style="border: 1px solid black;">
    <p>div 내에서 첫 번째 문단입니다.</p>
    <p>div 내에서 마지막 문단입니다.</p>
</div><br>
<div style="border: 1px solid black;">
    <p>다른 div 내에서 첫 번째 문단입니다.</p>
    <p>다른 div 내에서 마지막 문단입니다.</p>
</div>
</body>
</html>
```

jQuery QUIZ 문제

1. 빈괄호 (A)를 채우세요.

   ```
   <script>
   $(function(){   $("button").click(function(){
         $("#p1").css("color", "red").slideUp(2000)(A)slideDown(2000);      }); });
   </script>
   ```

2. 빈괄호 (A)를 채우세요.

   ```
   $(  A  ).hide() - 현재의(자신) 요소를 숨기기
   ```

3. 빈괄호 (A)를 채우세요.

   ```
   jQuery method를 사용하여, "important" class를 <p> 요소에서 제거하세요.

   <script>
   $(document).ready(function(){
       $("p").(  A  )("important");   }); </script>
   ```

4. 빈괄호 (A)를 채우세요.

   ```
   <body>
   <p id="demo">Hello World!</p>
   <script>
   document.getElementById("demo").(  A  ).textAlign = "center";
   </script>
   </body>
   ```

5. 빈괄호 (A)를 채우세요.

   ```
   <button id="myBtn">Try it</button>
   <script>
   document.getElementById("myBtn").add( A )Listener("click", function(){  alert("Hello World!");  }); </script>
   ```

6. 빈괄호 (A)를 채우세요.

   ```
   outerWidth( A ) method는  padding, border 및 margin을 모두 포함하는 요소의 width 값을 돌려준다(return).
   ```

7. 빈괄호 (A)를 채우세요.

   ```
   filter( )의 반대되는 ( A )( ) method
   ```

8. 빈괄호 (A)를 채우세요. 명시된 Miliseconds 시간을 기다린 후, function을 실행하는 method는?

   ```
   ( A )(function, milliseconds)
   ```

9. 선택된 요소들의 1개 또는 여러 개의 스타일 속성을 설정할 때 사용하는 jQuery method는 (선택)?

   a. css()
   b. html()
   c. style()
   d. ready()
   e. set()

10. jQuery에 사용된 프로그래밍 언어는 (선택)?

    a. C#
    b. Java
    c. VBScript
    d. JavaScript
    e. C

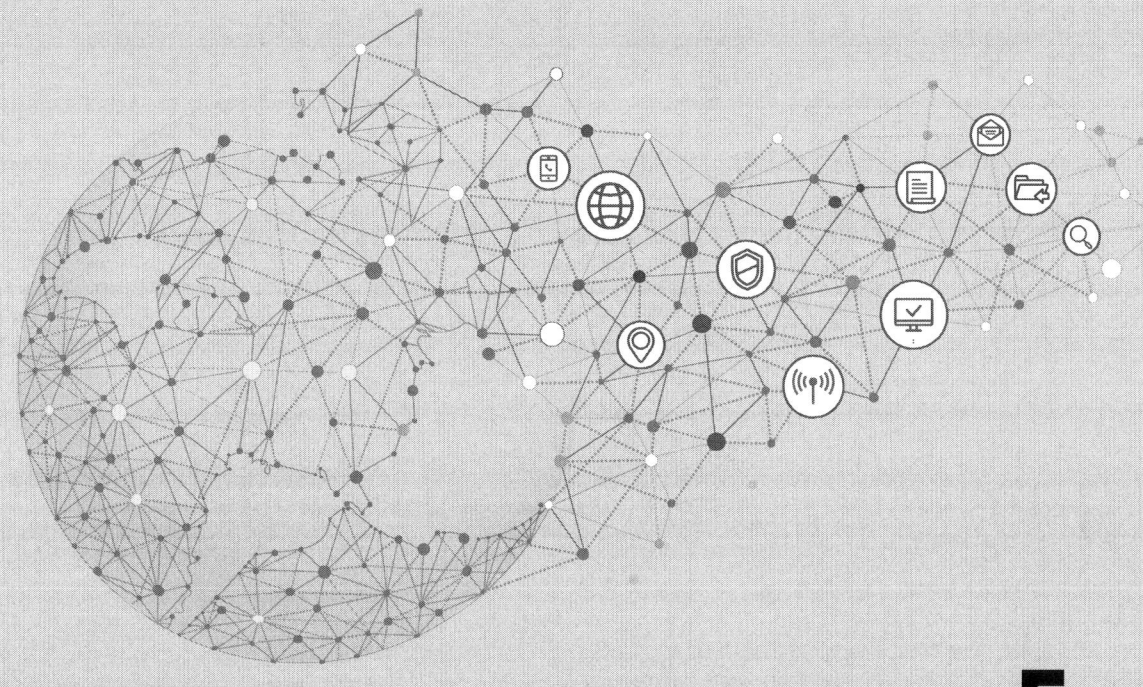

CHAPTER **5**

서버스크립트(ASP) 응용

5.1 ASP 및 한국.net 시범사이트 소개

5.2 ASP 객체 및 응용 프로그램

5.1 ASP 및 한국.net 시범사이트 소개

이름포털 사이트인 http://한국.net은 Window 서버로 서비스되고 있는데, 서버에서 사용하는 서버스크립트로는 ASP를 사용하여 서비스 중이다. JSP나 PHP등의 서버스크립트를 이용하여서 서버측 웹서비스 프로그램을 만들 수도 있으며, 일반적으로 JSP, PHP, ASP 순으로 많이 사용되고 있다.

이름포털 첫 리스트화면을 제공하는 wopen.net 웹사이트 서버에서 제공하는 list.asp 인 ASP 서버스크립트 프로그램인 http://wopen.net/list.asp 과 리스트에서 보여지는 이름이나 제목을 포함하는 하이퍼링크 URL을 클릭시 보여주는 이름의 상세한 콘텐츠를 보여주는

http://wopen.net/content.asp?idx=2908 등의 ASP 프로그램 등이 서버에 있다.

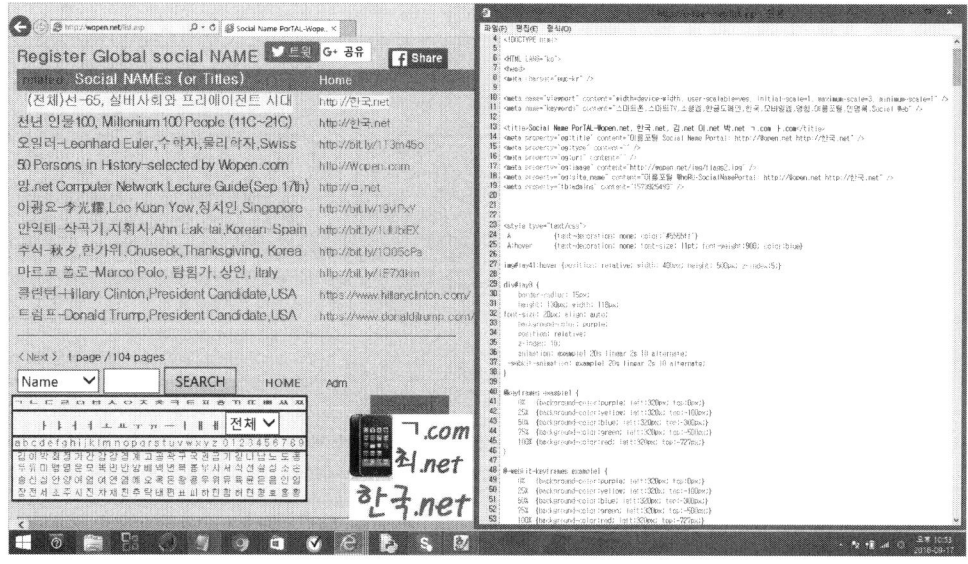

서버에서 제공하는 list.asp와 소스코드

(질문 및 토의: 위 화면을 보여주는 아래의 HTML, CSS, JavaScript를 설명해보세요.)

```
<!DOCTYPE html>

<HTML LANG="ko">
<head>
<meta charset="euc-kr" />

<!-- (질문 및 토의) 아래의 코드를 화면을 보며 설명해 보세요. -->
<meta name="viewport" content="width=device-width, user-scalable=yes, initial-scale=1, maximum-scale=3, minimum-scale=1" />


<meta name="keywords" content="스마트폰,스마트TV,소셜웹,한글도메인,한국,모바일웹,명함,이름포털,인명록,Social Web" />

<title>Social Name PorTAL-Wopen.net, 한국.net, 김.net 이.net 박.net ㄱ.com ㅏ.com</title>
<meta property="og:title" content="이름포털 Social Name Portal: http://Wopen.net http://한국.net" />
<meta property="og:type" content="" />
<meta property="og:url" content="" />
<meta property="og:image" content="http://wopen.net/img/flags2.jpg" />
<meta property="og:site_name" content="이름포털 WhoRU-SocialNamePortal: http://Wopen.net http://한국.net" />
<meta property="fb:admins" content="1573925499" />



<style type="text/css">
A            {text-decoration: none; color:"#5555ff"}
A:hover      {text-decoration: none; font-size: 11pt; font-weight:900; color:blue}

img#lay41:hover {position: relative; width: 400px; height: 500px; z-index:5;}

// (질문 및 토의) 아래의 코드를 화면을 보며 설명해 보세요.
div#lay8 {
border-radius: 15px;
height: 130px; width: 118px;
font-size: 20px; align: auto;
background-color: purple;
```

```
position: relative;
z-index: 10;
animation: example1 20s linear 2s 10 alternate;
-webkit-animation: example1 20s linear 2s 10 alternate;
}

@keyframes example1 {
0%    '7bbackground-color:purple; left:320px; top:0px;}
25%   '7bbackground-color:yellow; left:320x; top:-100px;}
50%   '7bbackground-color:blue; left:320px; top:-300px;}
75%   '7bbackground-color:green; left:320px; top:-500px;}
100%  '7bbackground-color:red; left:320px; top:-727px;}
}

@-webkit-keyframes example1 {
0%    '7bbackground-color:purple; left:320px; top:0px;}
25%   '7bbackground-color:yellow; left:320x; top:-100px;}
50%   '7bbackground-color:blue; left:320px; top:-300px;}
75%   '7bbackground-color:green; left:320px; top:-500px;}
100%  '7bbackground-color:red; left:320px; top:-727px;}
}

.topright {
position: absolute;
top: 105px;
right: 4px;
font-size: 18px;
font-weight: bold;
}
</style>

<!-- (질문 및 토의) 아래의 코드를 화면을 보며 설명해 보세요. -->
<script>
function searchcheck() {
var temp=document.searchfrm.searchstring.value.replace(/ /gi,'');
if(!(temp)){
alert("검색글자 입력하세요.");
document.searchfrm.searchstring.value="";
```

```
document.searchfrm.searchstring.focus( );
return false;
}
return true;
}
</script>
```

<!-- (질문 및 토의) 아래의 코드를 화면을 보며 설명해 보세요. -->
```
<script>
var passwd;
function sendform(ch)
{
        var kind; passwd="";
        kind=document.form.kind.value;
if (kind=="my") {
        passwd=prompt("Password ?", "");
if (passwd != null) {
document.location.href="http://wopen.net/listp.asp?cd="+ch+"&ok="+ch+"&kind="+kind+"&passwd="+passwd;
        }
}
else document.location.href="http://wopen.net/listp.asp?cd="+ch+"&ok="+ch+"&kind="+kind;
}
</script>
```

<!-- (질문 및 토의) 아래의 코드를 화면을 보며 설명해 보세요. -->
```
<!-- 이 태그를 head 태그에 배치하거나 닫는 body 태그 바로 앞에 배치 -->
<script src="https://apis.google.com/js/platform.js" async defer></script>
<script async src="//pagead2.googlesyndication.com/pagead/js/adsbygoogle.js"></script>
<script>
(adsbygoogle = window.adsbygoogle || []).push({
google_ad_client: "ca-pub-448xxxxxxxxxx",
enable_page_level_ads: true
});
</script>
</head>
<body  bgcolor="#cceecc">
```

서버의 list.asp 소스코드 일부 예

(질문 및 토의: 위 화면을 보여주는 아래의 서버측 ASP 프로그램을 설명해보세요.)

```asp
<%
    Dim agent, redirect
    agent = Request.ServerVariables("HTTP_USER_AGENT")
    If InStr(agent,"Phone") >= 1 Or (InStr(agent,"Android") >= 1 and InStr(agent,"Pad") < 1) Then
        'Smart Phone
        redirect = "http://wopen.net/listmb.asp"
        response.Redirect redirect
    End If
%>

<!DOCTYPE html>
<HTML LANG="ko">
<head>
<meta charset="euc-kr" />

<meta name="viewport" content="width=device-width, user-scalable=yes, initial-scale=1, maximum-scale=3, minimum-scale=1" />
<meta name="keywords" content="스마트폰,스마트TV,소셜웹,한글도메인,한국,모바일웹,명함,이름포털,인명록,Social Web" />

<title>Social Name PorTAL-Wopen.net, 한국.net, 김.net 이.net 박.net ㄱ.com ㅏ.com</title>
<meta property="og:title" content="이름포털 Social Name Portal: http://Wopen.net http://한국.net" />
<meta property="og:type" content="" />
<meta property="og:url" content="" />
<meta property="og:image" content="http://wopen.net/img/flags2.jpg" />
<meta property="og:site_name" content="이름포털 WhoRU-SocialNamePortal: http://Wopen.net http://한국.net" />
<meta property="fb:admins" content="1573925499" />

<style type="text/css">
 A          {text-decoration: none; color:"#5555ff"}
 A:hover    {text-decoration: none; font-size: 11pt; font-weight:900; color:blue}
img#lay41:hover {position: relative; width: 400px; height: 500px; z-index:5;}
```

```css
div#lay8 {
    border-radius: 15px;
    height: 130px; width: 118px;
font-size: 20px; align: auto;
    background-color: purple;
    position: relative;
    z-index: 10;
    animation: example1 20s linear 2s 10 alternate;
 -webkit-animation: example1 20s linear 2s 10 alternate;
}
@keyframes example1 {
    0%   {background-color:purple; left:320px; top:0px;}
    25%  {background-color:yellow; left:320x; top:-100px;}
    50%  {background-color:blue; left:320px; top:-300px;}
    75%  {background-color:green; left:320px; top:-500px;}
    100% {background-color:red; left:320px; top:-727px;}
}

@-webkit-keyframes example1 {
    0%   {background-color:purple; left:320px; top:0px;}
    25%  {background-color:yellow; left:320x; top:-100px;}
    50%  {background-color:blue; left:320px; top:-300px;}
    75%  {background-color:green; left:320px; top:-500px;}
    100% {background-color:red; left:320px; top:-727px;}
}

@keyframes example {
    0%   {background-color:purple; left:320px; top:0px;}
    25%  {background-color:yellow; left:512px; top:0px;}
    50%  {background-color:blue; left:512px; top:0px;}
    75%  {background-color:green; left:320px; top:0px;}
    100% {background-color:red; left:320px; top:0px;}
}
.topright {
    position: absolute;
    top: 105px;
    right: 4px;
    font-size: 18px;
```

```
        font-weight: bold;
  }
</style>

<!-- (질문 및 토의) 아래의 코드를 화면을 보며 설명해 보세요. -->
<script>
function searchcheck() {
  var temp=document.searchfrm.searchstring.value.replace(/ /gi,' ');
  if(!(temp)){
    alert("검색글자 입력하세요.");
    document.searchfrm.searchstring.value="";
    document.searchfrm.searchstring.focus( );
    return false;
  }
  return true;
}
</script>

<!-- (질문 및 토의) 아래의 코드를 화면을 보며 설명해 보세요. -->
<script>
 var passwd;
function sendform(ch)
{
     var kind; passwd="";
kind=document.form.kind.value;
if (kind=="my") {
    passwd=prompt("Password ?", "");
            if (passwd != null) {
                document.location.href="http://wopen.net/listp.asp?cd="+ch+"&ok="+ch+"&kind="+kind+"&passwd="+passwd;
    }
}
    else document.location.href="http://wopen.net/listp.asp?cd="+ch+"&ok="+ch+"&kind="+kind;
}
</script>
```

```
<!-- (질문 및 토의) 아래의 코드를 화면을 보며 설명해 보세요. -->
<!-- 이 태그를 head 태그에 배치하거나 닫는 body 태그 바로 앞에 배치 -->
<script src="https://apis.google.com/js/platform.js" async defer></script>
<script async src="//pagead2.googlesyndication.com/pagead/js/adsbygoogle.js"></script>
<script>
  (adsbygoogle = window.adsbygoogle || []).push({
    google_ad_client: "ca-pub-448xxxxxxxxxx",
    enable_page_level_ads: true
  });
</script>
</head>
<body bgcolor="#cceecc">
```

위에서 클라이언트 단말기의 브라우저로 본 화면 (PC 또는 스마트폰에서)의 소스코드와 서버측에서의 list.asp 소스코드가 약간 틀린 것을 알 수 있는데, 이는 ASP 부분인 〈% .... %〉은 서버에서 실행된 결과만 전달되고 (전달할 결과가 없으면 클라이언트 측에 전달되는 것은 없음), list.asp 내의 HTML 소스 및 자바스크립트 소스는 그대로 클라이언트측에 전달된 것을 알 수 있다.

5.2 ASP 객체 및 응용 프로그램

ASP 서버스크립트 객체들을 간단히 살펴보면, Request객체, Response객체, Application객체, Session객체, Server객체, Script객체. Recordset객체 등이 있다. 상세한 내용은 ASP관련 자료를 참조바라며, 여기에서는 실제응용 사례를 간략히 설명한다. ASP 서버스크립트 프로그램인 http://wopen.net/list.asp 를 브라우저에서 실행시 보여주는 화면 및 소스코드(HTML, JavaScript 등)와 서버에서 수행되는 ASP 소스코드 (HTML, JavaScript, DB처리 등)를 보면 다음과 같다.

list.asp를 브라우저에서 실행시 보여주는 화면

❋ Browser화면의 소스코드 일부(HTML, JavaScript 등)

(질문 및 토의: 위화면을 보여주는 아래의 HTML, CSS, JavaScript를 설명해보세요.)

```
<!DOCTYPE html>
<HTML LANG="ko">
<head>
<meta charset="euc-kr" />
<meta name="viewport" content="width=device-width, user-scalable=yes, initial-scale=1.075,
maximum-scale=3.0, minimum-scale=1.075" />
<meta name="keywords" content="스마트폰, 스마트TV, 소셜웹, 모바일웹, 명함, 이름포털, 인명
록,Mobile Web Service,Name Card, Smart Phone, Smart TV, Social Web" />
```

```
<title>Social Name PorTAL-Wopen.net, 한국.net, 김.net 이.net 박.net ㄱ.com ㅏ.com</title>
<meta property="og:title" content="이름포털 Social Name Portal: http://Wopen.net http://한국.net" />
<meta property="og:type" content="" />
<meta property="og:url" content="" />
<meta property="og:image" content="http://wopen.net/img/flags2.jpg" />
<meta property="og:site_name" content="이름포털 WhoRU-SocialNamePortal: http://Wopen.net http://한국.net" />
<meta property="fb:admins" />

<style type="text/css">
 A           {text-decoration: none; color:"#5555ff"}
 A:hover     {text-decoration: none; font-size: 11pt; font-weight:900; color:blue}
</style>

<script>
function searchcheck() {
  var temp=document.searchfrm.searchstring.value.replace(/ /gi,' ');
   if(!(temp)){
     alert("검색글자 입력하세요.");
     document.searchfrm.searchstring.value="";
     document.searchfrm.searchstring.focus( );
     return false;
   }
   return true;
}
</script>

<script>
 var passwd;
function sendform(ch)
{
var kind; passwd="";
kind=document.form.kind.value;
if (kind=="my") {
   passwd=prompt("Password ?", "");
        if (passwd != null) {
```

```
                document.location.href="http://wopen.net/listp.asp?cd="+ch+"&ok="+ch+"&kind="+kind+"&passwd="+passwd;
        }
}
    else document.location.href="http://wopen.net/listp.asp?cd="+ch+"&ok="+ch+"&kind="+kind;
}
</script>

<script src="https://apis.google.com/js/platform.js" async defer></script>
</head>

<body  bgcolor="#cceecc">

<script async src="//pagead2.googlesyndication.com/pagead/js/adsbygoogle.js"></script>
<!-- Mobile_Name_Portal_Top_big(300_250) -->
<ins class="adsbygoogle"
     style="display:inline-block;width:300px;height:250px" ></ins>
<script>
(adsbygoogle = window.adsbygoogle || []).push({});
</script>

<div id="fb-root"></div>
<script>(function(d, s, id) {
  var js, fjs = d.getElementsByTagName(s)[0];
  if (d.getElementById(id)) return;
  js = d.createElement(s); js.id = id;
  js.src = "//connect.facebook.net/en_US/sdk.js#xfbml=1&version=v2.3";
  fjs.parentNode.insertBefore(js, fjs);
}(document, 'script', 'facebook-jssdk'));</script>
```

❈ 서버의 ASP 소스코드 일부 예

(질문 및 토의: 아래의 서버측 ASP 프로그램을 간단히 설명해보세요.)

```asp
<%
Dim Array, text, l1, l2, l3, l4, cd1, ok1, ok2, ok3, kind

text=Request.ServerVariables("REMOTE_addr")
Array = split(text, ".")
l1=Array(0)
l2=Array(1)
l3=Array(2)
l4=Array(3)
%>

<%
  cd1=Request("cd")
  ok1=Request("ok")
     kind=Request("kind")
     pass1=Request("passwd")
%>

<table cellspacing="0" CELLPADDING="0" width="439" style="margin: 0 0 0 0; padding:0 0 0 0">
<tr>
       <td width="280" bgcolor="#cceecc" align="left" nowrap>
<a href="write.asp?page=<%=page%>" >
<font size=3 color="green"><b>Register Global social NAME</b></a>

<a href="http://twitter.com/share" class="twitter-share-button" data-text="Social Name Portal: Wopen.net 한국.net" data-count="none" data-via="">Tweet</a>
<script type="text/javascript" src="http://platform.twitter.com/widgets.js"></script>

</td>
<td>
<!-- 공유 버튼을(를) 표시하고 싶은 위치에 이 태그를 배치 -->
<div class="g-plus" data-action="share" data-annotation="none"></div>
 
<div class="fb-share-button" data-layout="button"></div>
```

```
</td></tr>
<tr><td width="280" bgcolor="#999999" align="left" height="10"><strong><font size=2 color="#005500"><% =ok1%></font> <font face="돋움" size="1" color="#005500">related</font> <font face="돋움" size="2" color="#FFFFFF">  Social NAMEs (or Titles)</font></strong></td>
        <td width="140" bgcolor="#999999" align="left" height="10"><strong><font face="돋움" size="1" color="#FFFFFF">Home</font></strong></td>
    </tr>

<!-- (질문 및 토의) 아래의 서버측 ASP코드를 설명해 보세요. -->
<% if request("page")="" or request("page")=1 then
     page=1
    else
     page=request("page")
    end if
Set db = Server.CreateObject("ADODB.Connection")
db.Open("MyDB")
SQL = "SELECT * FROM MyBoard WHERE cd = " & "'" &"adall"& "'"
Set rs2 = Server.CreateObject("ADODB.Recordset")
rs2.Open SQL,db,1
rs2.MoveLast
rCount1=rs2.RecordCount
rCount=rCount1-1
Randomize
iselrec = CInt(rCount*Rnd)+1
rs2.AbsolutePosition=iselrec
%>
 <tr>
      <td  align="left" width="280"><font face="굴림" size="2" color="#ff5050" ><marquee id='scroller' scrollAmount=2 width=280 behavior="alternate"><span onMouseover='javascript:scroller.stop()' onMouseout='javascript:scroller.start()'>
          <a STYLE="background-color: yellow" href="http://wopen.net/contentp.asp?idx=<%=rs2("board_idx")%>&page=<%=page%>&cd=<%=cd1%>&ok=<%=ok1%>"><%=rs2("title")%></a></span></marquee></font></td>
      <td  align="left" width="140"><font face="굴림" size="1" color="#000000">
<a STYLE="background-color: yellow"  href="<%=rs2("homepage")%>" target='_self' ><%=rs2("homepage")%></a></font></td>
</tr>
```

```
<%
    rs2.Close
    Set rs2 = Nothing
%>

<!-- (질문 및 토의) 아래의 코드를 화면을 보며 설명해 보세요. -->
<%
      Set db = Server.CreateObject("ADODB.Connection")
      db.Open("MySiteDB")
if kind1="my" then
 SQL = "SELECT * FROM MyBoard WHERE cd = " & " ' " &ok3& " ' "  & "and pwd = " & " ' " &pass1& " ' " & "ORDER BY writeday DESC"
else
SQL = "SELECT * FROM MyBoard WHERE cd = " & " ' " &ok3& " ' "   & "or vcd = " & " ' " &ok3& " ' " & "or ok like " & " ' " &ok3& "%' "  & "ORDER BY writeday DESC"
end if
    Set rs = Server.CreateObject("ADODB.Recordset")
    rs.PageSize = 10
rs.Open SQL,db,1
%>

<% if rs.BOF or rs.EOF then %>
<font face="굴림" size="1" color="#0000ff">없음 No Results !</font>
<hr width="420" align="left">
<%
else
'페이지 수
totalpage = rs.pagecount
rs.absolutepage = page
%>

<%
i = 1
Do until rs.EOF or i>rs.PageSize
%>
  <tr>
     <td  align="left" height="10" width="280"><font face="돋움" size="2" color="#ff0000" >
```

```
<a href="http://wopen.net/contentp.asp?idx=<%=rs("board_idx")%>&page=<%=page%>&cd=<%=cd1%>&ok=
<%=ok1%>&kind=<%=kind1%>&passwd=<%=request("passwd")%>">
<%=rs("title")%></a></font></td>
        <td  align="left" height="10" width="140"><font face="돋움" size="1" color="#000000"><a
href="<%=rs("homepage")%>" target='_self'><%=rs("homepage")%></a></font></td>
 </tr>
<%
rs.MoveNext
i=i+1
loop
%>
   </table>

<!-- (질문 및 토의) 아래의 코드를 화면을 보며 설명해 보세요. -->
<hr width="420" align="left">
<left><font face="굴림" size="1.5" color="#000000">
<% if page <> 1 then%>
&lt;
<a href="http://wopen.net/listp.asp?page=<%=page-1%>&cd=<%=request("cd")%>&ok=
<%=request("ok")%>&kind=<%=request("kind")%>&passwd=<%=request("passwd")%>">
Back</a> &gt;
<%end if%>
<% if Cint(page) <> Cint(totalpage) then%>
&lt;
<a href="http://wopen.net/listp.asp?page=
<%=page+1%>&cd=<%=request("cd")%>&ok=<%=request("ok")%>&kind=
<%=request("kind")%>&passwd=<%=request("passwd")%>">Next</a> &gt;
<% end if%>
 
<%=page%> page / <%=totalpage%> pages

</font>
</left>
<% end if%>
<!-- (질문 및 토의) 아래의 코드를 화면을 보며 설명해 보세요. -->
<form method="POST" name="searchfrm" action="http://wopen.net/search_result.asp"
onsubmit="return searchcheck();"
```

```
  atocomplete="on">

<font size=1><b>
    <select name="search" size="1">
        <option value="ok" >First Ch</option>
        <option value="title" selected>Name</option>
        <option value="content" >Contents</option>
    </select>
<input type="search" name="searchstring" size="4" value="">

<input type="submit" value="SEARCH">

     
<a href="http://wopen.net/list.asp">HOME</a> </b> </font>
   
 <a href="admin.asp"><font size=1 color=black> Adm</a>
</form>
```

<!-- (질문 및 토의) 아래의 코드를 화면을 보며 설명해 보세요. -->
```
<div id=lay1 style="position:absolute;left:2px;width:450px; ">
<form name="form" method="POST" action="http://wopen.net/listp.asp">
<table border="1" width="270" bgcolor="yellow" cellpadding="0" cellspacing="0" style="margin: 0 0 0 0; padding:0 0 0 0">
<tr><td align="center" nowrap><font size="1" color="blue"><b>

<a  href="#" onClick="sendform('ㄱ')">ㄱ</a>
<a  href="#" onClick="sendform('ㄴ')">ㄴ</a>
<a  href="#" onClick="sendform('ㄷ')">ㄷ</a>
<a  href="#" onClick="sendform('ㄹ')">ㄹ</a>
<a  href="#" onClick="sendform('ㅁ')">ㅁ</a>
<a  href="#" onClick="sendform('ㅂ')">ㅂ</a>
<a  href="#" onClick="sendform('ㅅ')">ㅅ</a>
<a  href="#" onClick="sendform('ㅇ')">ㅇ</a>
<a  href="#" onClick="sendform('ㅈ')">ㅈ</a>
<a  href="#" onClick="sendform('ㅊ')">ㅊ</a>
<a  href="#" onClick="sendform('ㅋ')">ㅋ</a>
<a  href="#" onClick="sendform('ㅌ')">ㅌ</a>
<a  href="#" onClick="sendform('ㅍ')">ㅍ</a>
```

```html
<a href="#" onClick="sendform('ㅎ')">ㅎ</a>
<a href="#" onClick="sendform('ㄲ')">ㄲ</a>
<a href="#" onClick="sendform('ㄸ')">ㄸ</a>
<a href="#" onClick="sendform('ㅃ')">ㅃ</a>
<a href="#" onClick="sendform('ㅆ')">ㅆ</a>
<a href="#" onClick="sendform('ㅉ')">ㅉ</a>
</b>
</font></td></tr>
<tr><td align="center" ><font size="1" color="blue">
<b>
<a href="#" onClick="sendform('ㅏ')">ㅏ</a>
<a href="#" onClick="sendform('ㅑ')">ㅑ</a>
<a href="#" onClick="sendform('ㅓ')">ㅓ</a>
<a href="#" onClick="sendform('ㅕ')">ㅕ</a>
<a href="#" onClick="sendform('ㅗ')">ㅗ</a>
<a href="#" onClick="sendform('ㅛ')">ㅛ</a>
<a href="#" onClick="sendform('ㅜ')">ㅜ</a>
<a href="#" onClick="sendform('ㅠ')">ㅠ</a>
<a href="#" onClick="sendform('ㅡ')">ㅡ</a>
<a href="#" onClick="sendform('ㅣ')">ㅣ</a>
<a href="#" onClick="sendform('ㅐ')">ㅐ</a>
<a href="#" onClick="sendform('ㅔ')">ㅔ</a>
</b>
<select name="kind" size="1" >
    <option value="all" selected>전체</option>
    <option value="my"  >My</option>
    <option value="nation" >나라</option>
    <option value="city" >도시</option>
    <option value="local" >부근</option>
    <option value="name" >이름</option>
</select>

</font></td></tr>
<tr><td nowrap align="center" style="margin: 0 0 0 0; padding:0 0 0 0;font-size:7.0pt;">
<font size=1 color="blue" style="margin: 0 0 0 0; padding:0 0 0 0; font-size:7.0pt;">
<a href="#" onClick="sendform('a')">a</a>
<a href="#" onClick="sendform('b')">b</a>
<a href="#" onClick="sendform('c')">c</a>
```

```
<a href="#" onClick="sendform('d')">d</a>
<a href="javascript:" onClick="sendform('e')">e</a>
<a href="javascript:" onClick="sendform('f')">f</a>
<a href="javascript:" onClick="sendform('g')">g</a>
<a href="javascript:" onClick="sendform('h')">h</a>
<a href="javascript:" onClick="sendform('i')">i</a>
<a href="javascript:" onClick="sendform('j')">j</a>
<a href="javascript:" onClick="sendform('k')">k</a>
<a href="javascript:" onClick="sendform('l')">l</a>
<a href="javascript:" onClick="sendform('m')">m</a>
<a href="javascript:" onClick="sendform('n')">n</a>
<a href="javascript:" onClick="sendform('o')">o</a>
<a href="javascript:" onClick="sendform('p')">p</a>
<a href="javascript:" onClick="sendform('q')">q</a>
<a href="javascript:" onClick="sendform('r')">r</a>
<a href="javascript:" onClick="sendform('s')">s</a>
<a href="javascript:" onClick="sendform('t')">t</a>
<a href="javascript:" onClick="sendform('u')">u</a>
<a href="javascript:" onClick="sendform('v')">v</a>
<a href="javascript:" onClick="sendform('w')">w</a>
<a href="javascript:" onClick="sendform('x')">x</a>
<a href="javascript:" onClick="sendform('y')">y</a>
<a href="javascript:" onClick="sendform('z')">z</a> 
<a href="javascript:" onClick="sendform('0')">0</a>
<a href="javascript:" onClick="sendform('1')">1</a>
<a href="javascript:" onClick="sendform('2')">2</a>
<a href="javascript:" onClick="sendform('3')">3</a>
<a href="javascript:" onClick="sendform('4')">4</a>
<a href="javascript:" onClick="sendform('5')">5</a>
<a href="javascript:" onClick="sendform('6')">6</a>
<a href="javascript:" onClick="sendform('7')">7</a>
<a href="javascript:" onClick="sendform('8')">8</a>
<a href="javascript:" onClick="sendform('9')">9</a>
</font></td></tr>

<tr><td align="center">
<table align="center" border="0" width="273" bgcolor="yellow" cellpadding="0" cellspacing="0"
style="margin: 0 0 0 0; padding:0 0 0 0; font-size:6.5pt; ">
```

```
<tr>
<td align="center" nowrap>

<% select case (cd1)
case "ㄱ" %>
<font style="font-size:7.0pt;letter-spacing:0em;line-height:1.3em">
<a  href="javascript:" onClick="sendform('가 ' )">가</a>
<a  href="javascript:" onClick="sendform('각 ' )">각</a>
<a  href="javascript:" onClick="sendform('간 ' )">간</a>
<a  href="javascript:" onClick="sendform('갈 ' )">갈</a>
<a  href="javascript:" onClick="sendform('감 ' )">감</a>
<a  href="javascript:" onClick="sendform('갑 ' )">갑</a>
<a  href="javascript:" onClick="sendform('갓 ' )">갓</a>
<a  href="javascript:" onClick="sendform('강 ' )">강</a>
<a  href="javascript:" onClick="sendform('거 ' )">거</a>
<a  href="javascript:" onClick="sendform('격 ' )">격</a>
<a  href="javascript:" onClick="sendform('건 ' )">건</a>
<a  href="javascript:" onClick="sendform('걸 ' )">걸</a>
<a  href="javascript:" onClick="sendform('검 ' )">검</a>
<a  href="javascript:" onClick="sendform('겁 ' )">겁</a>
<a  href="javascript:" onClick="sendform('고 ' )">고</a>
<a  href="javascript:" onClick="sendform('곡 ' )">곡</a>
</font>
</td></tr>

…..(중략)…..

<hr width="420" align="left">
<font size=1 color="gray">Social Name Portal 한글 세계이름 포털:
<a href="http://한국.net">한국.net</a>  
<a href="http://Wopen.net">Wopen.net</a>   yungbkim@nate.com</font>

<!-- (질문 및 토의) 아래의 코드를 화면을 보며 설명해 보세요. -->
<div style="position:absolute; left:5px;">
<script async src="//pagead2.googlesyndication.com/pagead/js/adsbygoogle.js"> </script>
<!-- m서울1 -->
<ins class="adsbygoogle"
     style="display:inline-block;width:320px;height:100px"
```

```
        data-ad-client="ca-pub-448xxxxxxxxxx"
        data-ad-slot="2296726050"></ins>
<script>
(adsbygoogle = window.adsbygoogle || []).push({});
</script>
</div>

<!-- (질문 및 토의) 아래의 서버측 ASP코드를 화면을 보며 설명해 보세요. -->
<%
Dim FiNum2
Dim FadName2
Dim href2
Dim title2

href2="http://한국.net"
title2="WhoRU-Social Name Portal"

Randomize
FiNum2 = CInt(12*Rnd)

Select Case FiNum2

Case 0
FadName2="img/korea6-1.jpg"
Case 1
FadName2="img/korea6-2.jpg"
Case 2
FadName2="img/korea6-3.jpg"
Case 3
FadName2="img/korea7.jpg"
Case 4
FadName2="img/korea8.jpg"
Case 5
FadName2="img/korea6-1.jpg"
Case 6
FadName2="img/korea.jpg"
Case 7
FadName2="img/korea11.jpg"
```

```
Case 8
    FadName2="img/korea2.jpg"
Case 9
    FadName2="img/korea3.jpg"
Case 10
    FadName2="img/korea10-2.jpg"
Case 11
    FadName2="img/korea10-3.jpg"
Case 12
    FadName2="img/korea.jpg"
Case Else
    FadName2="img/korea6-1.jpg"
End Select
%>

<!-- (질문 및 토의) 아래의 코드를 화면을 보며 설명해 보세요. -->
<div id=lay8 style="position:relative;left:320px;">
<a href="<%=href2%>"> <img src="<%=FadName2%>" title="<%=title2%>"
alt="shared by link" height="100px" width="118px" border="0"> </a>
</div>
</body>
</html>


<%
    rs.Close
    db.Close
    Set rs = Nothing
    Set db = Nothing
%>
```

CHAPTER 5 서버스크립트(ASP) 응용

content.asp 프로그램의 사용예 화면

❈ content.asp 프로그램 실제 사용 예

(질문 및 토의: 위화면을 보여주는 아래의 서버측 ASP 프로그램을 설명해보세요.)

```
<%
    Set db = Server.CreateObject("ADODB.Connection")
    db.Open("MySiteDB")


    UpdateSQL = "Update MyBoard Set readnum = readnum+1 "
    UpdateSQL = UpdateSQL & " where board_idx =" & request("idx")

    db.Execute UpdateSQL
```

```
SQL = "SELECT * FROM MyBoard where board_idx=" & request("idx")

    Set rs = Server.CreateObject("ADODB.Recordset")
rs.Open SQL,db

content = replace(rs("content"),chr(13) & chr(10),"<br>")
content = replace(content,"chr(124)_pipe","|")
test="test" & request("idx")
'src="result/" & test & ".asf"
%>
<!DOCTYPE html>

<html LANG="ko">
<head>
<meta http-equiv="Content-Type" content="text/html; charset=euc-kr" />

<meta name="viewport" content="width=device-width, user-scalable=yes, initial-scale=1.075, maximum-scale=3.0, minimum-scale=1.075" />
<meta name="keywords" content="스마트폰,스마트TV,소셜웹,정보,모바일웹,명함,이름포털,인명록,Mobile Web Service,Name Card,Smart Phone,Smart TV,Social Web"/>

<title>Worldwide Social Name PorTAL- Wopen.net, 한국.net, 김.net 이.net ㄱ.com ㅏ.com </title>

<meta name="description" content="소셜 명함 Social Name Portal: http://한국.net http://Wopen.net" />
<meta property="og:title" content="<%=Rs("title")%>: 소셜 이름포털 Social Name Portal: http://한국.net http://Wopen.net" />
<meta property="og:type" content="" />
<meta property="og:url" content="" />
<meta property="og:image" content="http://wopen.net/img/flags2.jpg" />
<meta property="og:site_name" content="소셜 이름포털 WhoRU-SocialNamePortal: http://한국.net http://Wopen.net" />
<meta property="fb:admins" content="1573925499" />
<style type="text/css">
  A           {text-decoration: none; color:blueblack}
  A:hover     {text-decoration: underline; color:red}
</style>
```

```
<!-- (질문 및 토의) 아래의 코드를 화면을 보며 설명해 보세요. -->
<script>
var repeat; var passwd;
function sendform(ch)
{
    var kind;
kind=document.form.kind.value;
if (kind=="my") {
if (repeat == null) passwd=prompt("Password ?", "");
        if (passwd != null) {document.location.href="http://wopen.net/listp.asp?cd="+ch+"&ok="+ch+"&kind="+kind+"&passwd="+passwd;
repeat=repeat+1;
    }
}
    else document.location.href="listp.asp?cd="+ch+"&ok="+ch+"&kind="+kind;
}
</script>

<!-- 이 태그를 head 태그에 배치하거나 닫는 body 태그 바로 앞에 배치하세요. -->
<script src="https://apis.google.com/js/platform.js" async defer></script>
</head>
<body bgcolor="#ddffff" link="#000080" vlink="#000080" alink="#000080">
<!-- (질문 및 토의) 아래의 코드를 화면을 보며 설명해 보세요. -->
<script async src="//pagead2.googlesyndication.com/pagead/js/adsbygoogle.js"></script>
<!-- Mobile_Name_Portal_Top_big(300_250) -->
<ins class="adsbygoogle"
    style="display:inline-block;width:300px;height:250px"
    data-ad-client="ca-pub-448xxxxxxxxxx"
    data-ad-slot="5417448452"></ins>
<script>
(adsbygoogle = window.adsbygoogle || []).push({});
</script>

<!-- (질문 및 토의) 아래의 코드를 화면을 보며 설명해 보세요. -->
<div id="fb-root"></div>
<script>(function(d, s, id) {
  var js, fjs = d.getElementsByTagName(s)[0];
  if (d.getElementById(id)) return;
```

```
    js = d.createElement(s); js.id = id;
    js.src = "//connect.facebook.net/en_US/sdk.js#xfbml=1&version=v2.3";
    fjs.parentNode.insertBefore(js, fjs);
}(document, 'script', 'facebook-jssdk'));</script>


<%
Dim Array, text, l1, l2, l3, l4, cd1, ok1, ok2, ok3, kind
text=Request.ServerVariables("REMOTE_addr")
Array = split(text, ".")
l1=Array(0)
l2=Array(1)
l3=Array(2)
l4=Array(3)
%>
```

<!-- (질문 및 토의) 아래의 코드를 화면을 보며 설명해 보세요. -->
```
<table border="0" cellspacing="0" width="390" style="BORDER-BOTTOM: medium none; BORDER-LEFT: medium none; BORDER-RIGHT: medium none; BORDER-TOP: medium none" cellpadding="0" bordercolor="#C0C0C0" bordercolorlight="#C0C0C0" bordercolordark="#C0C0C0">
    <tr>
      <td align="left" width="50" height="10" bgcolor="#555588" style="PADDING-BOTTOM: 3px; PADDING-TOP: 2px"><font face="돋움" size="2" color="#ffff80"><strong>Phone</strong></font></td>
      <td colspan=2 align="left" width="340" height="10" style="border-top: 1 dashed rgb(192,192,192); padding-top: 2px; padding-bottom: 3px" bgcolor="#FFffdd"><font face="돋움" size="2"><a href="tel:<%=Rs("name")%>"><%=Rs("name")%></a>     <a href="sms:<%=Rs("name")%>"><b>SMS문자-송신</b></a></font></td>
    </tr><tr>
      <td align="left" width="50" height="10" bgcolor="#555588" style="PADDING-BOTTOM: 3px; PADDING-TOP: 2px"><font face="돋움" size="2" color="#ffff80"><strong>Edit</strong></font></td>
      <td colspan=2 align="left" width="340" height="10" style="border-right: 1 dashed rgb(192,192,192); border-top: 1 dashed rgb(192,192,192); padding-top: 3px; padding-bottom: 3px" bgcolor="#FFFFdd"><font face="돋움" size="2"><%=Rs("writeday")%></font></td>
    </tr>
    <tr>
      <td align="left" width="50" height="10" bgcolor="#555588" style="PADDING-BOTTOM: 3px; PADDING-TOP: 2px"><strong><font face="돋움" size="2" color="#ffff80">Email</font></strong></td>
```

```
        <td colspan=2 align="left" width="340" height="10" style="border-top: 1 dashed
rgb(192,192,192); border-bottom: 1 dashed rgb(192,192,192); padding-top: 2px; padding-bottom:
2px" bgcolor="#FFFFdd"><font face="돋움" size="2"><a href="mailto:<%=Rs("email")%>"><strong><%=
Rs("email")%></strong></a></font></td>
  </tr><tr>
     <td align="left" width="50" height="10" bgcolor="#555588" style="PADDING-BOTTOM: 2px;
PADDING-TOP: 2px"><strong><font face="돋움" size="2" color="#ffff80">Home</font></strong></td>
        <td colspan=2 align="left" width="340" height="10" style="border-right: 1 dashed
rgb(192,192,192); border-top: 1 dashed rgb(192,192,192); border-bottom: 1 dashed
rgb(192,192,192); padding-top: 2px; padding-bottom: 2px" bgcolor="#FFFFdd"><font face="돋움"
size="2">
<a href="<%=Rs("homepage")%>" target='_self'><%=Rs("homepage")%></a></font></td>
  </tr>

<tr>
     <td align="left" width="50" height="10" bgcolor="#555588" style="PADDING-BOTTOM: 3px;
PADDING-TOP: 2px"><strong><font face="돋움" size="2" color="#ffff80">SNS1</font></strong></td>
        <td colspan=2 align="left" width="340" height="10" style="border-right: 1 dashed
rgb(192,192,192); border-top: 1 dashed rgb(192,192,192); border-bottom: 1 dashed
rgb(192,192,192); padding-top: 2px; padding-bottom: 2px" bgcolor="#FFFFdd"><font face="돋움"
size="2"><a href="<%=Rs("SNS1")%>" target='_self'><%=Rs("SNS1")%></a></font></td>
  </tr>
<tr>
     <td align="left" width="50" height="10" bgcolor="#555588" style="PADDING-BOTTOM: 3px;
PADDING-TOP: 2px"><strong><font face="돋움" size="2" color="#ffff80">SNS2</font></strong></td>
        <td colspan=2 align="left" width="340" height="10" style="border-right: 1 dashed
rgb(192,192,192); border-top: 1 dashed rgb(192,192,192); border-bottom: 1 dashed
rgb(192,192,192); padding-top: 2px; padding-bottom: 2px" bgcolor="#FFFFdd"><font face="돋움"
size="2"><a href="<%=Rs("SNS2")%>" target='_self'><%=Rs("SNS2")%></a></font></td>
  </tr>
<tr>
     <td align="left" width="50" height="10" bgcolor="#555588" style="PADDING-BOTTOM: 3px;
PADDING-TOP: 2px"><strong><font face="돋움" size="2" color="#ffff80">SNS3</font></strong></td>
```

```
    <td colspan=2 align="left" width="340" height="10" style="border-right: 1 dashed
rgb(192,192,192); border-top: 1 dashed rgb(192,192,192); border-bottom: 1 dashed
rgb(192,192,192); padding-top: 2px; padding-bottom: 2px" bgcolor="#FFFFdd"><font face="돋움"
size="2"><a href="<%=Rs("SNS3")%>" target='_self'><%=Rs("SNS3")%></a></font></td>
  </tr>
  <tr>
<td align="left">
<font color="#0000ff" face="돋움" size=2><strong><%=request("ok")%></strong></font><font
color="#000080" size="1" face="돋움"> related</font></td>
<td align="left">
<font face="돋움" size="2">&lt;
<a href="http://wopen.net/listp.asp?cd=<%=request("cd")%>&ok=<%=request("ok")%>&kind=<%=request
("kind")%>&page=<% =pageno %>&passwd=<%=request("passwd")%>">
HOME</a>

&gt; &lt;
<a href="editp.asp?idx=<%=request("idx")%>&cd=<%=request("cd")%>&ok=<%=request("ok")%>">EDIT</
a>&gt;
<% if session("id")="admin" then '관리자 비밀번호 %>
비번:<%=rs("pwd")%>  &lt;<a href="del.asp?idx=<%=request("idx")%>&page=<%=request("page")%>"
target='_self'>삭제</a>&gt;   
<% end if%>
</font>

<font face="돋움" size="1" color="#004080">Click: <%=Rs("readnum")%></font></td>
  </tr>

<!-- (질문 및 토의) 아래의 코드를 화면을 보며 설명해 보세요. -->
<tr><td colspan="2">
<div class="fb-share-button" data-layout="button"></div>
   
<a href="http://twitter.com/share" class="twitter-share-button" data-text="<%=Rs("title")%>: in
이름포털 Social Name Portal: Wopen.net 한국.net" data-count="none" data-via="">Tweet</a>
<script type="text/javascript" src="http://platform.twitter.com/widgets.js"></script>
  
<!-- 공유 버튼을(를) 표시하고 싶은 위치에 이 태그를 배치하세요. -->
<div class="g-plus" data-action="share" data-annotation="none"></div>
```

```
</td></tr>
<tr><td colspan="2">
<a href="ttPPKKwritepa.asp?l1=<%=l1%>&l2=<%=l2%>&l3=<%=l3%>&l4=<%=l4%>&page=<%=page%>" >
<font size=3 color="green"><b>Register your Global social NAME</b></a>
</td></tr>
```

<!-- (질문 및 토의) 아래의 코드를 화면을 보며 설명해 보세요. -->
```
  <tr>
      <td colspan="2" style="PADDING-BOTTOM: 0px; PADDING-TOP: 0px" bgcolor="#5a69a7" height="10"><strong><font size="3" color="#ffffff"><%=Rs("title")%></font></strong></td>
  </tr>
  <tr>
      <td colspan="2" style="border-left: 1 dashed rgb(192,192,192); border-right: 1 dashed rgb(192,192,192); border-bottom: 1 dashed rgb(192,192,192); padding-left: 0px; padding-right: 0px; padding-top: 2px" bgcolor="#FFFFdd">
<font face="돋움" size="2.5" color="#007700"><%=content%></font><p>
    </td>
  </tr>
</table>
</center>
<br>
<div id=lay1 style="position:relative;left:2px;width:430px;">
```

<!-- (질문 및 토의) 아래의 코드를 화면을 보며 설명해 보세요. -->
```
<form name="form" method="POST" action="http://wopen.net/listp.asp">
<table border="1" width="270" bgcolor="yellow" cellpadding="0" cellspacing="0" style="margin: 0 0 0 0; padding:0 0 0 0">
<tr><td align="center" ><font size="1" color="blue"><b>

<a  href="javascript:" onClick="sendform('ㄱ')">ㄱ</a>
<a  href="javascript:" onClick="sendform('ㄴ')">ㄴ</a>
<a  href="javascript:" onClick="sendform('ㄷ')">ㄷ</a>
<a  href="javascript:" onClick="sendform('ㄹ')">ㄹ</a>
<a  href="javascript:" onClick="sendform('ㅁ')">ㅁ</a>
<a  href="javascript:" onClick="sendform('ㅂ')">ㅂ</a>
<a  href="javascript:" onClick="sendform('ㅅ')">ㅅ</a>
<a  href="javascript:" onClick="sendform('ㅇ')">ㅇ</a>
```

```html
<a href="javascript:" onClick="sendform('ㅈ')">ㅈ</a>
<a href="javascript:" onClick="sendform('ㅊ')">ㅊ</a>
<a href="javascript:" onClick="sendform('ㅋ')">ㅋ</a>
<a href="javascript:" onClick="sendform('ㅌ')">ㅌ</a>
<a href="javascript:" onClick="sendform('ㅍ')">ㅍ</a>
<a href="javascript:" onClick="sendform('ㅎ')">ㅎ</a>
<a href="javascript:" onClick="sendform('ㄲ')">ㄲ</a>
<a href="javascript:" onClick="sendform('ㄸ')">ㄸ</a>
<a href="javascript:" onClick="sendform('ㅃ')">ㅃ</a>
<a href="javascript:" onClick="sendform('ㅆ')">ㅆ</a>
<a href="javascript:" onClick="sendform('ㅉ')">ㅉ</a>
</b>
</font></td></tr>
<tr><td align="center" ><font size="1" color="blue">
<b>
<a href="javascript:" onClick="sendform('ㅏ')">ㅏ</a>
<a href="javascript:" onClick="sendform('ㅑ')">ㅑ</a>
<a href="javascript:" onClick="sendform('ㅓ')">ㅓ</a>
<a href="javascript:" onClick="sendform('ㅕ')">ㅕ</a>
<a href="javascript:" onClick="sendform('ㅗ')">ㅗ</a>
<a href="javascript:" onClick="sendform('ㅛ')">ㅛ</a>
<a href="javascript:" onClick="sendform('ㅜ')">ㅜ</a>
<a href="javascript:" onClick="sendform('ㅠ')">ㅠ</a>
<a href="javascript:" onClick="sendform('ㅡ')">ㅡ</a>
<a href="javascript:" onClick="sendform('ㅣ')">ㅣ</a>
<a href="javascript:" onClick="sendform('ㅐ')">ㅐ</a>
<a href="javascript:" onClick="sendform('ㅔ')">ㅔ</a>
</b>
<select name="kind" size="1" >
    <option value="all" selected>전체</option>
    <option value="my"  >My</option>
    <option value="nation" >나라</option>
    <option value="city"  >도시</option>
    <option value="local"  >부근</option>
    <option value="name"  >이름</option>
    <option value="social"  >소셜</option>
    <option value="sensornet" >센망</option>
   <option value="sensor"  >센서</option>
```

```
</select>
</font></td></tr>

<!-- (질문 및 토의) 아래의 코드를 화면을 보며 설명해 보세요. -->
<tr><td nowrap align="center" style="margin: 0 0 0 0; padding:0 0 0 0;font-size:7.0pt;">
<font size=1 color="blue" style="margin: 0 0 0 0; padding:0 0 0 0; font-size:7.0pt;">
<a  href="javascript:" onClick="sendform('a')">a</a>
<a  href="javascript:" onClick="sendform('b')">b</a>
<a  href="javascript:" onClick="sendform('c')">c</a>
<a  href="javascript:" onClick="sendform('d')">d</a>
<a  href="javascript:" onClick="sendform('e')">e</a>
<a  href="javascript:" onClick="sendform('f')">f</a>
<a  href="javascript:" onClick="sendform('g')">g</a>
<a  href="javascript:" onClick="sendform('h')">h</a>
<a  href="javascript:" onClick="sendform('i')">i</a>
<a  href="javascript:" onClick="sendform('j')">j</a>
<a  href="javascript:" onClick="sendform('k')">k</a>
<a  href="javascript:" onClick="sendform('l')">l</a>
<a  href="javascript:" onClick="sendform('m')">m</a>
<a  href="javascript:" onClick="sendform('n')">n</a>
<a  href="javascript:" onClick="sendform('o')">o</a>
<a  href="javascript:" onClick="sendform('p')">p</a>
<a  href="javascript:" onClick="sendform('q')">q</a>
<a  href="javascript:" onClick="sendform('r')">r</a>
<a  href="javascript:" onClick="sendform('s')">s</a>
<a  href="javascript:" onClick="sendform('t')">t</a>
<a  href="javascript:" onClick="sendform('u')">u</a>
<a  href="javascript:" onClick="sendform('v')">v</a>
<a  href="javascript:" onClick="sendform('w')">w</a>
<a  href="javascript:" onClick="sendform('x')">x</a>
<a  href="javascript:" onClick="sendform('y')">y</a>
<a  href="javascript:" onClick="sendform('z')">z</a> 
<a  href="javascript:" onClick="sendform('0')">0</a>
<a  href="javascript:" onClick="sendform('1')">1</a>
<a  href="javascript:" onClick="sendform('2')">2</a>
<a  href="javascript:" onClick="sendform('3')">3</a>
<a  href="javascript:" onClick="sendform('4')">4</a>
<a  href="javascript:" onClick="sendform('5')">5</a>
```

```html
<a href="javascript:" onClick="sendform('6')">6</a>
<a href="javascript:" onClick="sendform('7')">7</a>
<a href="javascript:" onClick="sendform('8')">8</a>
<a href="javascript:" onClick="sendform('9')">9</a>
</font></td></tr>

<tr><td align="center">
<table align="center" width="273" bgcolor="yellow" cellpadding="0" cellspacing="0" style="margin: 0 0 0 0; padding:0 0 0 0; font-size:6.5pt; ">

<!-- (질문 및 토의) 아래의 코드를 화면을 보며 설명해 보세요. -->
<tr>
<td align="center" nowrap>
<font style="font-size:6.5pt;letter-spacing:0em;line-height:1.3em" >
<a href="javascript:" onClick="sendform('김')">김</a>
<a href="javascript:" onClick="sendform('이')">이</a>
<a href="javascript:" onClick="sendform('박')">박</a>
<a href="javascript:" onClick="sendform('최')">최</a>
<a href="javascript:" onClick="sendform('정')">정</a>
<a href="javascript:" onClick="sendform('가')">가</a>
<a href="javascript:" onClick="sendform('간')">간</a>
<a href="javascript:" onClick="sendform('감')">감</a>
<a href="javascript:" onClick="sendform('강')">강</a>
<a href="javascript:" onClick="sendform('경')">경</a>
<a href="javascript:" onClick="sendform('계')">계</a>
<a href="javascript:" onClick="sendform('고')">고</a>
<a href="javascript:" onClick="sendform('공')">공</a>
<a href="javascript:" onClick="sendform('곽')">곽</a>
<a href="javascript:" onClick="sendform('구')">구</a>
<a href="javascript:" onClick="sendform('국')">국</a>
<a href="javascript:" onClick="sendform('권')">권</a>
<a href="javascript:" onClick="sendform('금')">금</a>
<a href="javascript:" onClick="sendform('기')">기</a>
<a href="javascript:" onClick="sendform('길')">길</a>
<a href="javascript:" onClick="sendform('나')">나</a>
<a href="javascript:" onClick="sendform('남')">남</a>
<a href="javascript:" onClick="sendform('노')">노</a>
<a href="javascript:" onClick="sendform('도')">도</a>
```

```
<a href="javascript:" onClick="sendform('동')">동</a>
</font></td></tr>
<tr><td align="center" nowrap>
```

....(중략)...

```
<!-- (질문 및 토의) 아래의 코드를 화면을 보며 설명해 보세요. -->
<div id=lay4 style="position:absolute;top:8px; left:314px; ">
<a href="<%=href1%>"> <img src="<%=FadName%>" title="<%=title1%>"
alt="shared by link" height="250px" width="130px" border="0"> </a>
</div>

<div id=lay5 style="position:absolute;top:8px; left:450px; ">
<script async src="//pagead2.googlesyndication.com/pagead/js/adsbygoogle.js"></script>

<!-- 서울1 -->
<ins class="adsbygoogle"
     style="display:inline-block;width:300px;height:600px"
     data-ad-client="ca-pub-448xxxxxxxxxx"
     data-ad-slot="1657597657"></ins>
<script>
(adsbygoogle = window.adsbygoogle || []).push({});
</script>
</div>
```

```
<!-- (질문 및 토의) 아래의 코드를 화면을 보며 설명해 보세요. -->
<div id=lay6 style="position:absolute;top:620px; left:450px; ">
<script async src="//pagead2.googlesyndication.com/pagead/js/adsbygoogle.js"></script>
<!-- right_long2 -->
<ins class="adsbygoogle"
     style="display:inline-block;width:300px;height:600px"
     data-ad-client="ca-pub-448xxxxxxxxxx"
     data-ad-slot="4900488453"></ins>
<script>
(adsbygoogle = window.adsbygoogle || []).push({});
</script>
</div>
```

```
<div id=lay7 style="position:absolute;top:1230px; left:450px; ">
<script async src="//pagead2.googlesyndication.com/pagead/js/adsbygoogle.js"></script>
<!-- right_long2 -->
<ins class="adsbygoogle"
     style="display:inline-block;width:300px;height:600px"
     data-ad-client="ca-pub-448xxxxxxxxxx"
     data-ad-slot="3028616857"></ins>
<script>
(adsbygoogle = window.adsbygoogle || []).push({});
</script>
</div>
<% Else
        'Smart Phone
%>
        <% End If
%>


<div style="position:absolute; left:5px;">
<script async src="//pagead2.googlesyndication.com/pagead/js/adsbygoogle.js"></script>
<!-- m서울1 -->
<ins class="adsbygoogle"
     style="display:inline-block;width:320px;height:100px"
     data-ad-client="ca-pub-448xxxxxxxxxx"
     data-ad-slot="2296726050"></ins>
<script>
(adsbygoogle = window.adsbygoogle || []).push({});
</script>
</div>

<!-- (질문 및 토의) 아래의 서버측 ASP코드를 화면을 보며 설명해 보세요. -->
<%
Dim FiNum2
Dim FadName2
Dim href2
Dim title2


href2="http://한국.net"
title2="WhoRU-Social Name Portal"
```

```
Randomize
FiNum2 = CInt(12*Rnd)
Select Case FiNum2
Case 0
FadName2="img/korea6-1.jpg"
Case 1
FadName2="img/korea6-2.jpg"
Case 2
FadName2="img/korea6-3.jpg"
Case 3
FadName2="img/korea7.jpg"
Case 4
FadName2="img/korea8.jpg"
Case 5
FadName2="img/korea6-1.jpg"
Case 6
FadName2="img/korea.jpg"
Case 7
FadName2="img/korea11.jpg"
Case 8
FadName2="img/korea2.jpg"
Case 9
FadName2="img/korea3.jpg"
Case 10
FadName2="img/korea10-2.jpg"
Case 11
FadName2="img/korea10-3.jpg"
Case 12
FadName2="img/korea.jpg"
Case Else
FadName2="img/korea6-1.jpg"
End Select
%>

<div id=lay8 style="position:relative;left:320px;">
<a href="<%=href2%>"> <img src="<%=FadName2%>" title="<%=title2%>"
alt="shared by link" height="100px" width="118px" border="0"> </a>
</div>
```

```
</body>
</html>
<%
    rs.Close
    db.Close
    Set rs = Nothing
    Set db = Nothing
%>
```

❀ Mobile용 첫 List화면: http://wopen.net/listm.asp

모바일용 화면과 PC 및 태블릿(예: iPAD)용 화면의 크기가 틀리므로, 다음 그림처럼 각각의 화면에 보여주는 이미지들이 약간 다르다는 것을 볼 수 있다. 물론 광고용 이미지도 보여주는 광고 이미지 개수가 단말기 디바이스에 따라 다를 수 밖에 없다.

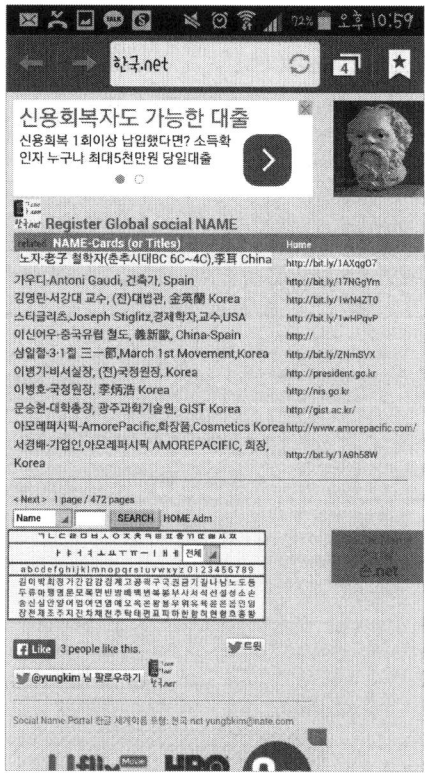

모바일용 첫 리스트화면 (스마트폰에서)

※ Mobile 용 내용화면: http://wopen.net/contentm.asp

각 이름의 내용(contents) 화면에서도, 내용은 동일하지만 상하부분의 광고 영역에서 보여주는 광고이미지도 단말기 디바이스에 따라 다른데, 아래에서는 스마트폰 화면을 보여준다.

모바일용 내용(콘텐츠) 화면 (스마트폰에서)

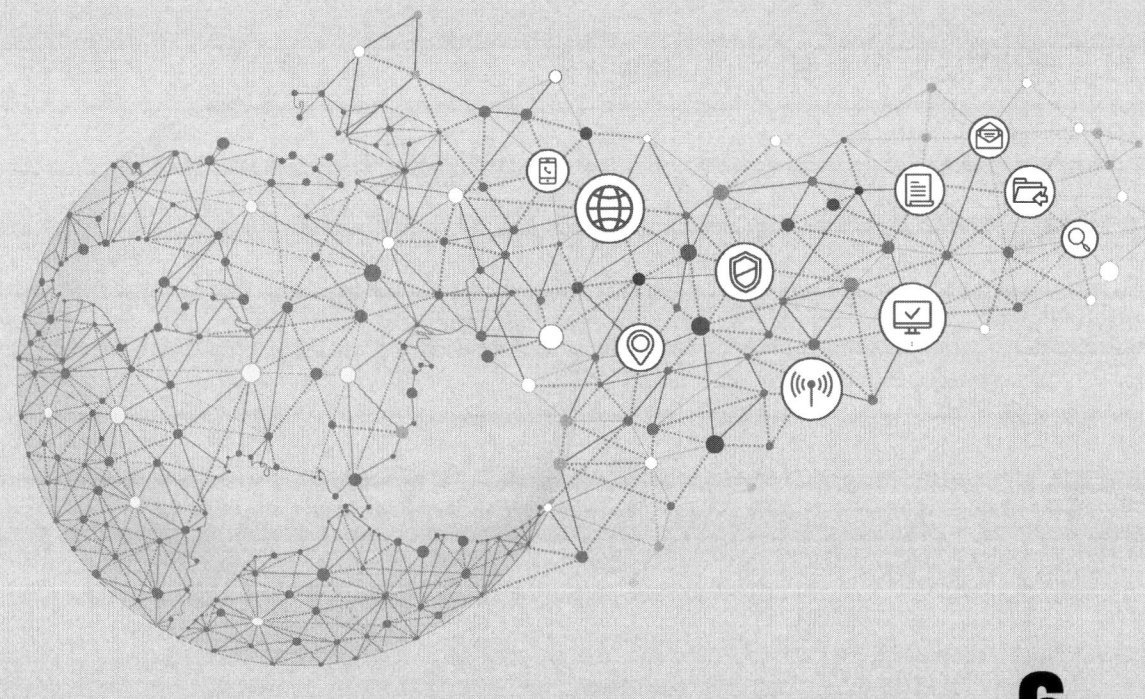

CHAPTER **6**

소셜네트워크 서비스 및 광고 연동

6.1 페이스북 및 트위터의 한국.net 연동

6.2 구글 애드센스 광고의 한국.net 연동

6.1 페이스북 및 트위터의 한국.net 연동

Facebook 및 Twitter 등의 소셜네트워크 (Social Network Service) 공유하기 버튼을 한국.net 웹서비스용 웹페이지에 삽입하여 서비스와 연동한 예를 설명한다.

아래 그림에서, a 부분은 구글의 애드센서 광고 부분이며, h3 부분은 페이스북과 트위터 공유하기 버튼이다. 페이스북과 트위터에서 공유하기 버튼을 연동하기위해 제공하는 소스코드는 페이스북 및 트위터 공유하기 버튼의 소스코드는 각각 다음과 같다.

(질문 및 토의: 아래화면을 보여주는 아래의 JavaScript를 간단히 설명해보세요.)

■ 페이스북 공유버튼

```
<div id="fb-root"></div>
<script>(function(d, s, id) {
  var js, fjs = d.getElementsByTagName(s)[0];
  if (d.getElementById(id)) return;
  js = d.createElement(s); js.id = id;
  js.src = "//connect.facebook.net/en_US/sdk.js#xfbml=1&version=v2.3";
  fjs.parentNode.insertBefore(js, fjs);
}(document, 'script', 'facebook-jssdk'));</script>

<div class="fb-share-button" data-layout="button"></div>
```

■ 트위터 공유버튼

```
<a href="http://twitter.com/share" class="twitter-share-button" data-text="이름포털 Social Name Portal: Wopen.net 한국.net" data-count="none" data-via="">Tweet</a>
<script type="text/javascript" src="http://platform.twitter.com/widgets.js"></script>
```

■ 구글 플러스 공유버튼

```
<span class="g-plus" data-action="share" data-annotation="none"></span>
```

CHAPTER 6 소셜네트워크 서비스 및 광고 연동

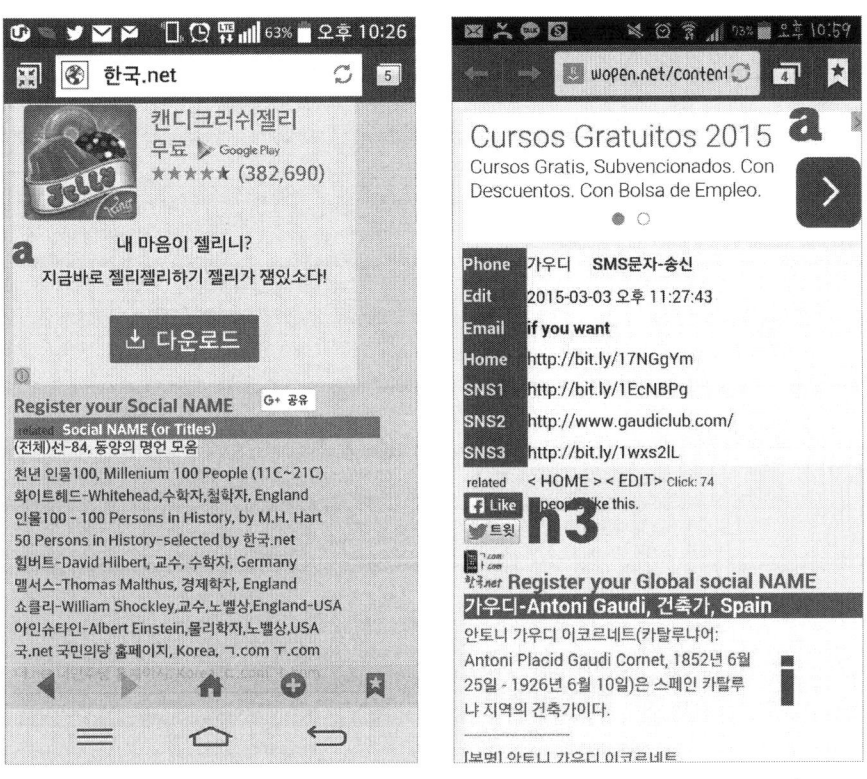

구글 광고(Adsense)를 포함한 화면 (지역별 광고)

6.2 구글 애드센스 광고의 한국.net 연동

한글 이름을 이용한 세계이름포털인 한국.net 서비스용 웹페이지에 Google Adsense 광고를 연동한 예를 설명한다.

아래 그림들은 반응형 웹 디자인을 이용한 화면들이며, 먼저 그림은 PC용 화면이며, 다음 그림은 스마트폰용 모바일 화면이다. 그림에서, 표기된 a, b, c, d 는 구글 애드센스에서 보여주는 광고들이며, 장소와 시간에 따라서 적합한 광고를 보여준다. e 와 f 는 광고가 아니고 웹페이지에 포함된 (자바스크립트로 Random하게 선택) 여러 가지를 선택하여 보여주는 이미지이다.

구글 애드센스(Adsense) 광고의 한국.net 서비스와의 연동 화면 (PC화면)

참고로, 아래의 그림에서의 오른쪽 광고는 영국에서의 광고이다.

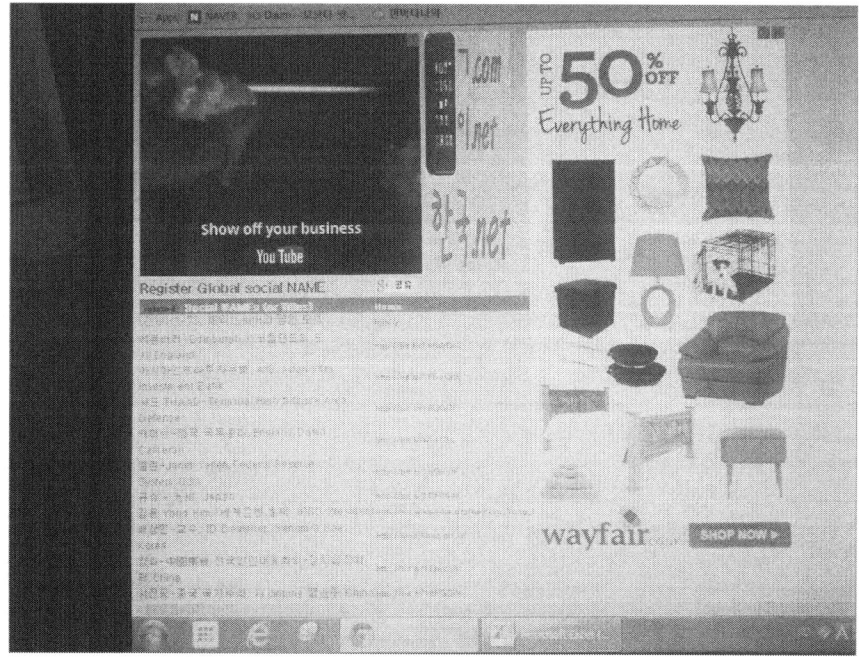

구글 애드센스(Adsense) 광고의 한국.net 서비스와의 연동 화면 (PC화면, 영국에서)

참고로, 아래의 왼쪽 그림에서의 a 광고는 스페인에서의 광고이며, 오른쪽 그림에서의 a, b 광고는 일본에서 보여주는 광고들이다. h1부분은 이름이나 제목 리스트를 보여주며, h2는 영어나 한글 알파벳이나 한글 성씨(100성)로 하이퍼링크된 클릭만으로 검색시 해당 알파벳이나 한글 성씨로 시작하는 이름이나 제목등을 리스트로 편리하게 볼 수 있다. h3는 앞에서 설명했던 SNS 공유버튼 (페이스북, 트위터, 구글 플러스)들이며, i 는 내용을 보여주는 이름 콘텐츠이며, 기본적으로 앞부분은 한글로 뒷부분은 영어로 작성된 콘텐츠이다.

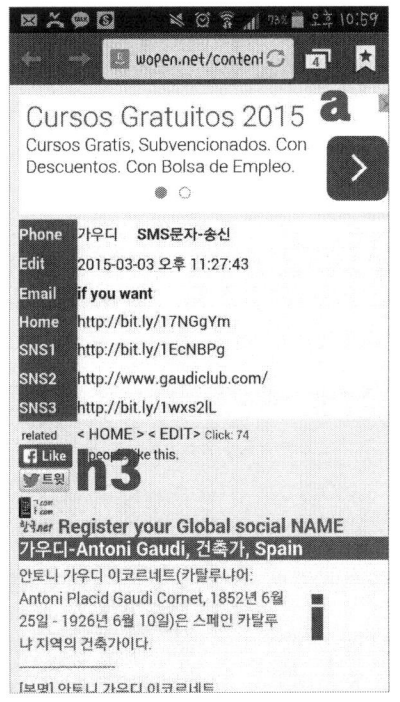 

구글 애드센스(Adsense)광고의 한국.net서비스와의 연동화면(스페인 및 일본)

구글 애드센스가 제공하는 소스코드를 보면, 다음과 같으며, http://한국.net 웹서버에 있는 웹서비스용 웹페이지에 삽입한 소스코드는 다음과 같다. 선택가능한 광고의 크기에 따른 소스코드를 원하는 위치에 삽입하면 구글에서 광고를 보여주며, 클릭된 광고는 구글 애드센스에서 광고게시 웹운영자마다 별도의 계정으로 관리하며, 다양한 통계정보를 보여준다.

(질문 및 토의: 위 화면과 관련된 아래의 HTML, 특히 JavaScript를 설명해보세요.)

```html
<script src="https://apis.google.com/js/platform.js" async defer></script>
<script async src="//pagead2.googlesyndication.com/pagead/js/adsbygoogle.js"></script>
<!-- Mobile_Name_Portal_Top_big(300_250) -->
<ins class="adsbygoogle"
     style="display:inline-block;width:300px;height:250px"
     data-ad-client="ca-pub-448xxxxxxxxxx"
     data-ad-slot="5417448452"></ins>
<script>
(adsbygoogle = window.adsbygoogle || []).push({});
</script>


<div id=lay5 style="position:absolute;top:8px; left:450px; ">
<script async src="//pagead2.googlesyndication.com/pagead/js/adsbygoogle.js"></script>
<!-- Mobile_Name_Portal_Top_big(300_250) -->
<ins class="adsbygoogle"
     style="display:inline-block;width:300px;height:250px"
     data-ad-client="ca-pub-448xxxxxxxxxx"
     data-ad-slot="4924152452"></ins>
<script>
(adsbygoogle = window.adsbygoogle || []).push({});
</script>
</div>

<!-- (질문 및 토의) 아래의 코드를 화면을 보며 설명해 보세요. -->
<div id=lay6 style="position:absolute;top:265px; left:450px; ">
<script async src="//pagead2.googlesyndication.com/pagead/js/adsbygoogle.js"></script>
<!-- 서울1 -->
<ins class="adsbygoogle"
     style="display:inline-block;width:300px;height:600px"
     data-ad-client="ca-pub-448xxxxxxxxxx"
     data-ad-slot="1657597657"></ins>
<script>
(adsbygoogle = window.adsbygoogle || []).push({});
</script>
</div>
```

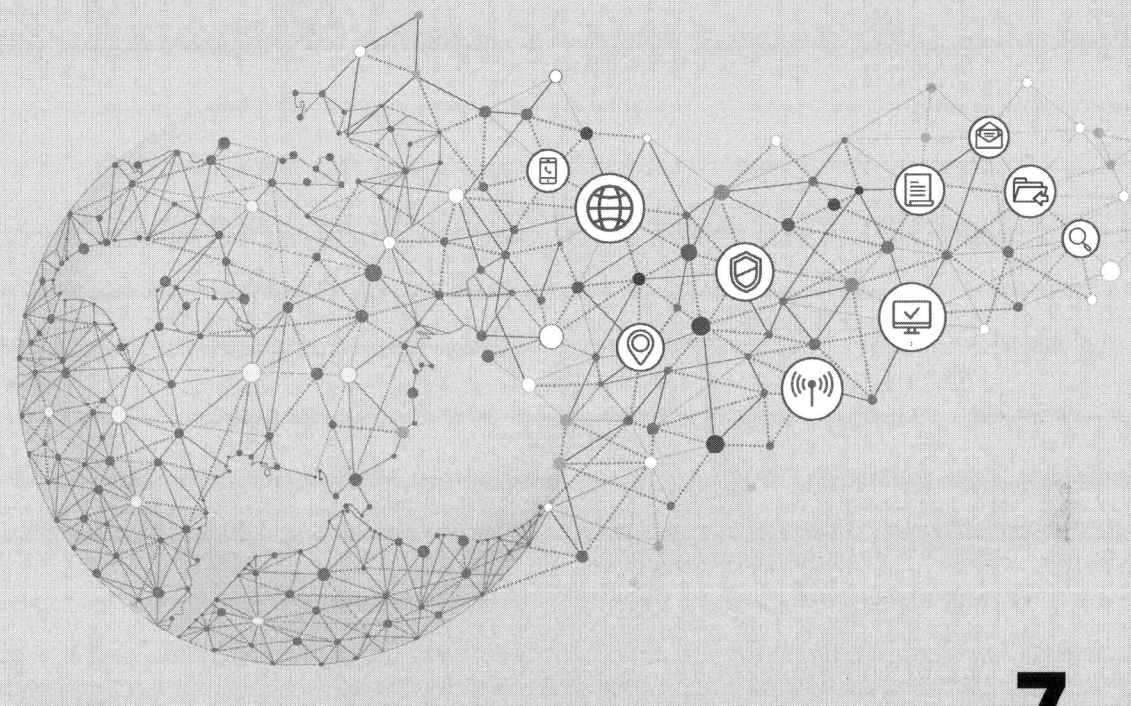

CHAPTER 7

HTTP 및 와이어샤크(Wireshark) 보기

7.1 HTTP 및 Web Service(한국.net) 소개

7.2 와이어샤크(Wireshark) 보기

7.1 HTTP 및 Web Service(한국.net) 소개

앞에서 소개한 것처럼 http://한국.net 이름포털 사이트에서 다음과 같은 화면을 불러올 수 있으며, HTML5, CSS3, 자바스크립트, ASP, DataBase 등이 이용된 서비스이다. PC, iPad 및 스마트폰에서 스크린 크기에 맞게 반응형 웹(Responsive Web)을 고려한 결과 화면을 다음과 같이 볼 수있다.

반응형 웹(Responsive Web) 고려한 화면 (iPad용)

반응형 웹(Responsive Web) 고려한 화면 (스마트폰용)

7.2 와이어샤크(Wireshark) 보기

와이어샤크를 이용해서 HTTP 프로토콜을 분석해보고 또한 HTML문서를 실제 전송되는 여러개의 패킷들로 분석해본다. 와이어샤크는 패킷분석기로서 클라이언트 디바이스인 PC나 노트북에서 와이어샤크 (Wireshark) 프로그램을 http://wireshark.org 에서 본인의 PC나 노트북에 무료로 다운로드하여 (32bit용이나 64bit용을 설치할 PC나 노트북에 맞게 선택) 설치하여 사용할 수 있다.

아래의 이미지들 중, 첫 번째 이미지는 http://wopen.net/contentp.asp?idx=3793&page=1 URL을 브라우저에서 실행시, 웹서버로부터 해당 HTML문서를 가져온다. 이 때 HTTP Get 요청 패킷과 서버로부터 클라이언트 디바이스로 전송되는 여러개의 1514 Bytes 전송패킷들과 중간에 클라이언트가 서버에 잘 받았다는 54 Bytes 확인패캣 (ACK) 들을 와이어샤크 결과화면에서 볼 수 있다. 또한 본 화면에서 HTTP와 TCP 프로토콜이 사용된 것을 볼 수 있다. 다음 이미지는 캡쳐된(captured) HTTP 패킷의 내용을 볼 수 있으며, 서버에서 클라이언트로 전송된 HTML문서의 실제 전송되는 내용을 볼 수 있다.

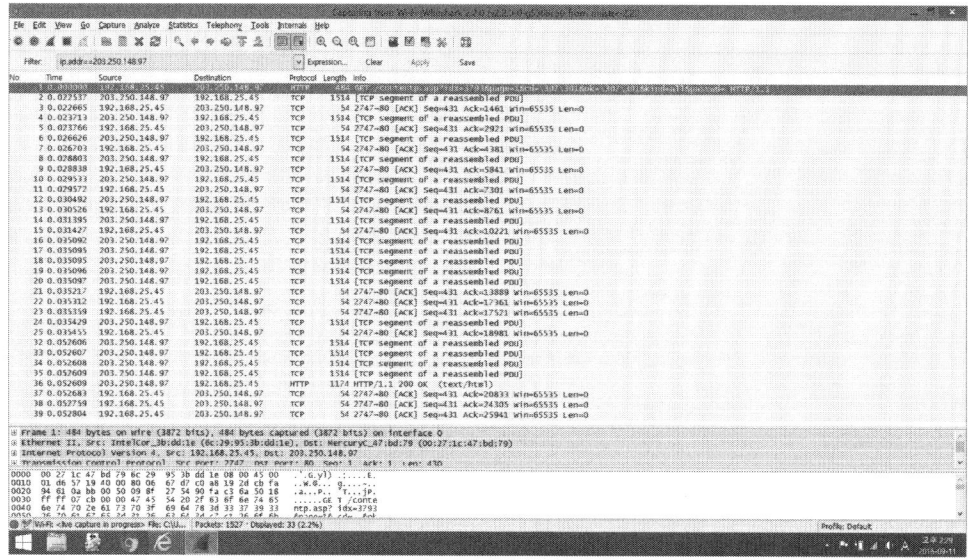

와이어샤크(wireshark)로 캡쳐한(captured) HTTP 패킷의 내용

다음에서는 HTML 문서의 소스코드 내용을 볼 수 있다.

CHAPTER 7 HTTP 및 와이어샤크(Wireshark) 보기

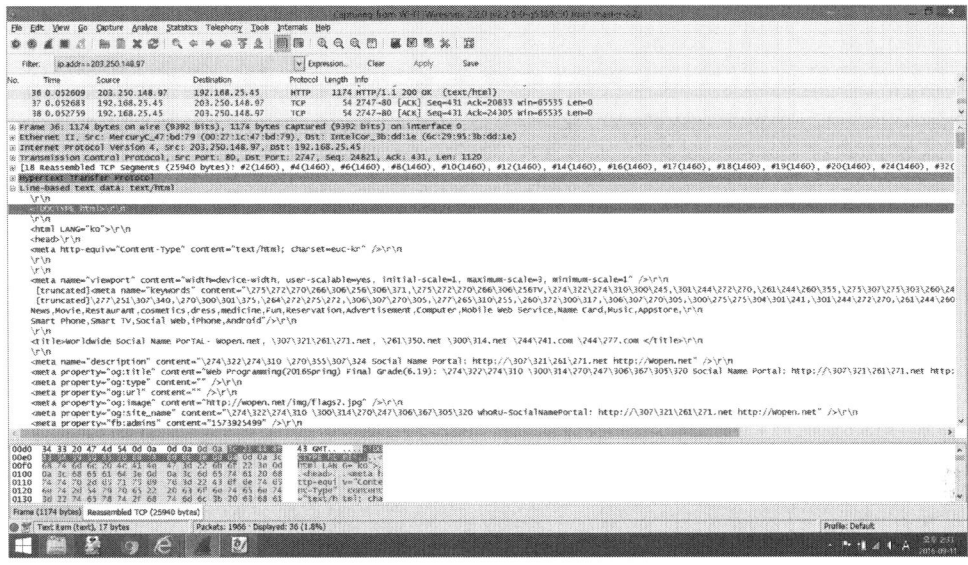

와이어샤크(wireshark)로 캡쳐한(captured) HTTP 패킷의 내용 (HTML문서)

(질문 및 토의: 위 화면과 관련된 아래의 HTML, CSS, JavaScript를 설명해보세요.)

```
<!DOCTYPE html>

<html LANG="ko">
<head>
<meta http-equiv="Content-Type" content="text/html; charset=euc-kr" />

<meta name="viewport" content="width=device-width, user-scalable=yes, initial-scale=1, maximum-scale=3, minimum-scale=1" />
<meta name="keywords" content="한국,모바일웹,명함,한국인물,인명록,Mobile Web Service, Name Card, Smart Phone, Smart TV, Social Web"/>
<title>Worldwide Social Name PorTAL- Wopen.net, 한국.net, 김.net 이.net ㄱ.com ㅏ.com </title>

<!-- (질문 및 토의) 아래의 코드를 화면을 보며 설명해 보세요. -->
<meta name="description" content="소셜 명함 Social Name Portal: http://한국.net http://Wopen.net" />
<meta property="og:title" content="Web Programming(2016Spring) Final Grade(6.19): 소셜 이름포털 Social Name Portal: http://한국.net http://Wopen.net" />
```

```
<meta property="og:type" content="" />
<meta property="og:url" content="" />
<meta property="og:image" content="http://wopen.net/img/flags2.jpg" />
<meta property="og:site_name" content="소셜 이름포털 WhoRU-SocialNamePortal: http://한국.net http://Wopen.net" />
<meta property="fb:admins" content="1573925499" />

<style type="text/css">
A              {text-decoration: none; color:blueblack}
A:hover        {text-decoration: underline; color:red}
img#lay41:hover {position: relative; width: 400px; height: 498px; z-index:5;}
img#C {width:300px;height:250px; border-radius: 20px; border: 2px solid gold;}
img.C {width:300px;height:250px; border-radius: 20px; border: 2px solid gold;}

div#lay8 {
/* border-radius: 10px; */
height: 50px; width: 68px;
align: auto;
background-color: purple;

-webkit-position: fixed;
position: fixed;
top: 438px;
-webkit-top: 438px;
left: 376px;
z-index: 10;
}

.topright {
width: 68px;
text-align: center;
border-bottom-right-radius: 5px;
border-bottom-left-radius: 5px;
position: absolute;
top: 50px;
right: 0px;
font-size: 10px;
color: yellow;
```

```
font-weight: bold;
background-color:purple;
}
</style>

<!-- (질문 및 토의) 아래의 코드를 화면을 보며 설명해 보세요. -->
<script>
var repeat; var passwd;
function sendform(ch)
{
        var kind;
        kind=document.form.kind.value;
if (kind=="my") {

        if (repeat == null) passwd=prompt("Password ?", "");


if (passwd != null) {document.location.href="http://wopen.net/listp.asp?cd="+ch+"&ok="+ch+"&kind="+kind+"&passwd="+passwd;
        repeat=repeat+1;
            }
}
else document.location.href="listp.asp?cd="+ch+"&ok="+ch+"&kind="+kind;
}

</script>

<!-- 이 태그를 head 태그에 배치하거나 닫는 body 태그 바로 앞에 배치하세요. -->
<script src="https://apis.google.com/js/platform.js" async defer></script>

<script async src="//pagead2.googlesyndication.com/pagead/js/adsbygoogle.js"></script>
<script>
(adsbygoogle = window.adsbygoogle || []).push({
google_ad_client: "ca-pub-448xxxxxxxxxx",
enable_page_level_ads: true
});
</script>
</head>
```

```html
<body bgcolor="#ddffff" link="#000080" vlink="#000080" alink="#000080">

<script async src="//pagead2.googlesyndication.com/pagead/js/adsbygoogle.js"></script>
<!-- Mobile_Name_Portal_Top_big(300_250) -->
<ins class="adsbygoogle"
style="display:inline-block;width:300px;height:250px"
data-ad-client="ca-pub-448xxxxxxxxxx"
data-ad-slot="5417448452"></ins>
<script>
(adsbygoogle = window.adsbygoogle || []).push({});
</script>

<div id="fb-root"></div>
<script>(function(d, s, id) {
var js, fjs = d.getElementsByTagName(s)[0];
if (d.getElementById(id)) return;
js = d.createElement(s); js.id = id;
js.src = "//connect.facebook.net/en_US/sdk.js#xfbml=1&version=v2.3";
fjs.parentNode.insertBefore(js, fjs);
}(document, 'script', 'facebook-jssdk'));</script>

<!-- (질문 및 토의) 아래의 코드를 화면을 보며 설명해 보세요. -->
<table border="0" cellspacing="0" width="390" style="BORDER-BOTTOM: medium none; BORDER-LEFT: medium none; BORDER-RIGHT: medium none; BORDER-TOP: medium none" cellpadding="0" bordercolor="#C0C0C0" bordercolorlight="#C0C0C0" bordercolordark="#C0C0C0">
<tr>
<td align="left" width="50" height="10" bgcolor="#555588" style="PADDING-BOTTOM: 3px; PADDING-TOP: 2px"><font face="돋움" size="2" color="#ffff80"><strong>Phone</strong></font></td>
<td colspan=2 align="left" width="340" height="10" style="border-top: 1 dashed rgb(192,192,192); padding-top: 2px; padding-bottom: 3px" bgcolor="#FFffdd"><font face="돋움" size="2"><a href="tel:Web Programming">Web Programming</a>     <a href="sms:Web Programming"><b>SMS문자-송신</b></a></font></td>
</tr><tr>
<td align="left" width="50" height="10" bgcolor="#555588" style="PADDING-BOTTOM: 3px; PADDING-TOP: 2px"><font face="돋움" size="2" color="#ffff80"><strong>Edit</strong></font></td>
```

```
<td colspan=2 align="left" width="340" height="10" style="border-right: 1 dashed
rgb(192,192,192); border-top: 1 dashed rgb(192,192,192); padding-top: 3px; padding-bottom: 3px"
bgcolor="#FFFFdd"><font face="돋움" size="2">2016-06-19 오전 8:13:24</font></td>
</tr>
<tr>
<td align="left" width="50" height="10" bgcolor="#555588" style="PADDING-BOTTOM: 3px; PADDING-
TOP: 2px"><strong><font face="돋움" size="2" color="#ffff80">Email</font></strong></td>
<td colspan=2 align="left" width="340" height="10" style="border-top: 1 dashed
rgb(192,192,192); border-bottom: 1 dashed rgb(192,192,192); padding-top: 2px; padding-bottom:
2px" bgcolor="#FFFFdd"><font face="돋움" size="2"><a href="mailto: "><strong> </strong></a></
font></td>
</tr><tr>
<td align="left" width="50" height="10" bgcolor="#555588" style="PADDING-BOTTOM: 2px; PADDING-
TOP: 2px"><strong><font face="돋움" size="2" color="#ffff80">Home</font></strong></td>
<td colspan=2 align="left" width="340" height="10" style="border-right: 1 dashed
rgb(192,192,192); border-top: 1 dashed rgb(192,192,192); border-bottom: 1 dashed
rgb(192,192,192); padding-top: 2px; padding-bottom: 2px" bgcolor="#FFFFdd"><font face="돋움"
size="2"><a href="http://wopen.com" target='_self'>http://wopen.com</a></font></td>
</tr>

<!-- (질문 및 토의) 아래의 코드를 화면을 보며 설명해 보세요. -->
<tr>
<td align="left" width="50" height="10" bgcolor="#555588" style="PADDING-BOTTOM: 3px; PADDING-
TOP: 2px"><strong><font face="돋움" size="2" color="#ffff80">SNS1</font></strong></td>
<td colspan=2 align="left" width="340" height="10" style="border-right: 1 dashed
rgb(192,192,192); border-top: 1 dashed rgb(192,192,192); border-bottom: 1 dashed
rgb(192,192,192); padding-top: 2px; padding-bottom: 2px" bgcolor="#FFFFdd"><font face="돋움"
size="2"><a href="http://uis.sejong.ac.kr" target='_self'>http://uis.sejong.ac.kr</a></font></
td>
</tr>
<tr>
<td align="left" width="50" height="10" bgcolor="#555588" style="PADDING-BOTTOM: 3px; PADDING-
TOP: 2px"><strong><font face="돋움" size="2" color="#ffff80">SNS2</font></strong></td>
```

```
<td colspan=2 align="left" width="340" height="10" style="border-right: 1 dashed
rgb(192,192,192); border-top: 1 dashed rgb(192,192,192); border-bottom: 1 dashed
rgb(192,192,192); padding-top: 2px; padding-bottom: 2px" bgcolor="#FFFFdd"><font face="돋
움" size="2"><a href="http://blackboard.sejong.ac.kr" target='_self'>http://blackboard.sejong.
ac.kr</a></font></td>
</tr>
<tr>
<td align="left" width="50" height="10" bgcolor="#555588" style="PADDING-BOTTOM: 3px; PADDING-
TOP: 2px"><strong><font face="돋움" size="2" color="#ffff80">SNS3</font></strong></td>
<td colspan=2 align="left" width="340" height="10" style="border-right: 1 dashed
rgb(192,192,192); border-top: 1 dashed rgb(192,192,192); border-bottom: 1 dashed
rgb(192,192,192); padding-top: 2px; padding-bottom: 2px" bgcolor="#FFFFdd"><font face="돋움"
size="2"><a href="htttp://한국.net" target='_self'>htttp://한국.net</a></font></td>
</tr>
<tr>

<td align="left">
<font color="#0000ff" face="돋움" size=2><strong>프</strong></font><font color="#000080"
size="1" face="돋움"> related</font></td>

<td align="left">
<font face="돋움" size="2">&lt;
<a href="http://wopen.net/listp.asp?cd=프&ok=프&kind=all&page=1&passwd=">
HOME</a>
&gt; &lt;
<a href="editp.asp?idx=3793&cd=프&ok=프">EDIT</a>&gt;
</font>
<font face="돋움" size="1" color="#004080">Click: 125281</font></td></tr>
<tr><td colspan="2">
<div class="fb-share-button" data-layout="button"></div>
   
<a href="http://twitter.com/share" class="twitter-share-button" data-text="Web
Programming(2016Spring) Final Grade(6.19): in 이름포털 Social Name Portal: Wopen.net 한국.net"
data-count="none" data-via="">Tweet</a>
<script type="text/javascript" src="http://platform.twitter.com/widgets.js"></script>
  
```

```
<!-- 공유 버튼을(를) 표시하고 싶은 위치에 이 태그를 배치하세요. -->
<div class="g-plus" data-action="share" data-annotation="none"></div>
</td></tr>
<tr><td colspan="2">
<a href="ttPPKKwritepa.asp?l1=218&l2=38&l3=225&l4=83&page=" >
<font size=3 color="green"><b>Register your Global social NAME</b></a>
</td></tr>

<!-- (질문 및 토의) 아래의 코드를 화면을 보며 설명해 보세요. -->
<tr>
<td colspan="2" style="PADDING-BOTTOM: 0px; PADDING-TOP: 0px" bgcolor="#5a69a7" height="10"><strong><font size="3" color="#ffffff">Web Programming(2016Spring) Final Grade(6.19)</font></strong></td></tr>
<tr>
<td colspan="2" style="border-left: 1 dashed rgb(192,192,192); border-right: 1 dashed rgb(192,192,192); border-bottom: 1 dashed rgb(192,192,192); padding-left: 0px; padding-right: 0px; padding-top: 2px" bgcolor="#FFFFdd"><font face="돋움" size="2.5" color="#007700"><img class="C" src="http://bit.ly/1V4C0ox"><br><br>Your final grade is uploaded in the <br>university system (uis.sejong.ac.kr: Click <br>the above SNS1 site).<br><br>Your final grade as well as your specific <br>points (Midterm Exam(30%), Final Exam(40%), <br>Quiz(15%), Attendance(10%), Team-Work<br>(assignments, Blog, Presentation)(5%) are <br>announced together in the web-site: <br>uis.sejong.ac.kr.<br><br>In each specific point, 100-point is the <br>full score.<br><br>In the Team Work(5%) points, all points of <br>team-work reports and the team <br>Blog/presentation points (which have been <br>shown already in the BlackBoard) are <br>included and summed up together to make full <br>100-points.<br><br>(Please refer to the points about QUIZ, Sum <br>of Team-blog/Presentation in the BlackBoard,<br>and about attendance in the ucheck system.)<br><br>If you have any question about your final <br>grade, you can visit Professor Kim's office <br>(Yool 503A) during 1 ~ 3 PM in June 20th<br>(Mon).<br><br>"I hope you learned what you want and <br>also I wish new lighting of fire in your <br>mind.<br><br>Have a nice vacation~"<br>1학기 동안 수고들 많았습니다.<br><br>방학을 보람있고 건강하게 보내기 바랍니다.<br><img class="C" src="http://bit.ly/1UJFyPF"></font><p>
</td>
</tr>
</table>
</center>
<br>
```

```html
<!-- (질문 및 토의) 아래의 코드를 화면을 보며 설명해 보세요. -->
<div id=lay1 style="position:relative;left:2px;width:430px;">
<form name="form" method="POST" action="http://wopen.net/listp.asp">
<table border="1" width="270" bgcolor="yellow" cellpadding="0" cellspacing="0" style="margin: 0 0 0 0; padding:0 0 0 0">
<tr><td align="center" ><font size="1" color="blue"><b>

<a href="javascript:" onClick="sendform('ㄱ')">ㄱ</a>
<a href="javascript:" onClick="sendform('ㄴ')">ㄴ</a>
<a href="javascript:" onClick="sendform('ㄷ')">ㄷ</a>
<a href="javascript:" onClick="sendform('ㄹ')">ㄹ</a>
<a href="javascript:" onClick="sendform('ㅁ')">ㅁ</a>
<a href="javascript:" onClick="sendform('ㅂ')">ㅂ</a>
<a href="javascript:" onClick="sendform('ㅅ')">ㅅ</a>
<a href="javascript:" onClick="sendform('ㅇ')">ㅇ</a>
<a href="javascript:" onClick="sendform('ㅈ')">ㅈ</a>
<a href="javascript:" onClick="sendform('ㅊ')">ㅊ</a>
<a href="javascript:" onClick="sendform('ㅋ')">ㅋ</a>
<a href="javascript:" onClick="sendform('ㅌ')">ㅌ</a>
<a href="javascript:" onClick="sendform('ㅍ')">ㅍ</a>
<a href="javascript:" onClick="sendform('ㅎ')">ㅎ</a>
<a href="javascript:" onClick="sendform('ㄲ')">ㄲ</a>
<a href="javascript:" onClick="sendform('ㄸ')">ㄸ</a>
<a href="javascript:" onClick="sendform('ㅃ')">ㅃ</a>
<a href="javascript:" onClick="sendform('ㅆ')">ㅆ</a>
<a href="javascript:" onClick="sendform('ㅉ')">ㅉ</a>
</b>
</font></td></tr>
<tr><td align="center" ><font size="1" color="blue">
<b>
<a href="javascript:" onClick="sendform('ㅏ')">ㅏ</a>
<a href="javascript:" onClick="sendform('ㅑ')">ㅑ</a>
<a href="javascript:" onClick="sendform('ㅓ')">ㅓ</a>
<a href="javascript:" onClick="sendform('ㅕ')">ㅕ</a>
<a href="javascript:" onClick="sendform('ㅗ')">ㅗ</a>
<a href="javascript:" onClick="sendform('ㅛ')">ㅛ</a>
<a href="javascript:" onClick="sendform('ㅜ')">ㅜ</a>
<a href="javascript:" onClick="sendform('ㅠ')">ㅠ</a>
```

```html
<a href="javascript:" onClick="sendform('ㅡ')">ㅡ</a>
<a href="javascript:" onClick="sendform('ㅣ')">ㅣ</a>
<a href="javascript:" onClick="sendform('ㅐ')">ㅐ</a>
<a href="javascript:" onClick="sendform('ㅔ')">ㅔ</a>
</b>
<select name="kind" size="1" >
<option value="all" selected>전체</option>
<option value="my"  >My</option>
<option value="nation" >나라</option>
<option value="city" >도시</option>
<option value="local" >부근</option>
<option value="name" >이름</option>
</select>

</font></td></tr>
<tr><td nowrap align="center" style="margin: 0 0 0 0; padding:0 0 0 0;font-size:7.0pt;">
<font size=1 color="blue" style="margin: 0 0 0 0; padding:0 0 0 0; font-size:7.0pt;">
<a href="javascript:" onClick="sendform('a')">a</a>
<a href="javascript:" onClick="sendform('b')">b</a>
<a href="javascript:" onClick="sendform('c')">c</a>
<a href="javascript:" onClick="sendform('d')">d</a>
<a href="javascript:" onClick="sendform('e')">e</a>
<a href="javascript:" onClick="sendform('f')">f</a>
<a href="javascript:" onClick="sendform('g')">g</a>
<a href="javascript:" onClick="sendform('h')">h</a>
<a href="javascript:" onClick="sendform('i')">i</a>
<a href="javascript:" onClick="sendform('j')">j</a>
<a href="javascript:" onClick="sendform('k')">k</a>
<a href="javascript:" onClick="sendform('l')">l</a>
<a href="javascript:" onClick="sendform('m')">m</a>
<a href="javascript:" onClick="sendform('n')">n</a>
<a href="javascript:" onClick="sendform('o')">o</a>
<a href="javascript:" onClick="sendform('p')">p</a>
<a href="javascript:" onClick="sendform('q')">q</a>
<a href="javascript:" onClick="sendform('r')">r</a>
<a href="javascript:" onClick="sendform('s')">s</a>
<a href="javascript:" onClick="sendform('t')">t</a>
<a href="javascript:" onClick="sendform('u')">u</a>
```

```
<a href="javascript:" onClick="sendform('v')">v</a>
<a href="javascript:" onClick="sendform('w')">w</a>
<a href="javascript:" onClick="sendform('x')">x</a>
<a href="javascript:" onClick="sendform('y')">y</a>
<a href="javascript:" onClick="sendform('z')">z</a> 
<a href="javascript:" onClick="sendform('0')">0</a>
<a href="javascript:" onClick="sendform('1')">1</a>
<a href="javascript:" onClick="sendform('2')">2</a>
<a href="javascript:" onClick="sendform('3')">3</a>
<a href="javascript:" onClick="sendform('4')">4</a>
<a href="javascript:" onClick="sendform('5')">5</a>
<a href="javascript:" onClick="sendform('6')">6</a>
<a href="javascript:" onClick="sendform('7')">7</a>
<a href="javascript:" onClick="sendform('8')">8</a>
<a href="javascript:" onClick="sendform('9')">9</a>
</font></td></tr>

<tr><td align="center">
<table align="center" width="273" bgcolor="yellow" cellpadding="0" cellspacing="0" style="margin: 0 0 0 0; padding:0 0 0 0; font-size:6.5pt; ">
<tr>
<td align="center" nowrap>
<font style="font-size:6.5pt;letter-spacing:0em;line-height:1.3em" >

<a href="javascript:" onClick="sendform('김')">김</a>
<a href="javascript:" onClick="sendform('이')">이</a>
<a href="javascript:" onClick="sendform('박')">박</a>
<a href="javascript:" onClick="sendform('최')">최</a>
<a href="javascript:" onClick="sendform('정')">정</a>
<a href="javascript:" onClick="sendform('가')">가</a>
<a href="javascript:" onClick="sendform('간')">간</a>
<a href="javascript:" onClick="sendform('감')">감</a>
<a href="javascript:" onClick="sendform('강')">강</a>
<a href="javascript:" onClick="sendform('경')">경</a>
<a href="javascript:" onClick="sendform('계')">계</a>
<a href="javascript:" onClick="sendform('고')">고</a>
<a href="javascript:" onClick="sendform('공')">공</a>
<a href="javascript:" onClick="sendform('곽')">곽</a>
```

```html
<a href="javascript:" onClick="sendform('구')">구</a>
<a href="javascript:" onClick="sendform('국')">국</a>
<a href="javascript:" onClick="sendform('권')">권</a>
<a href="javascript:" onClick="sendform('금')">금</a>
<a href="javascript:" onClick="sendform('기')">기</a>
<a href="javascript:" onClick="sendform('길')">길</a>
<a href="javascript:" onClick="sendform('나')">나</a>
<a href="javascript:" onClick="sendform('남')">남</a>
<a href="javascript:" onClick="sendform('노')">노</a>
<a href="javascript:" onClick="sendform('도')">도</a>
<a href="javascript:" onClick="sendform('동')">동</a>
</font></td></tr>
<tr><td align="center" nowrap>
<font style="font-size:6.5pt;letter-spacing:0em;line-height:1.3em" >
<a href="javascript:" onClick="sendform('두')">두</a>
<a href="javascript:" onClick="sendform('류')">류</a>
<a href="javascript:" onClick="sendform('마')">마</a>
<a href="javascript:" onClick="sendform('맹')">맹</a>
<a href="javascript:" onClick="sendform('명')">명</a>
<a href="javascript:" onClick="sendform('문')">문</a>
<a href="javascript:" onClick="sendform('모')">모</a>
<a href="javascript:" onClick="sendform('목')">목</a>
<a href="javascript:" onClick="sendform('민')">민</a>
<a href="javascript:" onClick="sendform('반')">반</a>
<a href="javascript:" onClick="sendform('방')">방</a>
<a href="javascript:" onClick="sendform('배')">배</a>
<a href="javascript:" onClick="sendform('백')">백</a>
<a href="javascript:" onClick="sendform('변')">변</a>
<a href="javascript:" onClick="sendform('복')">복</a>
<a href="javascript:" onClick="sendform('봉')">봉</a>
<a href="javascript:" onClick="sendform('부')">부</a>
<a href="javascript:" onClick="sendform('사')">사</a>
<a href="javascript:" onClick="sendform('서')">서</a>
<a href="javascript:" onClick="sendform('석')">석</a>
<a href="javascript:" onClick="sendform('선')">선</a>
<a href="javascript:" onClick="sendform('설')">설</a>
<a href="javascript:" onClick="sendform('성')">성</a>
<a href="javascript:" onClick="sendform('소')">소</a>
```

```html
<a href="javascript:" onClick="sendform('손')">손</a>
</font>
</td></tr>
<tr><td align="center" nowrap>
<font style="font-size:6.5pt;letter-spacing:0em;line-height:1.3em" >
<a href="javascript:" onClick="sendform('송')">송</a>
<a href="javascript:" onClick="sendform('신')">신</a>
<a href="javascript:" onClick="sendform('심')">심</a>
<a href="javascript:" onClick="sendform('안')">안</a>
<a href="javascript:" onClick="sendform('양')">양</a>
<a href="javascript:" onClick="sendform('어')">어</a>
<a href="javascript:" onClick="sendform('엄')">엄</a>
<a href="javascript:" onClick="sendform('여')">여</a>
<a href="javascript:" onClick="sendform('연')">연</a>
<a href="javascript:" onClick="sendform('염')">염</a>
<a href="javascript:" onClick="sendform('예')">예</a>
<a href="javascript:" onClick="sendform('오')">오</a>
<a href="javascript:" onClick="sendform('옥')">옥</a>
<a href="javascript:" onClick="sendform('온')">온</a>
<a href="javascript:" onClick="sendform('왕')">왕</a>
<a href="javascript:" onClick="sendform('용')">용</a>
<a href="javascript:" onClick="sendform('우')">우</a>
<a href="javascript:" onClick="sendform('위')">위</a>
<a href="javascript:" onClick="sendform('유')">유</a>
<a href="javascript:" onClick="sendform('육')">육</a>
<a href="javascript:" onClick="sendform('윤')">윤</a>
<a href="javascript:" onClick="sendform('은')">은</a>
<a href="javascript:" onClick="sendform('음')">음</a>
<a href="javascript:" onClick="sendform('인')">인</a>
<a href="javascript:" onClick="sendform('임')">임</a>
</font>
</td></tr>

<tr><td align="center" nowrap>
<font style="font-size:6.5pt;letter-spacing:0em;line-height:1.3em" >
<a href="javascript:" onClick="sendform('장')">장</a>
<a href="javascript:" onClick="sendform('전')">전</a>
<a href="javascript:" onClick="sendform('제')">제</a>
```

```
<a href="javascript:" onClick="sendform('조')">조</a>
<a href="javascript:" onClick="sendform('주')">주</a>
<a href="javascript:" onClick="sendform('지')">지</a>
<a href="javascript:" onClick="sendform('진')">진</a>
<a href="javascript:" onClick="sendform('차')">차</a>
<a href="javascript:" onClick="sendform('채')">채</a>
<a href="javascript:" onClick="sendform('천')">천</a>
<a href="javascript:" onClick="sendform('추')">추</a>
<a href="javascript:" onClick="sendform('탁')">탁</a>
<a href="javascript:" onClick="sendform('태')">태</a>
<a href="javascript:" onClick="sendform('편')">편</a>
<a href="javascript:" onClick="sendform('표')">표</a>
<a href="javascript:" onClick="sendform('피')">피</a>
<a href="javascript:" onClick="sendform('하')">하</a>
<a href="javascript:" onClick="sendform('한')">한</a>
<a href="javascript:" onClick="sendform('함')">함</a>
<a href="javascript:" onClick="sendform('허')">허</a>
<a href="javascript:" onClick="sendform('현')">현</a>
<a href="javascript:" onClick="sendform('형')">형</a>
<a href="javascript:" onClick="sendform('호')">호</a>
<a href="javascript:" onClick="sendform('홍')">홍</a>
<a href="javascript:" onClick="sendform('황')">황</a>
</font>
</td></tr>
</table>
</table>
</form></div>
<hr width="420" align="left">
<font size=1 color="gray">Social Name Portal 한글 세계이름 포털: <a href="http://한국.net">
한국.net</a>  
<a href="http://Wopen.net">Wopen.net</a>   yungbkim@nate.com</font>

<!-- (질문 및 토의) 아래의 코드를 화면을 보며 설명해 보세요. -->
<div id=lay4 style="position:absolute;top:8px; left:314px; ">
<a href="http://wopen.net/contentp.asp?idx=4523#Presley"> <img id=lay41 src="http://bit.
ly/1ZB6It7" title="지난천년간 인물중(57위):엘비스 프레슬리, Elvis Presley, 가수 로큰롤의 제왕,
USA"
```

```html
alt="shared by link" height="250px" width="130px" border="0"> </a>
</div>
<div id=lay5 style="position:absolute;top:8px; left:450px; ">
<script async src="//pagead2.googlesyndication.com/pagead/js/adsbygoogle.js"></script>
<!-- 서울1 -->
<ins class="adsbygoogle"
style="display:inline-block;width:300px;height:600px"
data-ad-client="ca-pub-448xxxxxxxxxx"
data-ad-slot="1657597657"></ins>
<script>
(adsbygoogle = window.adsbygoogle || []).push({});
</script>
</div>
<div id=lay6 style="position:absolute;top:620px; left:450px; ">
<script async src="//pagead2.googlesyndication.com/pagead/js/adsbygoogle.js"></script>
<!-- right_long2 -->
<ins class="adsbygoogle"
style="display:inline-block;width:300px;height:600px"
data-ad-client="ca-pub-448xxxxxxxxxx"
data-ad-slot="4900488453"></ins>
<script>
(adsbygoogle = window.adsbygoogle || []).push({});
</script>
</div>

<!-- (질문 및 토의) 아래의 코드를 화면을 보며 설명해 보세요. -->
<div id=lay7 style="position:absolute;top:1230px; left:450px; ">
<script async src="//pagead2.googlesyndication.com/pagead/js/adsbygoogle.js"></script>
<!-- right_long2 -->
<ins class="adsbygoogle"
style="display:inline-block;width:300px;height:600px"
data-ad-client="ca-pub-448xxxxxxxxxx"
data-ad-slot="3028616857"></ins>
<script>
(adsbygoogle = window.adsbygoogle || []).push({});
</script>
</div>
<div style="position:absolute; left:5px;">
```

```html
<script async src="//pagead2.googlesyndication.com/pagead/js/adsbygoogle.js"></script>
<!-- m서울1 -->
<ins class="adsbygoogle"
style="display:inline-block;width:320px;height:100px"
data-ad-client="ca-pub-448xxxxxxxxxx"
data-ad-slot="2296726050"></ins>
<script>
(adsbygoogle = window.adsbygoogle || []).push({});
</script>
</div>
<div id=lay8>
<a href="http://한국.net"> <img src="img/korea11.jpg" title="WhoRU-Social Name Portal" alt="한국.net" height="50px" width="68px" border="0"> </a>
<div class="topright">Name Portal</div>
</div>
</body>
</html>
```

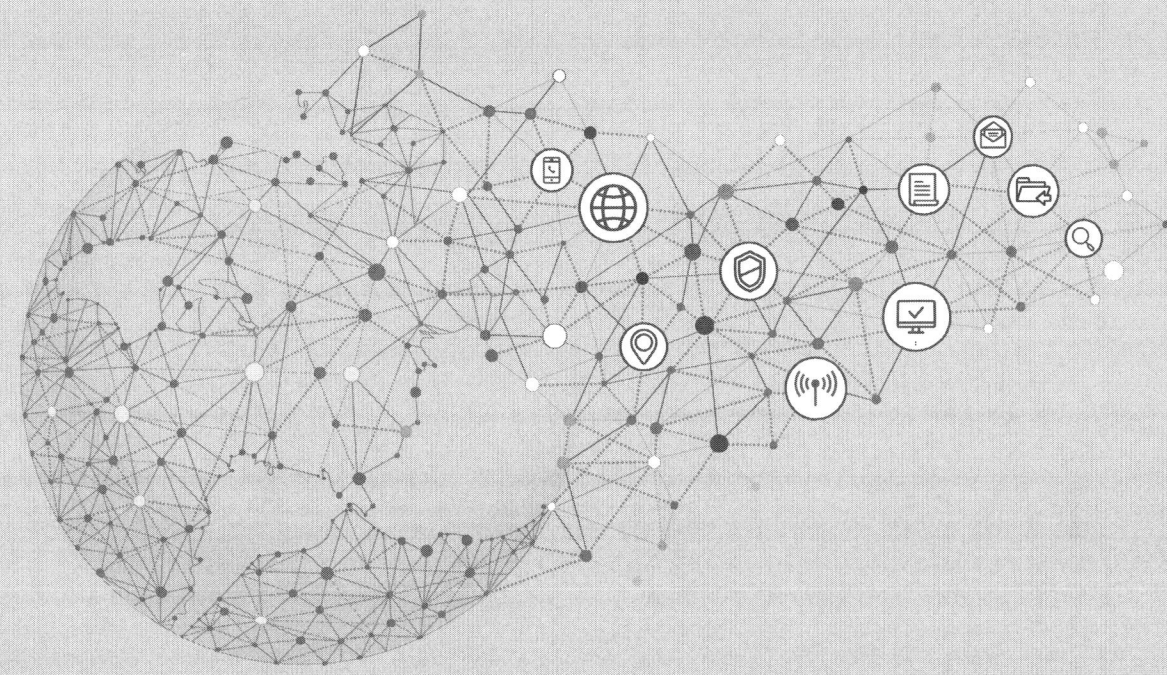

APPENDIX

웹서비스의 실시간 통계분석 자료

http://wopen.net/display.asp 에서 실시간적으로 본 이름포털 http://한국.net 사이트에서의 세션수, 활용도, 웹서비스 요청간격등의 평균, 최소, 최대값 등의 통계자료를 볼 수 있다. 또한 본 사이트(서버)에서 서비스 가능한 수준 (serviceability) 등의 정보도 볼 수 있어서, 웹서비스 관련한 다양한 통계적 정보를 보고 계획(서버용량의 Upgrade 필요성 등)을 세울 수 있다.

```
Cumulative Total Number of Sessions nCount=82112
Number of Current Active Sessions curCount=68
Mean Number of Active Sessions curCount=65.7038762444974
Start time of Server 2016-10-12 오후 3:25:15
Mean Session-duration Time=357.996700078773 [Sec]
Mean Usage Frequency(Short Term)=0.121744687974639 [per Sec]
Utilization-level(fast tracking)=43.5841965470407
Mean Utilization-level(fast tracking)= 68.0464555305885
Mean Usage Frequency(slow tracking)=0.116631227886272 [per Sec]
Utilization-level(slow tracking)=41.7535947094208
Mean Utilization-level(Slow tracking)=41.7519963920695
Mean Inter-arrival Time between Sessions =8.21391073923745 [Sec]
Front Session(Recent) Starting time=2016-10-20 오후 6:59:03
Back Session(Recent) Starting time=2016-10-20 오후 6:59:06
Number of Completed Sessions=82044
 Number of Sampled Sessions=1943
Session-duration Time=358 [Sec]
Session(sampled) Starting Time=2016-10-20 오후 6:49:25
Session(sampled) Ending Time=2016-10-20 오후 6:55:23
A Current Session ID=784089082
Max Number of Active (in use) Sessions=300
Min Number of Active (in use) Sessions=1
Max Mean Active Sessions=295.705042497022
Min Mean Active Sessions=1
Max Mean Inter-arrival Time= 63.8 [Sec]
Min Mean Inter-arrival Time= 4.34860181727113E-02 [Sec]
Max Inter-arrival Time= 224 [Sec]
Min Inter-arrival Time= 0 [Sec]
Max Mean Session-duration Time= 1018.99960327021 [Sec]
Min Mean Session-duration Time= 108.400892298658 [Sec]
Max Utilization-level(fast tracking)= 13429.7349939179
```

Min Utilization-level(fast tracking)= 0
Max Utilization-level(slow tracking)= 86.6902106439267
Min Utilization-level(slow tracking)= 0
Max Mean Utilization-level(fast tracking)= 7080.76554471038
Min Mean Utilization-level(fast tracking)= 0
Max Mean Utilization-level(slow tracking)= 86.4529866922071
Min Mean Utilization-level(slow tracking)= 0
Max Session-duration Time= 1019 [Sec]
Min Session-duration Time= 94 [Sec]
Serviceability=22.9958971186635 [per Second]

참고 웹 URLs

- http://한국.net
- http://wopen.com http://wopen.net
- http://www.w3schools.com
- http://ㄱ.com http://ㄴ.com ... http://ㅎ.com http://ㅏ.com ... http://ㅖ.com
- http://김.net http://이.net http://박.net http://최.net http://정.net ... http://황.net
- http://adsense.google.com
- http://wireshark.org

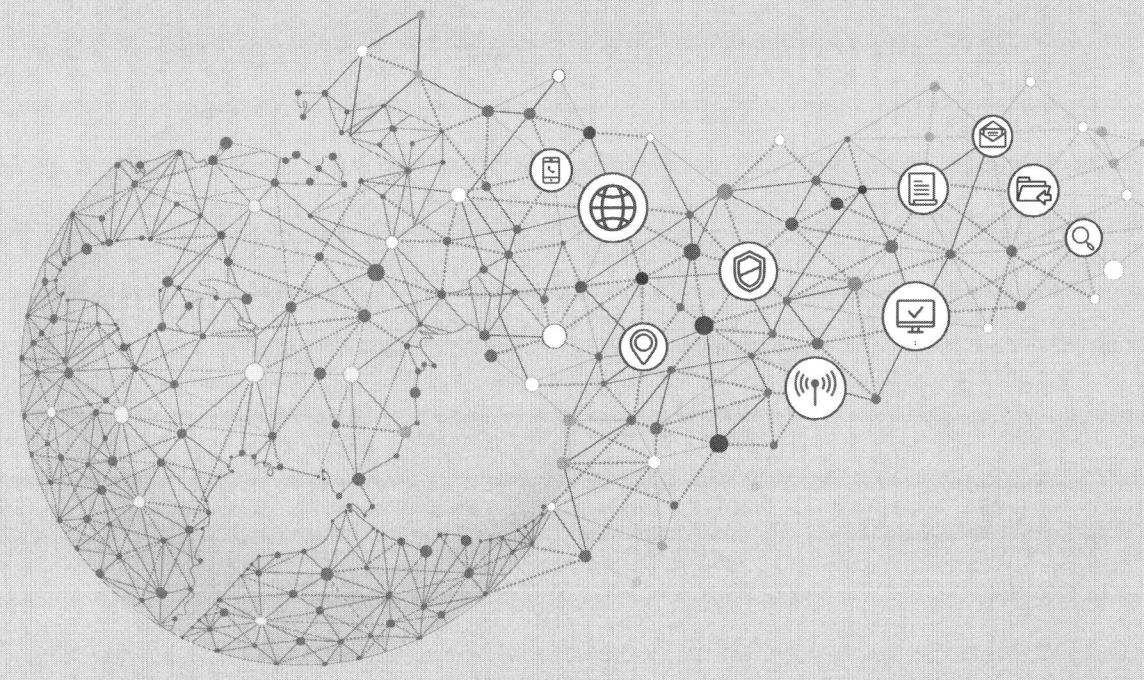

INDEX

C

CSS3 2차원 변형	137	
CSS3 3차원 변형	137	
CSS3 그래디언트	136	
CSS3 그림자	136	
CSS3 다중 컬럼	157	
CSS3 둥근 모서리	135	
CSS3 문자	136	
CSS3 미디어쿼리 예	161	
CSS3 박스 크기	159	
CSS3 배경	135	
CSS3 버튼	154	
CSS3 사용자 인터페이스	157	
CSS3 색	136	
CSS3 애니메이션	149	
CSS3 웹 폰트	136	
CSS3 이동	147	
CSS3 이미지	152	
CSS3 테두리 이미지	135	
CSS3 튜토리얼	134	
CSS 가상-요소	129	
CSS 가상-클래스	127	
CSS 네비게이션 바	130	
CSS 높이/폭	104	
CSS 드롭다운	131	
CSS 리스트	111	
CSS 링크	109	
CSS 박스모델	105	
CSS 반응형	163	
CSS 배경	099	
CSS 색	099	
CSS 소개	094	
CSS 속성 선택자	132	
CSS 아웃트라인	106	
CSS 여백	102	
CSS 오버플로우	124	
CSS 위치	122	
CSS 인라인-블럭	125	
CSS 정렬	126	
CSS 카운터	133	
CSS 테두리(경계선)	111	
CSS 테이블	111	
CSS 투명도	130	
CSS 튜토리얼	095	
CSS 패딩	103	
CSS 폰트	108	

D

DOM - CSS	238
DOM - HTML	238
DOM 네비게이션	242
DOM 노드	242
DOM 노드 리스트	243
DOM 메소드	236
DOM 문서	237

DOM 소개	235	HTML 링크	038
DOM 애니메이션	239	HTML 문단	028
DOM 요소	237	HTML 미디어	082
DOM 이벤트	240	HTML 반응형	057
DOM 이벤트리스너	241	HTML 발전	079
		HTML 색	030
		HTML 소개	024
		HTML 속성	026

H

HTML	059	HTML 스타일들	028
HTML5	001	HTML 양식	066
HTML5 API	078	HTML 오디오	085
HTML5 SVG	254	HTML 요소	026
HTML5 그래픽스	081	HTML 웹워커	258
HTML5 비디오	085	HTML 유튜브	089
HTML5 소개	077	HTML 응용 캐쉬	258
HTML5 요소	078	HTML 이미지	039
HTML5 의미	082	HTML 인용	029
HTML5 지리적 위치	255	HTML 인코딩 문자세트	058
HTML5 캔버스	253	HTML 입력 속성	068
HTML5 플러그인	088	HTML 입력 타입	066
HTML i프레임들	045	HTML 자바스크립트	052
HTML SSE	078	HTML 제목	027
HTML URLs	059	HTML 컴퓨터코드	029
HTML 기초	026	HTML 코멘트	030
HTML 끌기/놓기	256	HTML 클래스	045
HTML 레이아웃	055	HTML 테이블	040
HTML 로컬 저장소	257	HTML 튜토리얼	002
HTML 리스트	042	HTML 편집기	025

J

jQuery AJAX	302
jQuery AJAX 소개	302
jQuery CSS 클래스	294
jQuery css 함수	294
jQuery get()/post()	303
jQuery HTML	289
jQuery Set	290
jQuery 구문	271
jQuery 선택자	272
jQuery 소개	269
jQuery 숨기기/보이기	277
jQuery 슬라이드	278
jQuery 시작	270
jQuery 애니메이션	279
jQuery 연결	281
jQuery 이동	296
jQuery 이동-조상	297
jQuery 이벤트	274
jQuery 제거	293
jQuery 추가	292
jQuery 콜백	280
jQuery 크기	295
jQuery 튜토리얼	268
jQuery 페이딩	278
jQuery 필터링	300
jQuery 형제	300
jQuery 효과	277
JS HTML DOM	235
JS 날짜	201
JS 변수 및 연산자	187
JS 브라우저 BOM	249
JS 에러 및 디버깅	215
JS 조건 및 반복문	209
JS 홈	180

R

RWD 격자 모양	164
RWD 미디어쿼리	166
RWD 뷰포트	164
RWD 비디오	168
RWD 소개	163
RWD 이미지	167
RWD 템플레이트	171
RWD 프레임워크	170

X

XHTML	059

ㄱ

객체 메소드	192

ㅈ

자바스크립트 For 반복문	212
자바스크립트 JSON	220
자바스크립트 While 반복문	213
자바스크립트 객체	230
자바스크립트 객체 메소드	231
자바스크립트 객체 속성	231
자바스크립트 객체 원형	232
자바스크립트 구문	187
자바스크립트 날짜 메소드	202
자바스크립트 날짜 및 날짜 형식	201
자바스크립트 데이터 타입	191
자바스크립트 디버깅	216
자바스크립트 문장	187
자바스크립트 배열	203
자바스크립트 배열 메소드	203
자바스크립트 배열 정렬	203
자바스크립트 범위	192
자바스크립트 부울대수	203
자바스크립트 산수	200
자바스크립트 성능	219
자바스크립트 소개	184
자바스크립트 숫자	200
자바스크립트 숫자 메소드	200
자바스크립트 스위치	211
자바스크립트 스타일 안내	218
자바스크립트 실수	218
자바스크립트 엄격 모드	217
자바스크립트 예약어	219
자바스크립트 올리기	217
자바스크립트 윈도우 네비게이터	251
자바스크립트 윈도우 스크린	250
자바스크립트 윈도우 위치	250
자바스크립트 윈도우 이력	250
자바스크립트 전역 변수	193
자바스크립트 조건문	210
자바스크립트 지정	189
자바스크립트 추천 실사용	218
자바스크립트 출력	186
자바스크립트 쿠키	252
자바스크립트 타이밍	252
자바스크립트 타이밍 이벤트	252
자바스크립트 타입변환	214
자바스크립트 튜토리얼	180
자바스크립트 팝업	251
자바스크립트 폼	230
자바스크립트 함수	232
자바스크립트 함수 매개변수	233
자바스크립트 함수 실행	234
자바스크립트 함수 정의	232

김영복
- 서울대학교 전기공학과 학사
- KAIST 전기 및 전자과 석사
- IIT (Illinois Inst. of Tech.) Electrical & Computer Eng. Ph.D.
- (전) 현대전자 미디어 연구소장
- (전) 세종대학교 벤처창업센터 센터장
- (현) 세종대학교 컴퓨터공학과 교수
- 강의, 연구 및 관심분야 : 컴퓨터네트워크, 웹프로그래밍, IoT, 이름포털 (한국.net ㄱ.com ㅏ.com 김.net 등), 실시간 웹서비스 등

웹프로그래밍 HTML5 CSS3 자바스크립트 JQuery with 한국.net 이름포털 사례기반

1판 1쇄 발행 2017년 09월 01일
1판 4쇄 발행 2021년 03월 02일
저   자 김영복
발 행 인 이범만
발 행 처 **21세기사** (제406-00015호)
　　　　　경기도 파주시 산남로 72-16 (10882)
　　　　　Tel. 031-942-7861　　Fax. 031-942-7864
　　　　　E-mail : 21cbook@naver.com
　　　　　Home-page : www.21cbook.co.kr
　　　　　ISBN 978-89-8468-807-0

정가 26,000원

이 책의 일부 혹은 전체 내용을 무단 복사, 복제, 전재하는 것은 저작권법에 저촉됩니다.
저작권법 제136조(권리의침해죄)1항에 따라 침해한 자는 5년 이하의 징역 또는 5천만 원 이하의 벌금에 처하거나 이를 병과 (倂科)할 수 있습니다. 파본이나 잘못된 책은 교환해 드립니다.